日本人の自己呈示の
社会心理学的研究

ホンネとタテマエの実証的研究

齊藤 勇 著

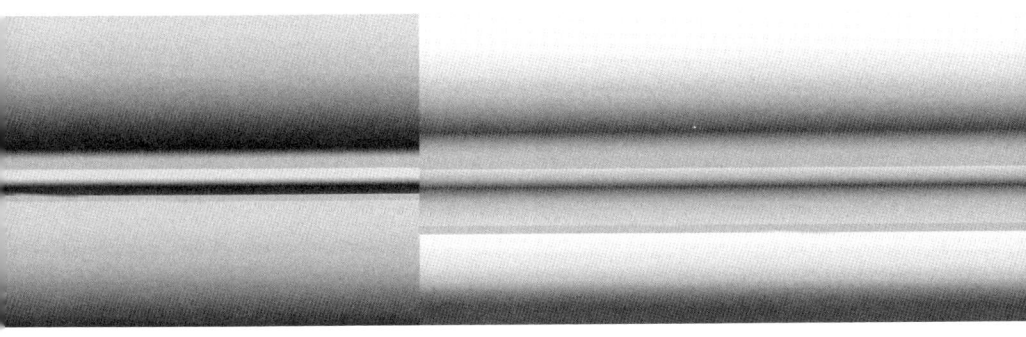

誠信書房

はじめに

　1970年代後半からの認知心理学の発展に影響を受け，社会心理学においても認知的アプローチが広く展開された。この分野もすでに四半世紀経ち，かなりの熟成をみて，その流れを通覧する時期にきている。その代表的パースペクティブとして Fiske & Taylor（1991）があげられるが，そのなかで，社会心理学の認知的アプローチの人間観が初期の"認知的節約家"論から最近のでは"動機的策略家"としての人間観に移行しているとしている。このような人間を対人関係における策略家としてみていくことが，社会心理学のアプローチのベースになるとしたら，対人関係における印象操作の自己呈示の問題は，中心的テーマの一つとならざるをえないといえよう。欧米における従前の自己呈示の研究はその興味深さの反面，アメリカの風土として，正直さを第一とするという文化が反映していたとも思えるが"策略的"であるということから，真摯な学究的研究者としてはこのテーマを中心として扱うことが比較的躊躇されるきらいがあったといえよう。しかし，社会心理学の主要の流れが，策略家としての人間という観点からとらえられるとしたら，改めて真摯にこの問題に取り組む必要があるし，また変な躊躇は，なされるべきではないであろう。
　この点，日本では，学問的以前に社会一般の常識として，人間関係は策略的であるとの認識が強く，対人場面における印象操作のための自己呈示は，社会心理学がその学問的テーマとしてかかげる以前から，例えばタテマエとホンネという概念で当然のごとく取り扱われてきており，日常生活でもごく普通にこの言葉が用いられてきている。日本人はこのような呈示方法を他の文化の人よりもより多く日常的に用いていると考えらえる。本書で扱う日本人の自己呈示の中心テーマは，このホンネとタテマエを使い分ける呈示方法を意味している。自己呈示の問題はこのような対人コミュニケーションを行っている点を考えると，日本の社会心理学こそが，いち早くテーマとして取り上げ，その重要性を提唱すべきだったといえるかもしれない。ただ，日本の社会心理学会は，アメリカの社会心理学の影響を強く受ける形で発展してきているため，アメリ

カでのテーマの後追いになっている感が否めず，自己呈示というテーマも，本来は，自己開発的にすすめられるべきであったろうが，アメリカでの注目を受け継いだ形で展開されるようになってきたのである。

　もちろん，日本の社会心理学者も日本に生まれ育ち，日本的人間関係のなかで暮らしながら，人間関係の心理学を研究しているのであるから，研究者としての知見からして，日本におけるタテマエとホンネの重要性に気づいていない人はいないはずである。ただ，それが本格的テーマとなってこなかったということであろう。

　その意味では近年，アメリカの心理学者たちが自己呈示を取り上げて，さらに，策略家としての人間観を基本ベースとするとされた点は，日本の研究者にとっては幸いである。長い間，心のなかにしまっておいた，あるいは取り上げたいと思っていた日本的テーマのタテマエとホンネを本格的に研究テーマとして，意識し，研究することができるようになったからである。

　本研究も，そのような流れのなかから生まれた研究の一つといえる。タテマエとホンネという概念は，筆者自身人間関係の社会心理学的研究をはじめて以来，常に頭のどこかにあり，いつかは，日本人の人間関係におけるこのテーマについて，正面から研究したいと，半ば無意識的であるが，思っていたように思う。

　それが，アメリカの社会心理学の研究テーマとして，印象操作や自己呈示の概念が提出されてきたときに，これこそは，タテマエとホンネを使い分ける日本的自己呈示につながるテーマであろうと明確に意識されたのである。

　そんな折り，心理言語学者のイ・トッポン先生との出会いがあり，また，大学の先輩の荻野七重先生との共同研究により実証的研究がすすみ，本格的に日本的自己呈示について社会心理学的アプローチを進めていくことに筋道がみえてきたのである。

　もちろん私のような浅学の社会心理学学徒がこのことに気づく前に，日本における自己呈示の問題は日本の優れた社会心理学者やそれに関心を示した欧米の社会心理学者により，既に多くの研究がなされてきていたのは当然のことである。

　たとえば，1984年カリフォルニア大学ロサンジェルス校で客員研究員とし

て過ごさせていただいたとき知り合いになった Weiner（1980）の帰属理論を，帰国してから，細々とリサーチしながら，日本人の帰属が，欧米の帰属と違った結果を示し，むしろ正反対で，彼らのいう普遍的な基本的帰属エラーの傾向が見出せないことに疑問をもっていた。そんな折，日本の進取な社会心理学者らがこの現象を自己卑下的あるいは謙譲的帰属といったテーマで研究し，反証的データを示しつつ，議論を深め，またアジアと欧米を比較した共同研究を展開していることを知り，我が意を得たのである。そして，私も，微力ながら長い間，持ち続けてきたこのテーマをさらに一歩進めて研究しようと勇気づけられたのである。ささやかながらもその成果が本書である。

内容を御覧いただければ，やはり，欧米研究者の理論や実験の紹介が多く，それを基にしたリサーチであることは否めないが，それは筆者のこれまでの社会心理学とのつきあいの有様として仕方がないことではあるが，筆者なりに独自のとらえ方をし，独自の方法を開発し，研究してきたつもりである。一読の後，学兄諸氏の御批判をいただければ幸いである。

2006 年 6 月 15 日

齊 藤　勇

目　次

はじめに　iii

序　章　本研究の主旨……………………………………………………1

第1章　言葉による自己呈示………………………………………………5
　　第1節　内心と発言の不一致と自己呈示　5
　　　　　1　印象操作のための自己呈示　／2　内心と発言の不一致を自己呈示という観点からみる意味　／3　日本における言行不一致の研究の意味
　　第2節　計画的理論と言行不一致行動　11
　　　　　1　合理的行動の理論　／2　多数派無知仮説　／3　選択比較水準理論
　　第3節　主張的自己呈示と内心と発言の不一致　20
　　　　　1　自己呈示としての内心と発言の不一致　／2　自己利益的行動と不協和理論　／3　主張的自己呈示と内心と不一致の発言
　　第4節　自己防衛的自己呈示と内心と発言の不一致　41
　　　　　1　防衛的意見同調　／2　自己呈示としての弁明と謝罪

第2章　ポジティブな自己評価とネガティブな
　　　　自己呈示の実証的研究…………………………………………70
　　第1節　目的と研究史　70
　　第2節　方　法　78
　　第3節　結　果　79
　　　　　1　自己評価の因子分析　／2　自己評価と自己呈示
　　　　　3　高自己評価者と低自己評価者の自己呈示の比較
　　第4節　考　察　89

第3章　自己意識の自己呈示についての実証的研究　　　　　　95

　　第1節　目的と研究史　　95
　　第2節　方　法　　102
　　第3節　結　果　　105
　　　　1　自己意識の因子分析　／2　自己意識の内心と発言の比較
　　　　3　セルフ・モニタリングの因子分析　／4　自己意識とセルフ・モニタリング
　　第4節　考　察　　112
　　　　1　自己意識の内心と発言　／2　自己意識と自己開示
　　　　3　公的自己意識とセルフ・モニタリング傾向

第4章　社会的欲求の内心と自己呈示についての実証的研究　　　　　　118

　　第1節　目的と研究史　　118
　　第2節　方　法　　124
　　第3節　結　果　　126
　　　　1　内心，発言，行動の欲求強度の差異　／2　因子分析による欲求構造の発見　／3　各欲求群ごとの結果と分析　／4　内心，発言，行動ごとの結果
　　第4節　考　察　　144

第5章　自己卑下的帰属と自己呈示の実証的研究　　　　　　148

　　第1節　目的と研究史　　148
　　　　1　研究目的　／2　原因帰属の研究史　／3　日本人の自己卑下的帰属傾向　／4　達成課題の種類と帰属傾向
　　第2節　方　法　　160
　　第3節　結　果　　161
　　　　1　大学入試の帰属傾向　／2　恋愛の帰属傾向　／3　課題による帰属傾向の相違
　　第4節　考　察　　187

第6章　恋愛における外見への帰属と自己呈示の実証的研究……199
　　第1節　目的と研究史　199
　　第2節　方　法　204
　　第3節　結　果　205
　　　　　1　自分の帰属傾向　／2　友人の帰属傾向　／3　嫌いな人の帰属傾向　／4　帰属傾向の性差
　　第4節　考　察　224

第7章　自己呈示としての謝罪の実証的研究……232
　　第1節　目的と研究史　232
　　第2節　方　法　240
　　第3節　結　果　242
　　　　　1　PFスタディのオリジナル評点の傾向　／2　謝罪反応と仮説の検証　／3　内心と発言の個人内差異と変化　／4　発達過程と謝罪傾向
　　第4節　考　察　262

第8章　展望に代えて
　　　　　――形式主義的性格と対人不安からの視点……267
　　第1節　結　論　276

　　引用・参考文献　281
　　おわりに　299

序章

本研究の主旨

　本研究は，日本人のホンネとタテマエの社会心理学的研究である。具体的には言語と心理の関係を自己呈示という観点から実証的に検討することを目的とする。対人場面における自己卑下的発言，謝罪的発言とその背景にある内心の心理を対象としている。日本人は，他の文化の人と比較して，自己評価が低く，自己卑下的表現が多く，また，すぐに謝罪するといわれている。確かに，日本人は日常会話において，自己卑下的言葉を多用し，また，すぐに"すいません"など，謝罪の言葉を口にする。これらは言葉による自己評価の低さの自己呈示であり，自己卑下あるいは謝罪の自己呈示である。欧米人に比べ，特に日本人にこの傾向が強いことは，社会心理学の実証的研究においても確認されている（鹿内，1978；大渕，1999）。しかし，これらの自己卑下的表現や謝罪の言葉が内心においても自己卑下し，謝罪していて，そこから表現されている言葉，つまり，本心からでている言葉であるかどうかは確かではない。あるいは対人関係上の印象操作のための表面的な呈示，つまり，言葉だけの自己卑下，謝罪である可能性も高い。この点は実証的には明確にされていない。日本人は本心から，自己卑下的で謝罪的なのか，あるいは日本人は，言語表現上，自己卑下的で謝罪的なのか，この点は議論の的となろう。これは日本社会で一般的に言及されているホンネとタテマエについての議論に相応するといえよう。本論ではホンネを内心，タテマエを発言としてとらえ，日本的自己呈示の社会心理学的な実証的研究を行っていくこととした。

　人は言語を用いて他者とコミュニケーションを行う。しかし，話し手は自分の内心の考えをそのまま聞き手に話すわけではない。言葉が内心と異なることは少なくない。つまり，ホンネ（内心）は発言通りではない。本研究ではこのような内心と発言の不一致を，主に話者の対人場面における印象操作のための

自己呈示によって生じるものであると考える。本研究はこの仮説を検証するために，先行研究の検討と実証的研究とを行う。先行研究の検討としては，対人コミュニケーション場面でこのような不一致が生じるときの心理的メカニズムについて，欧米や日本の社会心理学の諸理論や実証的研究を「自己呈示」という観点から再整理して考察していく。実証的研究としては，内心と発言の間に不一致があること，また，そこに自己卑下的呈示傾向があることをデータで示していく。そのために六つの実証のための調査を実施していく。

特にタテマエとホンネを使い分ける文化といわれている日本においては，内心と発言の不一致が他の文化に比較して多いと考えられ，それが日本人の対人コミュニケーションの特徴を作り上げていると推察できる。しかし，本研究では，このような不一致は文化を超えて普遍的であるとし，その心理メカニズムは自己呈示により生じると考えている。ただ，印象操作としての自己呈示が日本文化では他の文化に比べて多く生じ，これが，日本人の自己呈示の特徴を示していると考えている。この考えについてまず，先行研究で基本となる心理的メカニズムを検討し，後に実証的研究を行っていく。

第1章においては，社会心理学の先行諸研究を「自己呈示」という観点から検討し，内心と発言の不一致が印象操作の自己呈示によって生じることを考察していく。まず，内心と発言の不一致は日常的に起こることを述べ，計画的理論，選択的比較水準理論などからもその不一致が理論的に引き出されることを示していく。そして先行研究から，自己呈示が内心と発言の不一致を生み出している一つの大きな要因であることを示していく。次に，自己呈示研究から，自己呈示は主張的自己呈示と防衛的自己呈示に分類されることを確認し，それぞれが内心と発言の不一致にいかに関わっているかを考察していく。主張的自己呈示においては，認知的不協和理論やセルフ・モニタリング理論などの理論とその実証研究のデータを印象操作の自己呈示という観点から見直し，また，防衛的自己呈示においては，社会的インパクト理論や服従の心理理論などとその実証研究のデータを印象操作の自己呈示という観点から見直し，自己呈示により内心と発言の不一致が生じることを検証していく。

第2章以下第7章までは実証的研究として次の六つの調査研究を詳述していく。

（1）ポジティブな自己評価とネガティブな自己呈示の実証的研究
（2）自己意識の自己呈示についての実証的研究
（3）社会的欲求の内心と言行の不一致についての実証的研究
（4）自己卑下的帰属と自己呈示の実証的研究
（5）恋愛における外見への帰属と自己呈示の実証的研究
（6）自己呈示としての謝罪の実証的研究

（1）ポジティブな自己評価とネガティブな自己呈示の実証的研究においては，日本人は自己評価が低いと言われているが，内心ではそれほど低くなく，発言において印象操作のための自己呈示として，低い自己評価を呈示していることを実証データに示していく。

（2）の自己意識の自己呈示の実証的研究においては，日本人は内心では自己意識が高いが，発言では印象操作上，低く抑えられることを実証データに示していく。

（3）の社会的欲求の内心と言行の不一致についての実証的研究においては，内心と発言と行動の不一致を調査によりデータとして直接的に実証することを目的としている。具体的な社会的欲求について内心と発言と行動，それぞれの欲求強度，発言強度，行動強度を比較して，内心，発言，行動の間に差異があることを実証していく。また，そのデータを考察して，それらの差異が自己呈示により生じていることを推察していく。

（4）の自己卑下的帰属と自己呈示の実証的研究においては，原因帰属における日本人の特徴とされる自己卑下的帰属傾向は，主に印象操作のための自己呈示により生じることを実証データに示していく。具体的には大学入試の成功と失敗，恋愛の成功と失敗を取り上げ，その原因の帰属を内心と発言に区分して調査する。その結果，内心より発言において，より自己卑下的であることを示し，自己卑下が印象操作のための自己呈示によりなされることを実証していく。また，友人の成功と失敗についての帰属も調査し，日本人の他者称賛を通しての自己高揚的自己呈示について実証データをもとに示していく。

（5）恋愛における外見への帰属と自己呈示の実証的研究においては（4）の自己卑下的帰属の自己呈示の研究の展開として，恋愛における原因帰

属において，重要な要因と思われる外見を加え，帰属の内心と発言の不一致を自己呈示によることを実証データをもとに示していく。

　(6)の自己呈示としての謝罪の実証的研究においては，日本人は対人場面で謝罪が多いといわれているが，その謝罪の言葉は多くが印象操作のための自己呈示によるものであることを実証していく。具体的には対人フラストレーション場面への謝罪反応を，内心と発言の両面から調査する。その結果，日本人は言葉では謝罪しているが，内心では発言しているほどは謝罪していないことを実証データをもとに示していく。また，発達過程における，謝罪反応の変化を検討していく。

第 1 章

言葉による自己呈示

第 1 節　内心と発言の不一致と自己呈示

1　印象操作のための自己呈示

　本研究は，対人コミュニケーションにおけるホンネとタテマエ，つまり内心と発言の不一致という現象を話し手の印象形成のための自己呈示という観点から検討していくことを目的とする。ここでいう内心と発言の不一致とは，人が内心で考えていること，感じていること，つまり，人の考えや感情や欲求とそうした考えや感情や欲求を外に表すときの言語表現との不一致を指す。

　言語は，対人コミュニケーション場面において，話し手の考え，感情，欲求などを聞き手に伝える有力なコミュニケーションチャネルであり，また，聞き手は話し手の言葉から，話し手の考え，感情，欲求など話し手の内心を知る有力なコミュニケーションチャネルである（深田，1998，1999；松尾，1999）。人の意識的コミュニケーションの大半は，このバーバル・コミュニケーションによるといっても過言ではないだろう。人間は言語の使用によって，内心の情報を正確かつ詳細に他者に伝えることができ，また，他者から受け取ることができる。これにより対人間の相互理解を深め，発展させることが可能となる。これが言語の情報伝達的機能である。この機能から見ると，人間にとって自分の内心を言語を用いて正確に相手に伝えることが重要なことといえる。

　ところが，実際の言語的コミュニケーションでは，話し手は自分の本当の考えや感情を伝えるとは限らない。自分の考えとは，異なった考えを言葉にし，ときにはまったく正反対の考えを述べ，また，自分の感じている感情とは異なった感情を伝え，ときには正反対の感情を言い表すことも少なくない。この

ように話し手が内心と異なった内容の言語を発話してコミュニケーションをとることは，言語のもつ正確な情報伝達的機能という点からは考えにくい。そこには，情報伝達的機能と別の異なった機能があるといえる。それは言語のもつもう一つの機能の人間関係の管理機能である。この言語機能は他者との良好な人間関係を保つために働く。相手に対する自分の印象を操作するために作為的な自己イメージを自己呈示するのである。そこでは，内心と発言の不一致が生じる。この点が，言語による対人的コミュニケーションを研究する上で大変興味深いことである。本研究はこのように自分の思っていることと違うことを発言する心理メカニズムについて主に社会心理学の自己呈示理論からアプローチしていくことを目的としている。自己呈示（self-presentation）は Goffman（1959）以来，社会心理学で注目されてきた分野であるが，近年，社会心理学において自己（self）についての研究が盛んになるに従い，欧米でも日本でも多くの理論的，実証的研究がなされている（Schlenker，1980；Tedeschi & Norman，1985；福島，1996；伊藤，1998）。この分野は，言語と人間関係を理解する上で重要な領域である。そのことから，同じ領域をテーマとする社会言語学においても重要な分野となっている。言語の人間関係への配慮機能に注目しているスピーチ・アコモデーション（speech accommodation）の研究（東，1994），ポライトネス（politeness）の研究（Leech，1983；Brown & Levinson，1987）やラポールマネジメント（rapport management）の研究（Spencer-Oatey，2000）は，話し手が聞き手を考慮し気配りをすることから話し方，話す内容など，話すスタイルを変える様相について検討している。このような語用論や社会言語学のアプローチは本論の研究テーマと同一の方向である（Green，1989；小泉，1990；田中・田中，1996；中尾・日比谷・服部，1997；D・ロング・中井・宮治，2001；飯野・恩村・杉田・森吉，2003；小池，2003）。ただし，社会言語学的アプローチは，あくまで話された"言語"の方に強い関心があるために，話し手の内心は重視されていない。このため内心と発言の不一致の心理メカニズムに本格的に取り組んでいる研究はあまり見当たらない。本研究は人間関係への配慮から言語表現が変化することに関心があるが，単に話された言語内容のみならず，発言内容と内心との不一致に関心をもち，その不一致が生じる心理的メカニズムに注目し，言語と人間の心理と

の関係について実証的アプローチを目指している。このテーマはその重要性にもかかわらず，従来の研究を調べると，社会心理学においては本格的に取り組んでいる研究はきわめて少なく，直接的な先行研究は私の知る限りではあまり見当たらない。ただ，一方で，近年の自己や対人コミュニケーションの社会心理学的研究領域では，自己呈示（Tedeschi & Norman, 1985；安藤, 1994）や印象管理（impression management：Schlenker, 1980），セルフ・モニタリング（self-monitoring：Snyder, 1987）など，自己の内心と発言や行動の関連をテーマにした理論的，実証的研究は盛んに行われるようになってきている（齊藤・菅原, 1998）。これらの理論やデータは，もちろん，それぞれが本来の研究目的をもって理論構築され，また，実証的研究がなされており，当の研究者のオリジナルの目的とは異なるが，その理論や実証的データを自己呈示による内心と発言の不一致という本研究の観点から再検討していくことは可能であるといえよう。そこで本研究では，まずこれまで蓄積されてきている自己や対人コミュニケーションの社会心理学の従来の理論や実証的データのなかから，内心と発言の不一致を言葉による自己呈示として説明できると思われる理論やデータを取り出し，検討していくことにする。具体的に検討していく理論とデータは，認知的不協和理論，行動合理的理論，選択比較水準理論，セルフ・モニタリング理論，社会的インパクト理論などの理論と実証的データであり，なかでも自己呈示理論とその実証的データをもとに論を進めていく。

2　内心と発言の不一致を自己呈示という観点からみる意味

　言語には人間関係管理機能があり，そのため，話し手は思っているとおりのことを言葉にしないで，内心で思っていることを抑制したり，内心で思っていることと異なったことを発言したりすることが少なくない。このことは従来から社会言語学や社会心理学において指摘されてきている。しかし，内心と発言の不一致は社会的には批判され，内心と発言の一致そして有言実行が，一般的には高く評価されている。タテマエとホンネを使い分ける文化といわれ，内心と発言の不一致に寛容だとされる日本においても，内心と発言が一致していることが社会的な規範であり，対人場面においては相手からも一致することが期

待されている。また，心理学的に考えと発言と行動は，完全とは言わないがほぼ一致していることが，個人の心理内においても望まれていることが理論化されている。個人の認知要素間において内心と発言が一致していることが，心理的に安定していて，心理的に快であるとされているのである。内心と発言行動の一致が心理的に安定していて快であることは，認知的均衡論の古典であるFestinger（1957）の認知的不協和（cognitive dissonance）理論から支持される。Festinger は不協和理論において，人は，自分の考えと発言，あるいは，考えと行動が，矛盾なく調和していて一致している状態が心理的に快であるとし，それを協和状態と呼んでいる。それに対して，これらが矛盾していたり，不調和であったり，不一致である場合を不協和状態と呼んでいる。そして，個人内で認知的不協和状態が生じると，それは当人にとって心理的に不快なのでその不協和状態を解消するように動機づけられるとしている。つまり，人は自分の内心の考えと発言，自分の内心の考えと行動が矛盾しないように，協和関係になるように，内心や発言あるいは行動を維持し，また，それらのバランスが崩れたときには協和状態になるように考えや言行を変化させるように動機づけられるというのである。この点については後述する Festinger & Carlsmith（1959）による実験において証明されている。ただし，もし，日常生活の大半において，このような不協和解消の心理メカニズムが常時，働いていたとしたら，内心と発言の不一致はそれほど起こらないことになる。また，起こったとしてもそれは一時的で，すぐに，協和状態に移行するように動機づけが行われるので，常態的には内心と発言は一致することになる。ところが，現実の社会生活では，内心と発言の不一致は少なくなく，不誠実などと批判はされているが，実際には，内心と不一致の言行がかなり日常的にみられている。では，その矛盾をどのように考えたらいいのであろうか。それには，内心と発言の不一致に別の視点を導入することが必要となる。Festinger（1957）の認知的不協和理論ではこの点について不協和を解消する第三の方法として，新しい認知要素を付加して，"別の観点から矛盾を解消させる"ことを指摘している。Festinger（1957）の関心は内心と発言の矛盾の解消にあったのでこの第三の解消法についての言及は少ない。しかし，現実にはこの第三の解消法が多用されていると推察できる。そこで本研究ではむしろこの第三の"別の観点"に注目し，これ

を重要視していく。そして，この別の観点として，自己呈示のための印象操作を取り上げ，そこに焦点を当てて論を進めていく。自己呈示とは，他者が自分に対してもつ印象を自分が想定している方向に操作し，自分のイメージを印象操作し，人間関係を管理しようとすることである。その際，言葉が多く用いられる。この印象管理の試みにおいて内心と発言の不一致が生じることになる。そのため，自己呈示という観点から，内心と発言の不一致を検討すると，内心と発言が矛盾していたとしても，そのことにより印象操作が可能になり，自分にとって有利に働くのであれば，つまり，人間関係が自分の思った方向に進むのであれば，その矛盾は多少，不快であったとしても，より大きな快となるため，不一致をそのまま維持しようとするであろうと推察される。日本のようにタテマエとホンネを分ける文化規範があるところでは，さらに矛盾は感じないであろう。ここでは印象操作のためという新しい認知要素が付加されるために，不協和解消の動機づけは生じないことになるといえる。内心と不一致の言葉を呈示することが，自己を高揚したり，自己を防衛したり，人間関係を有利にするとしたら，心理的コスト・報酬という面からみて，不一致を維持する方が，より心理的利益は大きいといえる。このため，より大きな快のためにむしろ，その不一致を矛盾したまま保持し，あるいは積極的に不一致な言葉を自己呈示するといえる。このような印象操作が，対人場面においてかなり多用されていることは後に述べるような実証的研究を含め，従来の社会心理学の研究から明らかである。特に日本のように人間関係において調和が重視される文化においては，対人場面という"場"が重視され（中根，1967），そこでは，その場の印象操作がより優先されると考えられる。このため，日本における対人場面においては，言葉による自己呈示が多く使用され，内心と発言の不一致がより多く生じることになると予測される。

3 日本における言行不一致の研究の意味

　日本はホンネとタテマエを分けて社会生活を営む文化である（増原，1984；土居，1986；木村，1972；荒木，1990）。ホンネとは人が心のなかで本当に思っている本人の考えのことである。タテマエとは，社会あるいは他者に対し

て，表向き言明する本人の考えであり，社会あるいは他者に与える影響や印象を考慮した上での社会適合的な言明，あるいは言動である。他者とのコミュニケーションにおける話し手の発話内容は，話し手の内心の考えを言語化してホンネを話している場合と聞き手のことを考慮した社会適合的なタテマエを言語化している場合とがある。人間関係において和を重視するとされる日本においてはホンネと異なるタテマエの言明が，他文化より多く使用されると推察される。このタテマエ的言明は，本研究の研究視点からみると，人間関係を考慮した言葉による自己高揚あるいは自己防衛のための自己呈示といえる。自己呈示については後に詳しく検討するが，近年アメリカの社会心理学で盛んに研究されてきている。日本はタテマエ重視の社会で，ホンネとタテマエを他の文化に比較して多く使用するという点から考えると，日本の人間関係における言葉による自己呈示は，対人心理学的研究の対象としては格好の研究フィールドといえよう。日本社会ではホンネと異なるタテマエを自己呈示することが少なくない。それは内心と発言する言葉の不一致に対して，他の文化に比べてより容認されやすく，寛大だからであろう。

　言葉は対人コミュニケーションの主要なツールであるが，しかし，ここまでみてきたように，人は言葉により自分の内心をありのままに伝えるだけではない。対人場面で，言葉を用いて相手に伝えようとすることは，実は少なからず自分の印象である。相手の人が自分に対してもつ印象を自分の思うように形づくりたいという印象管理のために言語が使用される。この場合，自分の内心をそのまま言葉にすることもあるが，むしろ内心とは逆の内容を言葉にすることもある。どのような内容を言葉にして相手に伝えるかは，相手にどのような印象をもたせようとするかということが優先されて決定されるといえよう。これが言語を用いた自己呈示である。このような言語による人間関係管理機能は言語のもっている情報伝達的機能に匹敵する機能である。あるいは情報伝達的機能よりも優先される機能といえる。たとえば，社会心理学の研究で悪い情報は上司には伝えられにくいことが実証されている（Tesser & Rosen, 1975）。対人場面において言葉によって相手がもつ自分への印象を管理することが印象管理のための自己呈示の働きである。ここでは発言は相手への配慮を考えての言語となる。この領域で，言語学において焦点を当てられている研究分野として

は語用論や社会言語学の FTA（Face Threatening Act：面子脅威行為）の回避としてのポライトネス・ストラテジーやスピーチ・アコモデーションの研究がある（Brown & Levinson, 1987）。一方，社会心理学的に考えると，なぜ FTA の回避ストラテジーやスピーチ・アコモデーションがとられるかという視点に興味がもたれる。それは，自己主張，自己防衛のための自己呈示ストラテジーということができる。つまり，ポライトネスも含め，自分が思うような印象を相手に形成させるために自分のイメージを作為的に相手に呈示するのである。このため自分の内心と相手に対する発言とが違ってくることも多々生じることになる。意識的に内心とは異なった言葉を発するということも少なくないことになるのである。次に，このような内心と言行の不一致について従前の心理学の研究を，自己呈示という観点から検討していくことにする。

第2節　計画的理論と言行不一致行動

　内心と発言の不一致現象を社会心理学的に説明する一つの理論的方向としてFishbein & Ajzen（1975）の期待-価値モデル（expectancy-value model）から展開される Fishbein（1980）の合理的行動（reasoned action）の理論や Ajzen（1991）の行動の計画的行動（planned action）の理論があげられる。これらの理論は，個人の社会的態度研究における"なぜ行動が予測できないのか"という疑問から出発している。従来の社会心理学の方法論では，個人の社会的態度は，意見を質問紙等により調査することから推測され，その調査結果がほぼその人の内心であると仮定されている。そして，態度研究では，態度は他の大きな要因がなければ，その態度，つまり内心がそのままその人の発言となり，また，行動となると予測している。つまり，態度測定から，将来の発言と行動が予測できるとしているのである。ところが，現実には，その人の態度を調べてもその人の実際の発言や行動は態度と異なることが多く，態度から行動が予測できないことがしばしばであった。つまり，内心と言動の不一致が生じている，との指摘が多くされてきた。Fishbein（1980）は，その不一致を説明するため合理的行動理論を提唱し，Ajzen（1991）はそれを発展させ，計画的行動理論を提唱している。

態度（attitude）の研究は社会心理学では，古くから今に至るまで盛んに研究されているテーマである。社会心理学は態度を研究する学問であるとまで言われた時期もあった主要な領域である。このように古くから重要なテーマとなってきたのは，態度を知ることにより行動が予測できる，と考えられたからである。たとえば，政治に対する態度が保守的であれば，その人は共和党に投票すると予測でき，リベラルな意見の人は民主党に投票するだろうと予測できると考えたからである。科学は予測をすることが目的の一つである。このように考えると，科学としての社会心理学は，行動予測ができることが望まれる。態度は行動を予測できる心理的独立変数であるということから，注目を集め，盛んに研究が行われたのである。

　ところが，前述したように実際には，態度と行動は異なることが少なくない。このため，態度調査からの未来の行動予測は正確さを欠くことになる。既に，態度研究の初期にこのことは指摘されていた（La Piere, 1934）。そこでは態度調査の研究から行動を予測できないので，態度調査からの行動予測は研究として意味がないというのである。しかし，そのような指摘の後も，社会心理学においては，人は考えていることを発言し，言ったことを行動しているという常識的心理に支えられ，態度は行動を予測できるはずだと考えられ，態度研究が続けられた。そして，態度研究は，調査した態度から実際の行動がより正確に予測できる方途，つまり，測定精度を上げる研究が続けられてきている。しかし，他方で，全く別の角度から態度調査の結果からだけでは行動は予測できないのではないかという視点での研究が始められた。その主要な理論として，Fishbein（1980）の合理的行動の理論，Ajzen（1991）の計画的行動の理論，Prentice & Miller（1993）の多数派無知（pluralistic ignorance），Thibaut & Kelley（1959）の選択比較水準（comparison level for alternatives）理論などがあげられる。そこで次に，これらの理論をベースにして，本研究のテーマである自己呈示と内心と発言の不一致を検討していくことにする。

1　合理的行動の理論

　Fishbein（1980）やAjzen（1991）は，人が態度と不一致の言動を行うことになるのは，ある行動を直接決定しているのは態度ではなく，その行動をとろうとする意思（intention）であるからだ，としている。そして，その考えを合理的行動理論あるいは計画的行動理論として提唱している。ここでいう行動を決定する意思とは，態度と主観的規範の二つの要因から構成されるとしている。このため，態度調査からの態度要因だけでは行動予測はできないことを指摘した。つまり，人は，自分の考えだけでは自分の行動を決めないという指摘である。このように考えると，当然，態度と行動は違ってくることになる。それは行動を決めるもう一つの要因，主観的規範（subjective norm）が関係するからである。主観的規範とは，この理論によれば，他者がどう考えているか，である。ただし，他者といっても他人ではなく，自分にとって大事な人である，と定義されている。自分にとって大切な人がある状況における行動選択をどう考えているかと主観的に思っているかである。この主観的規範が行動決定に大きな影響を及ぼすとしている。なぜなら，人は行動の決定にあたり，自分にとって重要な他者の考えを考慮し，その人に認められるような行動をしようとするからであるとされている。こう考えると，人間関係管理機能という点からみれば，これは，印象操作のための自己呈示ということができよう。大事な人に自分の印象をよく見せるために，相手に合うように，相手が望むように，自己呈示していると考えられるのである。例をあげて説明していく。

　「結婚で大事なのは本人たちの気持ちなのだから，形式ばった儀式はやりたくない」と言う若者がいたとする。彼は，ことあるごとにそのことを友人の前で発言し，「結婚は愛であり，形ではない」と話す。すると友人は，彼はきっとその考えに基づいて派手な結婚式や披露宴はやらない，と予測する。ところが，彼から来た結婚披露宴の招待状には超高級ホテルで開催することが書かれている。友人は彼の言行不一致の行動に驚く。

　しかし，Fishbein（1980）やAjzen（1991）によれば，その驚きは友人が結婚式に対する彼の行動を彼の態度やこれまでの発言からのみで予測しているか

らであるといえる。合理的行動理論で指摘している主観的規範も考慮に入れた意思を考えていないからである。主観的規範を考慮すると，この一見矛盾した行動の説明がつく。ここでの彼の一番大切な他者は友人ではなく，結婚相手であろう。彼の婚約者は，子どものときから純白のウエディングドレスで教会風の結婚式をするのが夢だった。このように考えるとこれが主観的規範となる。彼は自分の考えも大事だが，それ以上に，愛する彼女の希望を受け入れてあげたいという気持ちになる。そして，結婚式はチャペルでしたいという意思を持つことになる。そして，その意思に沿って行動を決定する。このため，友人から見ると，言行不一致行動が生じることになる。

さらに，彼にとって非常に大事な他者である両親は，息子が立派に成長したことを親戚や両親の友人知人に知らせたいと思い，ホテルでの披露宴を要望していた。大事な両親の承認や要望はこれもまた，主観的規範の中心である。このようにして，チャペルでの結婚式と超一流ホテルでの華やかな披露宴が行われることになる。確かにこれは彼の態度とは異なるが，彼は主観的規範を中心に考慮し，理性的に判断した結果，彼の意思は決められたのである。このようにして，彼は自分がこれまで友人に話していた結婚式とはまったく正反対の結婚式を行うことになり，友人たちに対して，言行不一致の行動をとることになるのである。

この理論では，ある行動を決定するとき，自分の態度を優先するか主観的規範を優先するかということで行動が決定されるとしている。しかし，どのようにして，どちらを優先して決定するかについてはふれていない。本研究ではその点に注目し，それを決定する一つの要因が印象操作のための自己呈示であるとする。自分の態度や周りの人の意見などを考えて，自己利益になるもの，最も自己を防衛する行動を自己呈示するのである。この印象操作は，態度や主観的規範を含む自己と他者とが関わる諸々のことを見渡し，自己がどう行動したらいいかを決定し，自己呈示するといえよう。人は，そのときの状況をモニターして，自己利益を考え，自分を防衛し，自尊心を高めるように，低めないように最も適当な選択肢を選び，発言し，また行動するのである。結婚式の例でいえば，婚約者に自分が彼女のことをいかに大切にしているかをみせることを友人の批判よりも優先させた。もちろん，それは，婚約者が喜ぶことが自分

にとっても大きな喜び，つまり心理的報酬になるので，自己利益であり，また婚約者に嫌われて結婚しないことになったら困るのは自分であることから，自己防衛が働いているといえる。いずれにしても，印象操作を含む意志の働きにより，華やかな結婚式をするという行動がとられるのである。これは友人からみると，明白な言行不一致であるが，本人は，合理的に印象操作による自己呈示を行っているのである。

　Manstead, Proffitt, & Smart（1983）は Fishbein（1980）の合理的行動の理論を実証するために，妊婦に対して次のような調査をしている。アメリカでは乳児を母乳で育てるかミルクで育てるか，論議が分かれている。この研究は，出産2カ月前の初産予定の妊婦に母乳で育てるか，ミルクで育てるか，彼女たちの意見と理由を聞いた。母乳派は母乳を通しての子どもとの結びつきを強調した発言をし，ミルク派はミルクにより父親も授乳に参加できることによる社会性獲得の重要性を主張した。この調査では，主観的規範を知るために，同時に妊婦たちに夫が母乳派かミルク派か，その夫の意向をどのくらい重視するか，また，妊婦の母親はどう考えているか，その意向をどのくらい重視するかも聞いている。さて，出産6週間後，研究者たちは再び出産した母親を訪ね，今，実際にどのような授乳をしているかを尋ねた。その結果は，合理的行動の理論が予測するものと一致していた。実際の授乳行動は，本人が母乳派かミルク派かだけでなく，夫や母親がどう考えているか，その夫や母親の要望をどのくらい重視するかによって決められていたのである。たとえば，母乳が大事と言っていたのに，ミルクで授乳していた人は，夫が子育てに参加したいという要望を大事にして，自分の言ったことと違った行動をとったのである。これは主観的規範が言行不一致行動に大きく影響していることを実証した研究であるが，このことから，大事な人を大事にすることだけでなく，大事な人に対して，大事にしていることを印象づけるための印象操作として相手の要望に沿った行動をするという自己呈示がなされていると推察できる。

2　多数派無知仮説

　ここでは，内心と言行の不一致を生み出すもう一つの要因の「多数派無知の

心理メカニズム」をみていく。前述した Fishbein（1980）の主観的規範，つまり周りの人が自分にどう行動すべきであると期待しているかは，印象操作の観点からみると他者の目である。その他者の目を考慮して行動が決定されるということである。彼らは，この主観的規範に大きな影響を与えるのは，好きな人と友人，それに両親をあげているが，それと同じように，世間の目も問題になろう。世間の目は，当人からみると世間体となる。世間体を気にしての行動とは，世間に対する印象操作を考えての自己呈示といえる。世間体とは周りが自分のことをどう見ているか，どう思っていると当人が思っているか，である。ある事を自分としてはやりたいと思っていても，世間がそんなことすべきではないと考えているのではないかと思っていると，自分の印象を考え，自己防衛が働き，思ったことができないのである。世間体を強く気にするとされる日本ではこの主観的規範とそれに伴う印象操作が，アメリカ以上に行動決定に大きな影響力をもっていて，当人がやりたいことを抑制してしまうと考えられる。そして内心とは別に世間体を考えて，世間に合わせたタテマエ発言をし，行動することになる。それが，日本人の内心と言行の不一致が多い行動傾向を生み出すことになる，と考えられる。

　ところで，この世間体を気にするあまり，皆が個人的にはやりたいと思っていることを，皆が他者の目を気にしてやらないため，やらないことが世間の考えだと見えてしまうような皮肉な心理メカニズムが多数派無知仮説である。このメカニズムも，内心と言行の不一致を生み出す一つの要因となっていると考えることができる。そして，世間体を気にする傾向の強い日本人は，この多数派無知仮説がアメリカ人以上に作用し，内面と言行の不一致を生んでしまっているということが言えるかもしれない。Prentice & Miller（1993）は，思い込みによる多数派無知仮説が言行不一致を生むことを次のような調査で実証している。彼らは，プリンストン大学の学生を対象に，酒を飲むことについて調査をした。その結果，個人個人は酒を飲むことに対して，あまりよいことではないというネガティブな意見を表明したのである。しかし，実際は，学生は酒を飲みドンチャン騒ぎをすることが多い。なぜ，このような言行不一致行動が生じてしまうのであろうか。Prentice & Miller（1993）は，それを調べるため，この調査で同時に自分のクラスメートが酒についてどう考えているかを尋

ねている。その結果，クラスメートは酒が好きだし，酒を飲むことがよいことだと思っていると答えているのである。この結果，大半の学生は，自分の意見としては，酒を飲むことはあまりいいことではないと思っているが，友人達はいいことだと思っている，という主観的規範をもつことになる。この結果，学生が集まると，大半が内心は酒を飲むことはよくないと思っているのに，友人は酒を飲むのはよいことだと思っていると間違って考えており，その考えに自分の行動を合わせて大半が酒を飲むことになってしまう。これを多数派無知仮説という。学生たちは，この主観的規範重視の意志決定により，相互の勘違い状態で酒を飲み，その結果，学生のコンパは大騒ぎになるのである。その心理メカニズムは，自己防衛から集団状況での自分の内心を抑制し，多数派に従う多数派への同調追従の心理である。後に示すAsch（1955）の集団圧力の実験の被験者と同じ心理を自分の思い込みの主観的規範でつくり上げているのである。「皆あんなに楽しんでいるのだから，酒が嫌いなわけがないし，騒ぐのが嫌いなわけがない。ここはコンパの席だし，自分だけ冷静にしていてその場を白けさすわけにはいかない，そんな態度をとったら友達から嫌われてしまう」と心配し，自分の意見とは反対でも，皆と一緒に楽しくやり，場を盛り上げようと楽しく飲むことにする。そういう楽しい人，皆と騒げる明るい人という印象を植えつけるための操作を行い，自分の考えとは違っても，ドンチャン騒ぎをする自分を自己呈示する。参加者の大半がそうするから，場はますます盛り上がることになる。ただし，そうなると，思っていることと言っていること，やっていることはますます乖離し，内心と言行が不一致となるのである。

　この場合の学生の心理がAsch（1955）の集団圧力実験の実験参加者の心理と違うのは，同調実験の実験参加者は現実に集団の多数の圧力があり，反対できないプレッシャーを感じて，自分の意見を抑え，多数派に同調し，内心と言行の不一致が生じているのに対して，Prentice & Miller（1993）の実験の学生の心理は，状況判断や情報から各々が主観的規範から意思決定し，同調の心理を自分でつくり出している点である。各々が自分で作り出した「友人たちの考え」に影響されて，人前で印象操作をし，個人で聞かれたときの答えとは違った言行不一致行動をとっているということになるのである。しかし，もう一度，実験を考え直してみると，Prentice & Miller（1993）は，この実験で

の最初の調査のときの学生1人1人の意見を学生の"真の"意見として疑っていないが，そこにも問題があるように思う。伝統あるプリンストンの大学生である。アンケートで酒を飲んでのドンチャン騒ぎはどうか，と聞かれたら，自分の本当の意見はともかくエリート学生らしく，酒盛りは適当ではないし，自分は好きでないと模範回答をしたとも考えられる。つまり，この調査時点で既に学生は印象操作のためのタテマエ的自己呈示を行っていると考えられなくもないのである。学生は主観的規範を考慮して，調査時にはエリート学生の印象を与え，コンパの席では楽しい仲間という印象を与えるような印象操作の自己呈示を行っていると考えられる。

3　選択比較水準理論

　ここでは，Thibaut & Kelley（1959）の選択比較水準理論をベースにして，内面と発言の不一致を説明していく。この理論は，人がある決断をするときの心理メカニズムについて選択比較水準を提唱している。この理論によれば，行動の決定は対象の絶対評価ではなく，他の選択肢との相対評価だとする。たとえば会社がいやになったとき，会社を辞めるか辞めないかは，今の上司や会社に対するマイナス評価だけでは決まらない。辞めた後の生活がよりマイナスなら，今のマイナスの方が相対的にはよいので辞めないのである。もし，今の会社よりも待遇がいい会社から誘われたら，今の会社をすぐに辞めるであろう。それは，今の会社と次の会社とのレベルを比較して，よりよい方を選択し，行動を決めていくからである。このため，どんなに今の会社がよくても，それよりもよい条件の会社があればそちらを選択する。逆にどんなに今の会社が嫌でも，それに代わる会社なり生活がないと自己利益と自己防衛のため辞められないのである。

　この理論は人の決定には選択比較水準が大きな影響力をもっているとしており，このことは内心と発言の不一致が生じる一つの原因を説明可能にするといえよう。たとえば，あるサラリーマンが，「会社を辞めたい」と言っている。しかし，辞めない。本人は，本心から辞めたいと思っているし，同僚にも話す。「上司は嫌だし，この会社にも未練はない」と，いつも言っている。しか

し，言葉で言うだけで実際には辞めない。ではなぜ辞めないのか。それは辞めた後のことを考えるからである。現状の生活レベルと辞めた後の生活レベルを比較した場合，今の生活の方が比較して良いと思えば，自己利益と自己防衛から辞められないのである。より良い選択肢がないため，言っていることを行動に移せないのである。こうして自分の好みに合った代わりの会社（選択肢）がないため，辞めたいと言いながら何年も勤めていると，結果的に，内心と言行の不一致となるのである。では，なぜ辞めないのに「辞めたい」と言葉に出して言うのか。それは，内心の会社の評価，つまり，絶対的評価としては会社への評価は低く，辞めたいほどであり，実際にも可能なら辞めたいと思っているから，それが言葉に出てしまうのである。それと同時に，印象操作が関連してくると考えられる。辞めたい，というのは一種の印象操作のための自己呈示としての言葉でもある。「自分は，本当はこんなところは辞めたい」と悪口を言うことにより，周りの人に自分の価値の高さをアピールし，印象づけようという自己呈示をしていると考えられる。離婚したいと陰で言いながら離婚しない夫婦の言行不一致もこの選択比較水準の理論が適用できる。夫婦が互いに相手を嫌だと思い，別れたいと悪口を言っていても別の選択肢（相手）は見つけにくい。別れたいと思っていても，選択比較水準からいって，別れて1人になることと比べると今の方がよいことになり，自己利益，自己防衛から，結局，別れないことになり，言行不一致行動が続くことになる。離婚しないのになぜ「離婚したい」と言うのかについては，この場合も，会社を辞めたいと言っている人と同様に，内心の吐露と印象操作による言葉の自己呈示の両方であると解釈できよう。もちろん，再婚できそうな相手ができると対応は違ってくる。選択水準上，より上位の価値の高い選択肢ができるため，自己利益からすぐにも離婚することになる。

このように，内心と不一致の発言は印象操作のための自己呈示として日常的に頻繁に生じており，内心と言行の不一致は，自己高揚，自己防衛のための言語の自己呈示機能が大きく働いていることが分かる。そこで内心と発言がいかに異なるかを示す実証的研究を計画した。その詳細については第2章から第7章において述べてあるが，ここではまず自己呈示の先駆的研究をみていく。

第3節　主張的自己呈示と内心と発言の不一致

1　自己呈示としての内心と発言の不一致

　大半の文化において，程度の差こそあれ，内心と発言の一致は社会的規範であり，それが道徳的にも倫理的にも，良しとされていると思われる。日本も含め，そのような内心と発言の一致が評価される社会では，あえて内心と不一致の発言をすることは少ないはずであるとも思われるが，現実にはこの社会的規範に反して，内心と不一致の発言が多くみられる。その理由は，行動を決定する心理的コストと心理的報酬の比較によるといえよう。内心と発言の不一致の生起原因を検討するとき，社会的交換理論をベースに自己利益追求という点に焦点を合わせて考えると理解しやすいであろう。まず，内心と発言の不一致には，前述のFishbein（1980）やAjzen（1991）が指摘するように主観的規範が働いていると考えることができる。この理論によれば，人は時に，自分の考えていることとは異なる主観的規範に沿った行動をする。それは，大事な他者の考えを自分の考えよりも重視するからである。では，なぜ自分の考えよりも大事な他者の考えの方を優先するのか。それは，その大事な他者との人間関係を大事にしたいからであろう。では，なぜその大事な他者との人間関係の方を自分の考えよりも優先するのか。それは，大事な他者との人間関係が自分にとってより大事であるからであろう。自分の考えより大事ということは，重要な他者との良好な人間関係が自分にとって大きな報酬であり，利益であり，その関係を損なうことは大きな損失であると考えるからであろう。こう考えると，人は自己利益を獲得する，あるいは損失をこうむらないようにするために，内心と不一致の発言をやむなく行うことになり，あるいは積極的に行うことにもなる。ここでの内心と不一致の発言は，自己高揚のために，あるいは自己防衛のために，もともとの自分の考えとは異なった相手に合わせた自分を呈示する行為といえる。このように他者に対して自分をより適応的に見せようとする行為は印象操作による自己呈示である。自己呈示とは，自ら印象操作をして他者に認知させたい自分についてのイメージをその他者に呈示することであ

る。この過程において自分が内心で思っていることとは異なることを発言することになるが、それが言語の自己呈示機能の一つであるといえよう。

さて、自己呈示の分類の一つとして、Tedeschi & Norman（1985）の4分類が挙げられよう。彼らは自己呈示行動を戦術的と戦略的、および主張的と防衛的の二つの次元に分け、次の2×2の4種類に図式的に分類している。

(1) 戦術的主張的自己呈示　(2) 戦術的防衛的自己呈示
(3) 戦略的主張的自己呈示　(4) 戦略的防衛的自己呈示

戦略的とは長期的自己呈示を指す。長期に渡って多くの戦術的自己呈示を使い、自分の考えるイメージを他者に与えようとすることをいう。戦術的とは、短期の自己呈示を指している。この点からみると、本研究では、対人コミュニケーション時の言語表現による自己呈示を扱っているので、主に短期的自己呈示における内心と言行の不一致を対象にしているといえ、ここでは（1）と（2）を主たる考察対象とする。次に主張的、防衛的の区別であるが、主張的（assertive）とは、自ら積極的に自己高揚のために印象操作する自己呈示で、防衛的（defensive）とは相手からの非難などのなんらかの否定的行動を受けたとき、自己に否定的なイメージを付されないように印象操作をするリアクションとしての受動的な自己呈示を指す。両方とも本研究での研究対象といえる。そこでまず、言語の主張的自己呈示に焦点をあて、次に言語の防衛的自己呈示を扱うことにする。

Leary & Kowalski（1990）は自己呈示の目的と機能として Tedeschi & Norman（1985）とは別の角度から分類し、①報酬の獲得と損失の回避、②自尊心の維持、③アイデンティティの確立、の三つを挙げている。この Leary & Kowalski（1990）の分類は社会心理学のこれまでの実証的研究を言葉による自己呈示という観点から整理しようとするときにフレームとして適当なので、以下、この分類にそって短期的主張的自己呈示に関する実証的データを検討していく。ただし③は、自己呈示を自己にのみ関連させているので、ここでは、ベースとして①の報酬の獲得と損失の回避を目的とする主張的自己呈示についてとりあげ、次に②の自尊心の高揚としての主張的自己呈示について検討

していくことにする。

2　自己利益的行動と不協和理論

　人に心理的快をもたらす刺激を心理学では，報酬という。人は心理的快を求め，報酬を獲得しようとする。言語行動もこの欲求原理に従うと推察される。このため，人は内心と発言の不一致という社会的規範に反してまでも，内心とは異なる言語の自己呈示を少なからず行うことになる。ところで，金銭は人にとっての典型的報酬である。世俗の金銭欲にみられるように，人の金銭的利益獲得欲は強い。このため，内心と発言の不一致もそのとき得られる金銭的利益により左右され，人は金銭的利益を受けることになると，本来の自分の考えとは関係なく，内心と違うことを言葉にすると考えられる。さらにその金銭的利益が大きければ大きいほど，本来の自分の考えは変えないまま内心と異なった言語内容の自己呈示をすることができるといえよう。詐欺師は極端な例であるが，多大な金銭的利益により内心と言語の不一致が容易に実行されるということである。このことは前述したようにFestinger（1957）の認知的不協和理論から推論できる。そのことを認知的不協和の代表的実証実験であるFestinger & Carlsmith（1959）の実験から詳しく検討していくことにする。

　まず彼らの実験を説明する。この実験は，男子大学生が実験参加者である。学生が実験室に着くと，課題としてきわめて退屈な作業を1時間やらされることになる。内容は糸巻きやクギを穴に差し込む作業である。作業が終了すると，実験者から「実験はこれで終りである」と伝えられる。そして，実験者は次のようにこの実験の内容を説明し，一つの依頼を申し出る。

　「この実験では，君にいきなり作業をさせたが，実はこの実験は，何の説明もなく作業した場合と，きちんと内容の説明を受けて作業した場合の違いを比較することを目的としている。君の実験は，説明のない方だったが，次の実験参加者は説明がある方になる。そのための実験参加者はもう来ている。ところが，今，連絡が入り，作業内容を説明する係のバイトが急に来られなくなってしまった。申し訳ないが，君がかわりに次の人に，この作業の内容を説明してくれないか。今回は，作業が非常に面白く楽しい，という内容説明を受けた

後，作業をすることになっているので，そのように，説明してくれないか。どうだろう。もちろん，これは，バイトなので，バイト代として20ドル払う。やってくれないか」と言う。

　これが実験者からの依頼である。退屈と感じた作業をおもしろい作業として説明せよ，ということである。つまり，自分の内心と不一致のことを言葉にすることを要請される。ただし，報酬がつく。報酬は20ドルの場合と1ドルの場合の2条件が設定されている。このとき，実験参加者は断ることもでき，自分の内心と違うことを言葉にするのが嫌なときは，それをしないで済ますこともできる。その選択は残されている。しかし実験の結果，大半がこのバイトを引き受けた。このことは自分の内心と違うことを言うという不協和な発言を報酬により引き受けたのである。積極的か否かはともかく，報酬により人は思っていることと異なることを言うことを実証しているといえよう。これは明らかに自己利益獲得のための内心と不一致の言語行動である（利益ではなく実験者からの圧力によりこのバイトを引き受けたとしたら，これはむしろ防衛的である。ただし，後に示すように示された金額により心理が異なるので，圧力だけで引き受けたとは考えにくい）。

　さて，バイトを引き受けた男子学生は，次の実験参加者に実験の内容を"おもしろい実験"であると説明することになる。待っている次の実験参加者は，女子学生である。男子学生は実験者からの依頼通り一生懸命いかに楽しくおもしろいかを説明し続ける。説明が終わると，女子学生は実験室に向かう。男子学生は，心理学部の事務室に行き，実験が終了したことを告げる。すると，実験についての質問紙を渡される。その場でその質問紙に答える。質問の内容は，例の作業がどれくらい楽しかったか，である。これで本当に実験は終了する。

　この実験で，報酬が1ドルの場合も20ドルの場合も，実験参加者の大半はバイトを引き受け，自分の本当の考えと反対のことを言い，内心と不一致の言語行動を行った。Festinger & Carlsmith (1959) の実験の本来の目的は，不協和の大きさが異なるときの不協和解消行動の比較である。つまり，1ドルで引き受けた学生と20ドルで引き受けた学生のつまらない作業に対する楽しさの意見変化の比較をみるのが実験の目的である。

　まず，実験の本来の目的である報酬の差の心理メカニズムについてみてい

く。1ドルと20ドルで要請を引き受けたときの心理はどう違うかという点について，この理論では，報酬が非常に安い1ドルで引き受けた学生は不協和が大きいと仮説している。その心理メカニズムは良心との葛藤の有無であり，良心やプライドとの不協和である。たった1ドルで自分の考えと違うことを言い，内心と不一致の行動をするということは良心が許さない，プライドが許さないと考えられる。心のなかでは葛藤が生じているはずである。内心と言っている言葉の内容とが矛盾しているので，自分の頭のなかが混乱をおこす。このように，考えていることと反対のことを言っている場合を，この理論では，不協和状態にあるという。そして不協和理論では，人は不協和に陥ったときは意識的・無意識的に，不協和解消に動機づけられるとしており，その不協和をなくすように動機づけられると仮説している。

　Festinger（1957）の不協和理論では，内心と発言が矛盾して不協和が生じた場合，不協和の解消が動機づけられ，協和状態を生み出す方法がとられるとされる。具体的には次のような解消の方法がとられる。

(1)　発言を内心にあわせることにより不協和を解消させる。
(2)　内心を発言に合わせることにより不協和を解消させる。
(3)　別の観点から矛盾を解消させる。

　この実験はこの不協和解消理論を実証している。退屈な仕事をしていながら，それを楽しい仕事だと女子学生に話すと，内心と発言の不協和が生じる。そこで不快感が生じ，不協和解消の動機づけがなされる。このとき，(1)のように発言を内心に合わせ変えれば，不協和はなくなる。しかし，実験者から報酬を約束され，"楽しい"と言うように言われて引き受けているので，本当はつまらない作業だ，とは言えない。そこで，(2)のように内心を発言に合わせれば，不協和は減少する。つまり，あの作業は本当は，結構おもしろかったんだ，と自分で考え直すのである。頭のなかに矛盾があり，不協和状態であるが，もう言語行動は始まって実行中であり，社会的プレッシャーもあり，言語行動の内容は変えようがない。このような場合，人は言葉に合わせて考えを変え，心理的に快い協和状態をつくるという心理メカニズムが働く。この実験の

主たる従属変数は，作業の楽しさである。1ドルで実験者の要請を引き受けて，女子学生への説明が終った後，帰り際の心理学部の事務室で，先程参加した実験（つまらない作業）について，どのくらい楽しい作業だったかを質問紙に回答する。そのとき答えた楽しさの程度が直接の従属変数である。その回答を実験のような要請や女子学生への説明なしで単に作業を終えた後にその作業の楽しさを調査した学生の回答と比べた。その結果，1ドルで説明した学生の方がより楽しい作業だった，と答えたのである。

この実験で，不協和理論が実証された。男子学生は，女子学生に作業は楽しいと説明している間に，不協和を解消するために，本当にあの作業は楽しかったんだと思うように動機づけられ，内心を発言に合わせて変えたと考えられるのである。いったん，自分が楽しい作業と思ってしまうと内心と発言との間の矛盾はなくなる。これにより内心と発言は一致し，女子学生には自分の思っている通りに話していることになり，不快ではなくなる。次に，1ドルではなく，もう一つの実験条件の20ドル報酬条件の学生の意見はどのように変化したかをみる。1ドルで考えが大きく変化したのであるから，報酬がさらに大きい20ドル条件ではさらに心理的に快になるので，その変化がさらに大きくなるとも考えられる。高報酬条件では，男子学生はつまらない作業をより楽しいと思うことにより，より楽しいと答えることが予測できる。ところが，実験の結果は，20ドルの高額バイトをした学生は，つまらない作業を楽しいとはせず，元のまま，作業はつまらない，楽しくなかった，と答えた。説明による意見変化はなく，そのまま評価をしたのである。

20ドルの高額報酬者がなぜ意見を変えなかったかというパラドックスを不協和理論は説明している。それは，20ドルは高額であるが故に考えは変えなかった，と理論化している。高額者は，低額者のように不協和解消のために，自分の考えを言っている言葉に合わせる必要がなかったためである。もちろん内心と発言とが矛盾している場合，不協和が生じる。しかしこの場合，20ドルの報酬者は1ドルの報酬者のように内心を行動に合わせる解消法はとらずに，解消法の(3)であげた別の視点から矛盾を解消する方法をとったのである。その理由づけは，10分くらい説明するだけで20ドルももらえる，というバイト料の高さである。大きな利益が獲得できるので，自己利益となるため，内心

と不一致の言語行動は明確な理由づけがなされ，心理的不快とはならないため，不協和は生じないのである。Festinger & Carlsmith（1959）のこの実験は不協和理論を実証するためのもので，1ドルという少ない報酬のため，報酬獲得としての理由づけができないときの不協和解消のための心理的変化を見ることを目的としている。このため，1ドルのバイト代の学生が，あの作業は楽しかった，と回答したという結果が重要であった。

　しかし，内心と発言の不一致を自己呈示として考えていくという本研究の目的からみた場合，20ドルのバイト代をもらった学生の心理メカニズムの方が1ドルもらった学生よりもより注目に値する。20ドルのバイト代の学生も内心と発言がまったく正反対であり，正反対だからこそ矛盾は感じているはずである。しかし，不協和は解消されているのである。それは，高額の報酬をもらっているから，と理由づけできているからである。このことは，人は高額の報酬をもらうと，内心と違うことを言ったとしても，葛藤を感じたり，心理的に混乱したりしないということを証明していることになる。

　人は組織のなかで，権威者の要請に従い，内心とは不一致の内容のことを言うことが多い。そのことがここで理論的，実証的に裏づけられたといえる。サラリーマンは高額の報酬をもらうが故に内心と発言の不一致を合理化でき，矛盾による心理的混乱はおきない。このため，比較的冷静に内心と不一致のまま，公的に発言をし，組織人としての行動をすることができるのではないかと推論できる。これが言語の自己呈示機能の典型ということができよう。

　ところで，Bem（1967）は認知的不協和理論で説明した現象に対して，不協和解消のための動機概念を媒介させなくても，行動学的に充分に説明できるとして，自己知覚理論（self-perception theory）を提唱している。この理論によれば，人は自分の行動の内的プロセスの説明も，内的手がかりがあいまいのときは（そして，たいていの場合内的手がかりはあいまいであるとしている），他者の行動から他者の内的プロセスを推論するのと同じ方法で自らの内的プロセスを推論していると考えている。Bem（1967）は，他者シュミレーション法を使用し，Festinger & Carlsmith（1959）の実験の詳細を参加者にテープで読んで聞かせたあと，実験の実験参加者になったつもりで，作業の面白さを質問紙に回答させた。その結果，元の実験の結果と同じ結果が得られた

のである。Bem（1967）の解釈によれば，この実験参加者は単なる聴衆者なので，不協和解消動機は発生しないはずであるとしている。ただ単に，高額の報酬をもらった実験参加者は，実験参加者が高額報酬だったので女子学生には面白いと話したと考え，作業自体は，元のまま面白くないと答えたのであろう。また，少額の報酬をもらった実験参加者は，その少額の報酬ゆえに報酬によって面白いと答えたとは考えられないので，当人が本心で面白いと思っていたのであろう，と考え，回答したと推測できるとした。そして，自己知覚理論は同じ推測が，Festinger & Carlsmith（1959）の実験参加者自身においてもなされている，としている。Bem（1967）の解釈は，不協和現象などの回答を自己呈示の一つとして捉える本研究のアプローチへの足がかりになるといえる。つまり，この行動を印象操作の観点から説明すると次のようになる。実験参加者が最終的に作業の楽しさについて回答するときの答えを自己呈示場面と考えると，高額の報酬を受けた学生は，十分なバイト代で，それに応じた役割を演じたわけで，回答等の際，自分の印象を操作する必要は感じないで，最初の感想通り，楽しくないと回答したままで問題はないのである。しかし，1ドルでこの役割を演じてしまった人は，そんな少額で内心と異なった説明をしてしまっている自分を見せたくないと推察できる。そこで，印象操作が働き，他者がその人を観察した場合，1ドルで面白いと答えた人は，もともとその作業を面白いと思っていたと見るであろう。そこで，他者への印象操作のための自己呈示という点から考えると，もともと自分はこの作業は楽しいと思っていた，という印象を与えるように，自己呈示することになる。つまり，言語の自己呈示機能を働かせ，自分は1ドルで心を売るような人間ではないことを自己呈示するため，楽しいと回答すると推察できるのである。

次に内心と不一致の自己呈示と報酬との関係についてさらに追証するためにCollins & Hoyt（1972）を検討していく。この実験は，大学の男子寮の学生を実験参加者に次のような実験を行っている。この男子寮は，制限が厳しく，特に女子学生の出入りについて完全に自由ではない。しかし，ほとんどの男子学生が24時間，女子学生の個室に出入りする自由がほしいと希望している。このことが事前の調査で明らかになっている。この実験は，実験者が「大学管理研究委員会の調査員である」といって，24時間開放に賛成している学生を寮

の個室に訪ねて，次のような依頼をする。

「今，学生寮の開放について調査を行っていて，寮開放に賛成，反対の意見を集めています。両方の意見を集めたいのですが，開放賛成の意見ばかり集まってしまって困っています。すいませんが，開放反対の意見を書いてくれませんか。これは，寮を開放するかどうか，大学当局が決める資料として提出することになっているのです。書いて下さったら，お礼として30ドルさしあげますが……」と学生に要請する。わずかな文を書いて30ドルは当時として相当に高額報酬である。しかし，書く内容は，自分の考えと反対の意見である。しかも，それが，大学当局の方針決定の資料になるという。自分のこれからの寮生活にも関係する，かなり重大なことである。当人はもともと寮開放に賛成である。「反対の意見など書けない」と調査員の要請を拒否することは当然可能である。しかし実験の結果，アメリカの大学生の大半が引き受けた。この承諾に報酬の高さが大きな効果をもつか，という点についてみると，この実験では，他はまったく同じ条件で，1ドルの報酬で実験を行っている。そして1ドルでも，大半の学生が引き受けたという実験結果を得ている。このことから報酬の高さが承諾のポイントではないと推察できる。何らかの報酬にプラスして，部屋まで訪ねてこられ，直接会って依頼され，しかも，依頼者が大学管理研究委員会の人であるとなると，その社会的プレッシャーの強さにより引き受けてしまうといえよう。自分の内心と違うことを公に発言するということは，かなり重大なことであるが，人は，報酬を用意されたり，依頼されたりすると，自分の内心と違うことを言うことが実証された。

さて，この実験も実験者の本来の目的は内心と不一致の発言を承諾するか否かではなく，小さな報酬で承諾した人の不協和解消の心理メカニズムである。1ドルで自分の考えと違う寮開放反対の意見を述べた学生は，不協和に陥ると考えられている。学生は自分の考えを1ドルとは引き替えにはできないし，プライドが許さない。しかし，引き受けてしまった。その矛盾に不協和が生じ，それを解消するための心理作用が働くというのである。このため，1ドルで引き受けた学生については，その後の調査で，意見が寮開放に反対の方に移っていくと仮説されたのである。実験の結果，不協和理論が予測する方向で意見変容が生じた。低報酬の1ドルの学生の意見がより開放反対の方向に変わった。

自分の意見が開放反対なら，1ドルもらおうがもらうまいが，自分の意見の通り書いたのだから，そこには不協和は生じないことになる。こうして不協和による不快感をなくすように意見が変わり，それに沿った自己呈示がなされたのである。

　この実験も印象操作の自己呈示という視点から再考察すると，30ドルをもらった学生の方の心理プロセスの方が注目される。彼らは，30ドルもらい，自分の内心と正反対のことを言語化したのである。学生にとって30ドルはかなりの金額だから，その代価として，違う考えを表明したとしても，バイト代を考えればプライドは傷つかない。この場合の内心と不一致の言行の理由ははっきりしている。自己利益のため，この行動がなされていると考えられるので，不協和が生じないのである。一時的に不協和が生じても，多額の報酬を得られる，という充足感が不協和を解消することになる。このため，自分の本来の考えを変える必要はないのである。この実験のその後の調査でも，30ドルをもらった学生は，以前と同じように解放賛成の考えのままで意見変容しなかった。人は，報酬が多いと，意見は変えないまま，反対のことを書いたり，言ったりすることが実証されたといえよう。つまり，承知の上で内心と不一致の言語行動を行い，調査者に対しても，報酬が高い故にプライドを下げる必要なく，その要請に答えることができるのである。

　また，Nisbett, Caputo, Legant, & Maracek（1973）も，次のような実験で，人が自己利益のために，内心と不一致の言語行動を行うことを実証している。この実験の手続きは次の通りである。

　まず，実験者は，実験内容は意思決定の課題であることなどを簡単に説明する。実験室には，実験参加者が3人集まっている。実験者は実験参加者に，今日の実験は意思決定がテーマで，いろんな課題について意思決定をしてもらうことになる，と説明する。その後，「ところで，実験をはじめる前に，みなさんにとって現実の決定を一つしてもらいたいのです。実は，エール大学（所属大学）の人間発達研究所ではスポンサーになってくれそうな人たちを招待して，この週末にイベントを行うことになっています。研究所は今，特に恵まれない人やマイノリティの発達について研究していますので資金が必要です。週末，ここにスポンサーが集まりますが，そのスポンサーの奥様方へのサービス

を女子学生（この実験の実験参加者はすべて女子学生）にお願いしたいと思っています。ツアーのガイドやレセプションの受付などです。時間は2日間トータルで16〜18時間ありますが，そのうち何時間でもかまいませんから，引き受けてくれませんか。これは基本的にはボランティアですが，少ないのですが，バイト代も出ます」（金額については後で説明する）と話し，実験者の一番近くにいる実験参加者にボランティアを引き受けてくれるかどうか尋ねる。すると彼女は，「4時間くらいなら」と答える。次に，次の実験参加者が聞かれ，「12時間くらいはできます」と答える。3番目の実験参加者もイエスと答え，その時間を答えた。これが終ると実験者は実験参加者に各々別の部屋に行くように指示する。別室には別の実験者が待っている。そして，実験参加者に次のような質問をする。「意思決定の実験課題に入る前に，今，行ったボランティアの決定について，二，三質問させてほしい。このボランティアに参加すると決めた理由は何ですか。次の項目の各々について，重要度を0〜8の基準で評価して答えてください」と言い，手元の「ボランティアに参加する理由リスト」と書かれた用紙を渡す。このリストには次のような七つの参加理由が書かれている。①発達研究所を助けたいから，②活動が面白そうだったから，③お金がほしいから，④人に会うのが楽しそうだから，⑤ほかの人も参加すると言っているので，⑥価値があると思ったから，⑦参加しなければいけないような圧力を感じたからである。

　実験者は実験参加者にボランティアを依頼するとき，前述したように「わずかではあるが，バイト代が出ます」と言っている。バイト代には2種類あり，半分の女子学生には1時間あたり50セントと告げ，他の半分の女子学生には1時間あたり1ドル50セントと伝えていた。一般的には，ボランティアなのだから報酬はさして関係ない，と考えられる。実際，なぜボランティアを引き受けたかを調査した七つの理由の重要度を調べてみると，①②④の理由で引き受けたと答えている。つまり，「研究所を助けたい」「活動が面白そう」「人に会うのが楽しみだから」の理由である。ところが，実験の結果は実験参加者が答えている理由と違っていることが明確に示された。つまり，ボランティアを引き受けるかどうか聞かれたとき，かなりの学生が，ボランティアはやりたくないと断った。引き受けた学生の割合を見てみると，バイト代が1時間あた

り50セントの場合は引き受け率は24%であった。それに比べ、1時間あたり1ドル50セントの場合の引き受け率は68%であった。学生たちは、自分たちの意思決定に際してお金が重要であるとは回答していない。しかし、実際には利益獲得のために行動し、このようなケースでは、明らかに金額により行動が左右されている。しかし、ボランティア活動についてお金で動いているということが分かるような回答（マイナスの自己呈示）は誰もしようとしない。そのような回答をしたら、ボランティアをしている真意を疑われてしまう。ボランティアは、奉仕している姿勢を印象づけることが大事であろう。回答はそういう印象操作に従って自己呈示される。このため、理由としては最も社会的に適当な理由①②④を述べることになる。また「他の人がやると言ったから」という同調や、「実験者からのプレッシャーがあったから」という権威的プレッシャーも理由に挙げていない。これらもお金と同じように、ボランティア活動をする理由としては高く評価されないので、印象操作上、自己呈示からはずしたと推定される。その結果、内心と不一致の回答（言語行動）をすることになる。人は、このように印象操作のための自己呈示を行っているが、この自己高揚や自己防衛の自己呈示が内心と不一致の発言を生んでいるのである。

3 主張的自己呈示と内心と不一致の発言

前述したようにLeary & Kowalski (1990) は、自己呈示の機能を①の報酬の獲得と損失の回避に続き、②として自尊心の維持をあげているが、ここでは自尊心と対人関係を含めた人間関係の管理機能として拡大して扱っていく。この自己呈示は、①のような直接的な利益（金銭）ではなく、対人場面における心理的な報酬を獲得するための人間関係に関連した自己呈示である。人間関係管理のための自己呈示はJones & Pittman (1982) の主張的自己呈示といえる。彼らは主張的自己呈示として、①取り入り、②自己宣伝、③示範、④威嚇、⑤哀願の五つの方法をあげ、それぞれの自己呈示について、求められる帰属（どのようにみられたいか）、失敗した場合の帰属（この呈示が失敗したとき、相手からどうみられてしまうか）、相手に生じる感情（相手にもたせたい、自分に対する感情）について、それぞれ具体的な典型的行動をあげ、より詳細

に機能的に分類している。そこでここでは良好な人間関係管理の自己呈示に最も関連すると思われる他者高揚の自己呈示として①取り入りをとりあげ，次に自己高揚の自己呈示として②自己宣伝について検討していく。

A 取り入りのための発言の自己呈示

取り入りは，人からの好意を受けることを期待して行われる自己呈示である（Jones, 1964）。人は他者に好かれたいという思いが強い。それは好かれることにより，快感情や安心が得られるからである。しかし，それだけでなく，好かれることがそれ以後の人間関係を良好にし，相手からの高い評価につながり，たとえば，昇進や，良い成績につながり，解雇や落第を免れるという自己利益や損失防衛が可能になると考えるからであろう。他方，人は相手に取り入るためにこの"人から好かれたい気持ち"を利用しようとする。その多くは言葉によってなされる。たとえば，相手にお世辞を言ったり，称賛に値する特性を誇張したりする。お世辞，ゴマすりは，内心では思っていないこと，あるいは思っている以上に誇張することであるから，この称賛は表面的で，内心と不一致の発言である。つまり言葉による自己呈示である。しかし，人は誰に対しても取り入りを行うのかというと，そうではない。後に述べる Jones, Gergen, Gumpert, & Thibaut（1965）の研究によれば取り入り行動を促進させるのは，取り入り者が取り入り行為の成功する可能性が高いと判断したときである。

取り入りの方法としては次の二つの主要な具体的技法がある。

(1) 表面的意見同調（重要な論点について自分は対象者と同じ意見であるとする）
(2) 他者高揚（対象者を称賛し，お世辞を言う）と好意表示（対象者に好意を示す）

そこでまず，①の例として自分の意見を上司に同調させる自己呈示についての実証的研究を取り上げ，検討していくことにする。

1）表面的意見同調

意見同調とは自分の意見を相手の意見に表向き（公的に）合わせることであ

る。具体的には自分が相手と同じ意見であることを表明，発言すること，あるいは，相手の表明した意見に同意し，賛成することである。そのことでその人の機嫌を取り，好意を受けようとする言語による自己呈示である。この方法は意見同調と呼ばれている。Byrne（1971）による好意と類似性の実験で証明されているように，人は自分と似た意見の持ち主に対して好意をもつ傾向が強いことから，意見同調の自己呈示による取り入りが行われる。取り入ろうとする人は重要な論点について自分の意見が取り入り対象者と異なる場合，自分の意見を抑えて，表向きは相手の意見に同意を表明することになる。

　Jones, Gergen, Gumpert, & Thibaut（1965）はこの表面的同調による取り入り（ingratiation）を次のような実験で証明している。実験ではビジネス活動のシュミレーションゲームが行われた。実験参加者は監督者と2人一組で行うといわれ，経営学の大学院生（サクラ）が監督として紹介される。ゲームは3部構成で，まずゲームのやり方を練習し，ついで，お互いが多少とも知り合える機会をもち，最後に本番のゲームを行うと説明された。実際には，第2段階で実験は終了する。

　監督がもつ自由裁量の余地が次のように操作された。実験者は，サクラがゲームの監督を勤め，彼がゲーム中何が正解かを判定すると説明した。半数の実験参加者には，正答は監督がこれまでの経験をもとに，その場その場で監督の判断で判定すると教示し（この場合が自由裁量条件である），残りの実験参加者には，監督は正答マニュアルの基準に答えを照合して判定するにすぎないと教示した（この場合が自由裁量なし条件である）。

　まず，ゲームの練習として，1回に4個の広告スローガンが示され，そのうち最良のものを選択するという課題を行う。これには賞金が支払われると教示した。14回のコマーシャル・コピーの判断の練習を通して，実験参加者は自分がテレビ・ラジオ広告では良い成績だが，新聞・雑誌広告では悪い成績であることを知った。その後，実験者は，本番のゲームでは，時間の都合で新聞・雑誌広告（実験参加者の苦手課題）だけを行うと教示した。このようにして，実験参加者に自分の能力だけではよい成績がとれないという状況をつくり，「取り入り」の発生をうながした。

　次に，監督の性格が次のように操作された。互いに知り合う機会をもつ際

に，半数の実験参加者には，監督が人間関係を重視する人間志向タイプの人であることを印象づけた（この場合が関係重視条件である）。残りの実験参加者には，監督は課題の遂行を重視した実績志向タイプの人であることを印象づけた（この場合が課題重視条件である）。さて，本番前にお互いを知るという名目で意見調査の交換を行った。この意見交換は書面で行われる。まず，監督が，意見調査表にある自分の意見のところに印を書き，実験参加者の元には監督の意見が既に記入してある調査表が渡され，同じ用紙に実験参加者の回答を書くよう言われる。回答した用紙は再び監督に渡り，監督は実験参加者の回答を知ることになると教示される。これが，本番のゲーム前に行われる。監督に少しでも良い印象を与えようとしたら，監督の意見に自分の意見を合わせておいた方がいいと思うかもしれない。もし，このとき実験参加者が本当の自分の意見ではなく，監督の意見に合わせた意見を自分の意見として書いたとしたら，それは表面的意見同調の自己呈示による取り入りの試みである。具体的にはどのような条件でこの取り入り行動がより多く行われるのかをみるのがこの実験の目的である。どのような状況のとき，自分の思っていないことを，相手から好かれるために表面上，相手と同じ意見であると伝えるのかを調べることである。このことは印象操作のための言語による自己呈示をみることになるといえる。実験の結果，実際にもともとは実験参加者が監督と意見を異にしていた項目のうち，重要な項目に関して実験参加者が監督の意見へ同調する現象が見られ，取り入りが生じることが実証された。なかでも注目されるのは，監督が大きな自由裁量の余地のある場合で，かつ，人間関係を重視するタイプの監督であると思われたとき，最も大きな表面上の意見同調がみられた点である。この実験により，上司に取り入ろうとするために，内心とは不一致の言語による自己呈示がなされることが証明されたといえる。

2）他者高揚

次に②の取り入り手段としての他者高揚の自己呈示を検討する。典型的行動は，対象者に内心では思っていないお世辞を言ってへつらうことである。お世辞，ゴマすりは本心からの称賛ではないので内心と不一致の言語による自己呈示であるといえる。お世辞の内容は大半が，誇張称賛，つまり相手に対する過大にポジティブな評価である。ポジティブな評価は，Aronson & Mills

(1959) によって実証されているように，強い互恵性をもっているため，相手からポジティブな評価を得ることが期待できる。このような行動は，内心から称賛しているのではなく，それにより上司から好まれること，評価されることをもくろんでいる印象操作のための言語による自己呈示であるといえる。

B 自己宣伝

ここではより直接的な自己高揚をはかる主張的自己呈示の自己宣伝（self promotion）における内心と不一致の言語を見ていくことにする。自己宣伝は，知識，性格，技術などに関して自分がいかに有能な人間であるかを相手に印象づける主張的自己呈示である。もちろん，有能さを印象づける最も明白な手がかりは業績によって示されるので，とび抜けて能力が高い人は自己宣伝を行う必要性は少ないが，通常の能力の人の場合，自己高揚のために他者から評価を上げようと自己宣伝をしようとする。しかし，自己宣伝を行うことによって否定的評価を受ける可能性がある場合も少なくない。能力が低く不安定であるほど，説明によって自己宣伝を行う必要性が高くなるため，「自己宣伝はすればするほど，言明の信憑性が低くなる」というジレンマが生じることにもなる。また，自己の能力に関する説明の内容によっては"自惚れ""不誠実"といった否定的な印象をもたれる危険があるので，自己宣伝を行う人はある種のジレンマを感じることになる。このため，自己吹聴する人や自慢する人に嫌悪感を感じてしまう人を相手にする場合，自己宣伝とは逆方向の自己呈示を行うこともある。日本社会では多く見られる自己卑下や自己譲遜の自己呈示がこれに当たる。ただし，自己卑下も，自分自身を自分が思っているより，より小さく見せるための言語による自己呈示であることには違いはない。言語上の自己宣伝も自己卑下も，実際の自分とは異なった自分のイメージを選択的に自己呈示して，能力や性格の良さを印象づけようとする行動であり，内心で思っていることとは違うことを言ったり，行ったりすることになり，内心と不一致の言語による自己呈示をすることになる。

このように言葉による自己呈示の方向には自己高揚と自己卑下という表面上二つの正反対の方向性がある。自己高揚（self-enhancement）を利用する場合，人は自分の強み，長所や称賛に値する特性をはっきりとオーバーに表現す

る。成功すればこの自己呈示によって肯定的な評価を得られ，能力が評価され，他者から尊敬され，その結果，自尊心が満たされる。一方，自己卑下（self-humbleness）の場合，人に対して控えめで遠慮がちに自己表現する。しかし，その行為が所属している文化の重要な価値観（正直さや謙虚さなど）と結びつくと，自己卑下的自己呈示は他者からの承認や好意をもたらす効果を生むことになる。その結果，評価が高まり自尊心を満たすことになる。

　社会心理学の知見ではこの二つのうち，欧米では自己高揚の方が一般的であるとされている。実験等で実験参加者に，他者に良い印象を与えるように自分を説明するよう指示すると，自分の肯定的な属性を強調し，弱点を宣伝しない傾向が一般的に見られる，とされる（Lord, 1997）。しかし，日本では称賛される特性を自ら強調する方法は効果的であることもあるが，自己宣伝は，"自慢屋"と思われがちで，他者からの評価は低くなる危険を伴う。このため，むしろ，その反対の手法である自己卑下的な自己呈示がなされる場合が多い。この自己卑下的傾向は日本人の特徴とされ，最近，いくつかの実証的研究がなされており，注目に値する（鹿内，1978；北山・高木・松本，1995；村本・山口，1997；齊藤・荻野，1997；齊藤・遠藤，1999；齊藤・遠藤・荻野，2000；齊藤・遠藤・荻野，2003；齊藤・荻野，2003 a）。ここではまず，欧米で基本的とされる自己高揚的自己呈示のアメリカでの実証研究を検討していく。そして第4章の自己卑下的帰属と自己呈示の実証的研究において日本人の自己卑下傾向が，内心からの自己卑下なのか，自己呈示のための自己卑下的発言なのかを検討していく。

　Zanna & Pack（1975）は印象操作による自己宣伝的自己呈示を次のような実験で証明している。実験参加者は全米でもランクの高いプリンストン大学の女子学生である。実験は2回に分けられている。第1回は，意見調査で，その内容は，次のような項目への賛否である。①私は控えめな方である，②私はファッションに関心がある，③私は優しい，④私は強い男性が好きである，⑤私はキャリア志向である，⑥私は独立的である，⑦私は男女平等を支持する，⑧私は積極的である。

　この8項目の前半4項目は伝統的な女性的態度で，後半4項目は女性も男性と対等であるべきという進歩的女性の態度である。

さて，第2回目は，アンケートに回答した日から約3週間後で，第一印象の実験に参加することになる。この実験は，未知らぬ男女2人が各々の情報をもとに第一印象を形成し，その第一印象がどれくらい正確か，2人が実際に会って確かめる実験であると説明される。そして，実験者から相手のプロフィールが渡される。

　プロフィールの男性は21歳，身長が183センチ，同じプリンストン大学の3年生で，趣味はドライブとスポーツで，今，ガールフレンドがいなくて恋人募集中だと書かれている。プロフィールの次に彼の女性観が書かれている。彼の理想的な女性は，感情豊かで，もの腰が柔く，家庭的で，人前では夫をたてる女性，いつもきれいにしている女性である，という。

　実験者から第一印象と同時に，彼のことをもっとよく知りたいか，またデートの相手として好ましいかどうかを尋ねられる。

　それが終ると，今度は，彼が第一印象を形成するのに使用する情報を彼に伝えたいので，実験参加者の女子学生に自分について答えるようにと質問紙を渡す。このとき，実験参加者の女子学生は，相手の男子学生に対して，自分をどのように自己呈示するかが調べられた。質問紙のなかには，一回目で答えたアンケートと同じ8項目が入っている。ただし，今回の場合の回答は彼に示す自己紹介用の情報となる。これにより彼の自分に対する第一印象が決まるのである。彼の理想の女性像が伝統的女性であることは既に知らされている。実験では，実験参加者が自己紹介を彼の理想の女性に合わせた形で伝統的な女らしさを強調するかどうかが調査された。

　実験の結果，多くの女子学生が，第一回目のアンケート調査よりも，自己呈示用情報のときの方が自分は伝統的女性である，と答えた。つまり相手の理想像に合わせた自分をみせ，相手に自分が彼の要望にふさわしい女性であることを印象づけようと自己呈示をしたのである。実験者から渡された情報をもとに自分の印象を操作して，自己宣伝的に自己呈示したのである。これは第一回のときの意見とはかなり異なることになる。第一回の回答が内心の考えだとすれば，内心の考えとは不一致の情報を意図的に発信していることになる。この行動は明らかに自己利益的な印象操作である。そのことは，結果の分析でその変化が相手の男子学生が理想的な男性の場合にのみ生じ，そうでない男性の場合

には変化が生じていないことで実証されている。この実験では統制群として，相手はプリンストン大学の背の高い男子学生で……という相手情報ではなく，その情報を，プリンストン大学ではない三流大学で，背は低く，ドライブにもスポーツにも関心がなく，すでにガールフレンドがいて，新しい女友達は必要としていないという情報に変えた実験が行われている。その場合，女子学生は自己呈示を伝統的女性の方向には変えなかったのである。つまり，自己利益につながらない場合，相手と合わせた自己宣伝的自己呈示は行わないことが分かったのである。

　ところで，このように自分のおかれている状況をチェックしながら自分の自己呈示を変えていく心理メカニズムをSnyder（1987）はセルフ・モニタリングと呼んでいる。対人場面で状況に合った自己呈示を行うにはこのモニタリング能力が重要な働きをするといえよう。そこで，次にセルフ・モニタリングと内心と不一致の自己呈示について検討していくことにする。

C　セルフ・モニタリングと自己呈示

　セルフ・モニタリングとは，Shyder（1987）により提唱された，対人場面での自分の行動と相手の行動をモニターして，自分の行動を状況に合わせて変えていくという心理-行動メカニズムである。対人場面でのセルフ・モニタリングとは，状況や相手をモニターすることである。そして，そのモニタリングの結果，相手に対して自分にとって最も適当な自分の印象を与えられるように印象操作を行うことである。特に初対面のときなどは，このモニタリングが活発に活動し，相手の言動から情報を集め，言葉を考え，相手に合わせながら，適合した印象を与えようと自己呈示を行う。このモニタリングと自己呈示がうまくいけば，人間関係の展開はスムーズに進む。つまり対人状況をモニターしながら，自己をプレゼンテーションしていくことにより，自分の印象を操作して，その場の関係をうまく進めていくことが可能となるのである。

　このようにモニタリングにより対応する行動を決めていくということは自己呈示という観点に立てば，自己に有利なような印象を与えようとするということである。このように考えると，対人場面での言動は自己利益に沿って行われ，内心で思っていることとは違うことを言い，違う行動をすることも少なく

ないことになるのである。このため，内心と不一致の発言が生じることになる。

　Snyder（1987）によれば，対人場面においては誰もがセルフ・モニタリングを行っているという。ただしその程度は人によって異なり，セルフ・モニタリング傾向が高い人と低い人がいるとされる。セルフ・モニタリングは印象操作において，非常に重要な役割をはたしているので，モニタリング傾向の高い人は，人間関係の展開をスムーズに進めていくことができる。相手の様子をみながら，それに合った印象を与えるような自己呈示する傾向が高いので，自己呈示と相手の期待とのくい違いが少なくなり，相手との関係はスムーズに進み，すぐに親しい関係にもなれる。しかし，相手に合わせるということは，本当の自分ではない自分を呈示することが多くなる。ここから，高セルフ・モニタリングの人は，内心で考えていることとは違う言動をする傾向が高いということになろう。

　ところで，Snyder（1987）は，モニタリング傾向には個人差だけでなく文化差があるとしている。そして，日本人はとび抜けてモニタリング度が高いとしている。このことから日本人は印象操作のための自己呈示が多く，このために内心と不一致の言動をとることが多いということになる。日本人がモニタリング度が高い理由としてSnyder（1987）は，日本は，その場の人間関係のルールと役割行動に高い価値をおいている高モニター社会だからだとし，Benedict（1946）の『菊と刀』の次のような一文を引用している。「日本社会における上手なプレイヤーとは，規則に従い，その規則の範囲内でプレイする人である。彼が下手なプレイヤーと区別される特徴は，推理の訓練を積んでいて，他のプレイヤーたちがどんなカードを出すか，また，それらのカードがプレイの規則のもとで何を意味するかということについての十分な知識をもって，状況についてゆくことができるという点である」。つまり，内心と関係なく状況に合わせる自己呈示が日本の特徴的文化規範であるとしている。

　Snyder（1987）は高モニタリングの人が印象操作のために内心と不一致の言動をとる傾向にあることを次のような実験で証明している。この実験は4人の集団討議の実験である。部屋はテレビのスタジオのような感じで，中央にはテーブルとイスが四脚あり，その横に2台のビデオカメラが設置されており，

部屋の一方にはテレビ機器とモニターテレビがあり，討議の模様が映し出されるようになっている。4人が席につくと，実験者は「これから4人でいくつかの課題について討議してもらいますが，討議の前に各々の人がどんな意見をもっているか最初に聞きたいので，答えて下さい」と言い，次のような問いの質問用紙を渡す。「安定したそれなりの収入を得ている名のある会社のエンジニアの人がいます。その人のところにベンチャーの会社から高給で雇いたいとヘッドハンティングがあったのです。ただ，その新しい会社が成長するかどうかは分かりません。さて，その人からあなたに今の会社にとどまった方がいいか，ベンチャー会社に移った方がいいか，相談があったとします。そのときあなたは新しい会社に移ることを勧めますか。そのベンチャー会社の成功確率がどのくらいのとき勧めますか。パーセントで答えて下さい」。

　これに答えると，4人でその課題についての集団討議を行う。実験者は，モニターテレビのスイッチを入れ，4人が画面に映し出されるようにテレビカメラを動かし，設置する。実験者は4人に書類を渡し「この討議の模様をテレビに撮影し，大学の心理学の講義で集団討議の時間に実例として映したいと思う。もしよかったら，書類に承諾のサインをして下さい」という。実験参加者はこれに同意し，実験はカメラが回りながらの集団討議になる。討議前に実験者から，これは集団決定の実験ではないので，最終的に集団で一致した答えを出す必要はなく，自由に討論するようにといわれる。集団討議が終ると実験参加者はまた，各々に別れて，最初の質問紙に再度個人的に回答を求められる。集団討議の結果，他の人の意見や討議にどのくらい影響を受けたかが調べられた。実験の結果，高モニターの人は，討議の前後の意見を比較した結果，集団討議の影響を受けず，最初の意見をもち続けていたことが分かった。

　比較のために統制群としては同じ実験手続きで，ただし，部屋の様子を変えた条件での実験を行っている。部屋は普通の実験室でテレビカメラなし，モニターなし，マイクなしである。その部屋で4人で討議をし，討議の影響を調べた。その結果，高モニターの人は，カメラを回していたときよりも，集団議論の影響を受け，意見を変えていたことが分かった。討議の後の調査では明らかに集団への同調が起こっていた。二つの実験の条件の違いはカメラの有無と講義でのビデオ放映承諾書へのサインだけである。では，なぜ，一方は，集団討

議で意見を変えず，他方は変えたのであろうか．それは二つの条件においては印象を与えようとする相手が異なるため，自己呈示の仕方が変わったことになると考えられる．講義にみせる討議でカメラが回ると，実験参加者は，"立派な自立的な上級生"という印象を与えようとするための自己呈示がなされた．それはアメリカでは自己主張的な学生が高く評価されるからである．他方，カメラなしの集団討論の場合は，他の参加者に合わせようとするため，"協調的な討議者"という印象を与えるための自己呈示が行われた．この印象操作の違いからこのような対照的な言動が生まれたと考えられる．

　このように高モニタリングの人は，周囲の人に合わせ，よい印象を与えるような自己呈示をする傾向が高いとされる．ただし，そのとき，どのような自己呈示をしたら良いかは，当人がモニタリングした結果，その周囲の人たちがどのような文化的背景をもっているか，具体的にはどのような自己呈示を評価し歓迎するかといった判断をするかによるといえる．このことから，日本人は，周囲から評価されるために，アメリカ人のように，自己高揚的自己呈示を行わず，むしろ人との和を考慮し，また周囲から浮き上がらないために，自己卑下的にする方が適合的であると考えることから，自己卑下的自己呈示がなされるのではないかと考えられる．この点については，第3章の帰属の自己卑下的自己呈示の調査研究において詳述する．

第4節　自己防衛的自己呈示と内心と発言の不一致

　Tedeschi & Norman (1985) は前述したように，自己呈示を主張的自己呈示と防衛的自己呈示に分類している．ここでは，防衛的自己呈示と内心と言行の不一致の関連についてみていくことにする．

　防衛的自己呈示とは，他者から自分に対して否定的印象をもたれたとき（あるいは，その可能性が予見できるとき）その他者の自分への評価が下がらないように，あるいは自己評価をより良い方向に向かわせるように自分を相手にみせる行為，印象を操作する行為を言う．そして，Tedeschi & Norman (1985) は防衛的自己呈示の戦術的行動として次のような五つの具体的行動をあげている．①弁解，②正当化，③セルフ・ハンディキャッピング，④謝罪，⑤向社会

的行動（接助行動など）である。
　一方，Schlenker（1980）は，そのような否定的な事態を窮地（predicaments）と呼び，防衛的自己呈示が生じるのは，人が窮地においこまれたときであり，そのとき生じる否定的評価を最小限にするための印象操作であるとしている。Schlenkerによれば，人は自分の評価に対して脅威となる出来事に多々直面する。それは自分の人格や行動を中傷されるような出来事である。窮地はちょっとした過失で恥ずかしい思いをする場面から，重大な犯罪行為にまで及ぶ。それを知られたら周囲の人は，行為者に望ましくない特性を帰し，否定的な評価を加えるだろうと予測できる事態である。そこで行為者はその否定的な評価を最小限にするために，印象操作の自己呈示を行うことになる。行為者はその出来事について，主に言語を用いて弁明したり，あるいは謝罪したりする。このような自己救済的な自己呈示を使用して，窮地から脱出するか，少なくとも傷が深くならないよう対処する。
　Schlenker（1980）の言う窮地とは，行為者が人々に示したい自己のイメージにとって望ましくない影響を及ぼす状況を指す。窮地は，行為者のアイデンティティに傷をつける可能性のある出来事から生じる。出来事が発生し，行為者にその責任があると認識されると，行為者のアイデンティティにかかわりが生まれる。窮地に陥ると行為者は当然，羞恥心，屈辱，自責の念，失望や不安，懲罰の恐れなどの内的苦痛を感じる。窮地の厳しさの程度は些細ですぐに忘れられるものから，人のアイデンティティを永久に傷つけるものまで，さまざまであるが，Schlenker（1980）は窮地の厳しさは主に次の二つの要因によって左右されるとしている。①窮地に陥るきっかけとなった出来事が有害な程度，②出来事に対する行為者の明白な責任。出来事が有害な程度が強ければ強いほど窮地はそれだけ厳しくなる。また，行為者の責任が重いと思えば思うほど窮地はそれだけ厳しくなる。
　出来事に対する行為者の責任は0〜100％まであり得る。行為者に何ら責任がなければ出来事がどんなに厳しいものでも窮地ではない。逆に望ましくない出来事に対する責任が増せば増すほど窮地の厳しさは増す。窮地が厳しくなればなるほど，周りからの行為者に対する否定的な評価も大きくなると予測でき，不安や自責の念をより強く感じるようになる。そこで，行為者は窮地が招

く否定的な評価を考え，窮地を避けようとする。しかし，その事態が避けきれずにそうした否定的出来事が生じてしまった場合，何とか印象をよく保つために弁明，謝罪などの防衛的自己呈示がなされる。これを Schlenker（1980）は救済的行動（remedial behavior）という。しかし，その前に窮地に陥らないように窮地を避けようとする。窮地が回避できれば，非難や自己評価の低下の危機も避けられるのである。

　この点から考えると，Schlenker（1980）ではあまりふれられていないが，表面的同調が窮地を回避する有力な方法であるといえよう。そして，実際に防衛的意見同調は窮地回避の自己防衛に多用されている自己呈示と考えることができるので，ここではまず，防衛的意見同調について検討し，その後，Schlenker（1980）のいう救済的行動としての弁明や謝罪などの防衛的自己呈示を扱うことにする。

1　防衛的意見同調

　前章の主張的自己呈示の取り入りの具体的技法として，表面的同調を取り上げ，Jones, Gergen, Gumpert, & Thibaut（1965）の実証的研究で裏づけたが，そこでは，相手に積極的に自分が同意見であることを表明していた。このような意見同調は，主張的自己呈示であるが，意見同調は防衛的自己呈示にも多用されることは容易に理解できる。たとえば，強力なワンマンリーダーがある意見を述べたとき，フォロアーはたとえ内心，意見が異なっていても，そのリーダーに表面上，同意を示す自己呈示を行うであろう。また，権力者が部下にある指示，命令を出したとき，部下はその指示通りに行動する。そのことが自分の考えに反していても，指示された通りに行動することが多いだろう。この自己呈示は，権力者に取り入るためともいえるが，むしろ権力者の横暴から逃れるための防衛的自己呈示といえよう。そして，ここでは権力者から指示，命令されると，自分の考えと違う意見を言ったり，行動したりすることになるので内心と不一致の発言がみられることになる。ここでは，このような防衛的自己呈示による内心と不一致の言動の生起について従来の実証的研究を詳しくみていくことにする。

さて，権力者の指示，命令に服従的に従うのは，権力者が強力な社会的勢力，つまりパワーをもっているからである。社会的なパワーがあるところではそのパワーの影響から身を護るため，部下は防衛的自己呈示を行うことになる。権力者のパワーは部下には大きなプレッシャーとなる。このプレッシャーが内心とは異なる発言を促し，表面的に同調する防衛的自己呈示を促すことになる。

　このプレッシャーは，後のMilgram（1974）の実験に示されるように権力者に対したとき，より大きくなるが，相手が権力者でなくてもプレッシャーは生じる。人が人を相手にする，ということだけで，この対人的プレッシャーは生じるからである。だから人前では緊張するのである。このため，人は，考えているときよりも言うときの方が，社会的圧力（social pressure）を強く感じ，自己防衛的になり，その結果，内心と不一致の発言が生じるのである。このプレッシャーは心理的には脅威や不安であり，自分が脅かされる懸念あるいは恐れである。頭のなかで思ったり，考えたりすることは自分一人で想像するので自由にでき，人から直接妨害されることはない。そうした思索を他者は知るよしもなく，また他者にはかかわりをもたず，相手に一切迷惑をかけないので，相手の都合や立場などを考える必要がほとんどない。頭のなかで対人関係を考えるときは，自分の考えや感情を主体にして考えている。そのため想像のなかでの発言ではどんなことでも言うことができ，何でもやることができるのである。相手の力への不安や恐怖がない。しかし，手紙を書くときやアンケートに答えるときはそれを読む人のことを考えるので相手からプレッシャーを感じることになり，その分自由ではなくなり，不安や恐怖から自分を守ろうとする自己防衛的自己呈示がなされる。このため書面での答えは正確にいえば，思っていることとは異なる。それでも，書面やアンケート用紙に答えるときは，目の前に相手がいないので（いたとしても間接的なので），それほど大きな対人的プレッシャーは受けず，特に匿名の場合，かなり自由に，自分の頭のなかで考えたことを答えることができる。このため，実験などではアンケートの回答は，実験参加者の内心を表したものとして受け取られている。また，匿名の場合，そう受け取っても大きな間違いはないとされている。

　他方，対面場面で，口頭で答える場合は，対人不安懸念はより大きくなる。

相手を目の前にして思ったことを口にしようとすると，こんなこと言って大丈夫だろうか，相手から叱られないだろうか，などと相手との関係が重みをもってくる。このような場面では防衛的自己呈示による印象操作が試みられる。目の前の人に嫌われたくない，不愉快な思いはしたくない，あるいは怒らせるのは嫌だなどと思うのである。特に，面と向かって相手に反対の意見を言ったり，相手の嫌がることを言おうとすると，このような相手からの強いプレッシャーを感じると考えられる。それを避けるために相手にどのような印象を与えたらいいかを考え，相手に合わせた自己呈示がなされることになる。このため，一人で考えているときのように，自分の意見をすべてそのまま言うわけではなく，相手に合わせた発言となる。このように，対面状況では，他者への意見同調から内心と不一致の発言をすることになることが少なくない。これは，対立のような不快なことや相手からの脅威から自分を守ろうとする自己防衛にもとづく自己呈示ということができる。

ところで対人的プレッシャーとは，他者と関係することによって生じる心理的圧力を指す。その中味は，前述したように不安や懸念，心配，恐怖である。この圧力によって内心と不一致の言語行動が生じ，思っていることと言うことが違ってくるのである。次にこの圧力と内心と言語の不一致との関係についてLatane（1981）の社会的インパクト理論を応用して説明していくことにする。

A　社会的インパクト理論

社会的インパクト理論（social impact theory）とは，対人場面においてその人が周りの人から受ける衝撃（インパクト）についての理論である。ここでの社会的という言葉は内容的には対人的という意味で，インパクトとは相手の人から受けるプレッシャーと考えられる。それはまた，防衛的自己呈示の印象操作への圧力の大きさともいえる。この理論を提唱したLatane（1981）は対人場面においてある人が他者から受ける社会的インパクトの強度は次の三つの要因によって決まるとしている。

　　(1)　相手の勢力　　(2)　相手との距離　　(3)　相手の人の人数

(1)の相手の勢力とは，具体的には，その人のもっている権威や高い社会的地位などで，勢力の強い人からは強いプレッシャーを受けることになるのである。相手の社会的勢力の強度が強ければ，相手の人から受ける衝撃も強く，それだけ圧力が大きいということである。

　(2)は相手と自分の間の距離である。強い勢力者でも遠く離れていればプレッシャーは少ない。逆に弱い勢力者でも，ぴったりとつかれたり，面と向かわれたりしたら，その人から受けるインパクトは，遠くにいる強力な勢力をもっている人よりも，強い圧力となる。勢力のある人には，電話でも動かされてしまう。しかし，勢力がない人でも密着されるとプレッシャーになる。

　(3)は相手の人の人数である。たとえ一人ひとりは強力な圧力でなくても，数が集まるとトータルでは大きな，強いプレッシャーを受けることになる。

　この社会的インパクト理論は，対人場面でどういうときに相手の人から強く圧力を感じるかを明確にしている。本書のテーマである自己呈示という点から考えると，どのような人間関係のときに，人は思っていることを抑え，内心とは異なったことを自己呈示せざるを得ないのかを，理論化し，予測可能にしているといえる。

　次に，この社会的インパクト理論が内心と不一致な言行の理解に適用できることを服従の実験的研究で確認していくことにする。

　B　服従の心理

　内心と不一致な言行を行わざるを得なくなる大きな要因の一つは権威的プレッシャーによる内心の抑制であろう。これは社会的インパクト理論のインパクトを決定する(1)の要因である相手の勢力に当たる。強力な権威者を目の前にすると思っていることが言えないし，思っていることができない。自分が言いたいこと，やりたいことを抑制してしまい，逆にその権威者に適合的な言動をしてしまうことが多い。自分ではそうしたくないと思いながらも権威者の指示に従うことは少なくない。それは，権威者と異なることを発言した場合に権威者から罰を受けることへの不安や恐怖による。これは権威に対する自己防衛のための自己呈示である。その結果，従順さを示す自己呈示を行うことになると考えられる。このように権威から罰を受けたり，嫌われたり，排除されたりし

ないように自己防衛のための自己呈示をするが，それは，自分の意見を抑え，権威者の意見に同意する言語行動を生むことになる。人が権威に対して内心とは異なる自己呈示を行い，服従行動をすることを最も明白に実験的に証明したのはアイヒマン実験として有名なMilgram（1974）の服従実験である。Milgramの実験は服従の心理メカニズムに焦点を当てた実験であるが，この実験は，相手の強い勢力から自分を守るための自己防衛的自己呈示の実証的研究とみることができる。本研究ではそのような視点からこの実験をみていくことにする。まずこの実験の概要を説明する。

　Milgram（1974）は地方紙に，「記憶と学習の科学的研究がエール大学で行われており，その研究のための実験参加者には一定のバイト代と交通費を払う」と広告を出し実験参加者を募集した。実験は大学の集団実験室で行われた。実験参加者たちが実験室に到着すると，この実験は2人が一組になって行う実験であることが告げられ，実験者から次のような実験の説明がある。

　「この実験は，ものごとを学習するときの罰の効果をみる実験です。母親が子どもを叩くのは，叩くことが目的ではなく，正しく学習させることが目的です。しかし，罰の効果は科学的にはまだよく分かっていません。また研究もされていません。そこで，この研究では，一方の人が教師役になって，もう1人が生徒役になって，罰の効果を知ろうというわけです。教師になりたい人も生徒になりたい人もいるでしょうが，公平にするためにくじ引きにします」。

　こう言ってくじを手にもち，2人の実験参加者にひかせ，1人が教師役，そしてもう1人が生徒役となる。

　実験者は実験参加者2人に隣の部屋に移動するように伝える。隣の部屋に入ると，生徒役の人は椅子に座ってテストを受けるよう指示される。このテストは記憶テストで，生徒役の人が間違って答えたときにはその都度，罰として電気ショックを受けることになると説明される。生徒役の実験参加者が椅子に座ると，電気ショックで飛び出さないようにと椅子に体を固定される。手首には電気ショック用に電極をつけるが，このとき，やけど防止のためと説明され，軟膏を塗られる。そして，この電極は隣の実験室の送電器とつながっていると説明された後，「電気ショックは相当痛いかもしれませんが，皮膚には傷痕が残りませんから……」と説明される。

それが終わると，先生役になった実験参加者に実験者は一緒に元の部屋に戻るように伝える。生徒役は1人その部屋に残り，テストを待つことになる。
　さて，実験者と一緒に実験室に戻った先生役の実験参加者に，実験者は再度先生としての役を説明する。これが記憶の実験であることや，罰の効果をみるために，生徒が間違ったら罰として電気ショックをその都度与えることなどを教示する。
　この記憶のテストは，単語の対を学習する問題である。例えば，最初に，青い・箱，よい・日，野生の・鴨といった対単語を示しておく。次にテスト段階で，例えば「青い」を示し，その回答として，A空，Bインク，C箱，Dランプと四つの選択肢を示し，このなかから正解を選ばせる。この場合，Cが正しい。生徒役の実験参加者がCなら正解，C以外の答えを選んだときは誤答で，そのときは，その都度，電気ショックを与えるようにと言われる。
　電気ショックを与える送電器は，先生役の実験参加者の目の前にある。送電器には電気ショックの強さを示すスイッチが30個ついており，弱いレベルから強いレベルまで横列に並んでいる。ボタンは15ボルトから始まり，15ボルト刻みで30個ある。つまり最大450ボルトまでである。それぞれのボタンの下には，「かすかなショック」とか，「極めて激しいショック」のように，対応する電気ショックの強さが言葉で一定の間隔で表示されている。
　実験者は，電気ショックが実際どれくらいの痛さなのか，先生役の人が知った方がいい，と言い，弱い方から3番目の45ボルトのスイッチを入れて先生の手首に当てる。当然ピリッとくる。先生役の実験参加者はあらためて，これが本物の電気ショックの実験であることを実感させられる。このとき，実験者から，次のような重大な指示が出される。
　「生徒が間違うたびに電気ショックを送って下さい。そして，間違うたびに電気ショックの強度を一段階ずつ上げていって下さい」。そしてさらに，電気ショックを送るとき，その強度を口頭で言ってからボタンを押すように，と指示される。最初は15ボルトであるが，次は30ボルト，次は先生役の実験参加者が先ほど体験した45ボルトとなる。
　さて，実験が開始される。先生役の人が問題をマイクを通して読み上げ，生徒役の人のボタンでの回答を待つ。そして間違っていれば電気ショックを送

り，次の問題に進む。この形で実験は進行する。記憶テストが進み，生徒の間違いが重なると送電する電気ショックの強度はいやおうなく強くなる。先生役の人が誤答5回目の75ボルトの電気ショックを送ったとき，隣の部屋の生徒から「ウッ」という声が聞こえる。誤答8回目，130ボルトを与えたとき，中から「痛い」という声がした。そして，10回目の150ボルトの電気ショックを与えたとき，ついに生徒役の人が「先生！ ここから出してくれ，もう，これ以上実験はしたくない，もういやだ！」と叫んだ。生徒役の実験参加者が止めてくれと言っている。しかし，先生役の実験参加者は実験を勝手に止めるわけにはいかない。実験は実験者により設定されている。そこで，先生役の実験参加者は実験者に，「生徒が止めたいと言っているが……」と言うことになる。そのとき，実験者はしっかりとした口調で，「実験を続けて下さい。続けることが必要です」と言う。もし，このとき，先生役の実験参加者が実験者の指示に従い，記憶テストを続行したとしたら，実験参加者は思っていることと行っていることが違うことになる。実験者という権威プレッシャーによる内心と不一致の言動である。実験参加者が本当は止めたいと思っているということは次のMilgram（1974）の別調査でも証明されている。

　Milgram（1974）は，実験の一部として次のような調査をしている。それは実際の実験の内容をすべて詳しく説明して，そのとき，回答者が実験参加者ならどうするか，を回答するという調査である。その結果，大半の人は，生徒が止めてくれ，といった時点で止めると答えている。その理由として，「いやだ，と言っている人にむりやり電気ショックを送るわけにはいかない」「何の恨みもない人を苦しめるわけにはいかない」と答えている。大半の人がこのような意見をもっているとなると，当然，実際の場面でもほぼその通り実行されるはずである。その結果，多くの実験参加者は，実験者の続行指示にもかかわらず，それを拒否することになる，と予測される。

　ところが，実際の実験の結果は，調査で答えていたこととは全く違っていた。調査の結果では全員が実験を最後まで続行することなどありえない，と言っていたが，実際の実験では，実験者の指示に従って，最後の450ボルトまで電気ショックを送った人が65％であった。それに対して，生徒役が止めてくれといった150ボルトで止めた人はわずかに15％であった。実験参加者が

止めた電気ショックの平均は 360 ボルトであった。調査での答と実際に実験でやったことがまったく違っていたのである。

調査のときは，このような実験では一切電気ショックは与えない，一番弱い電気ショックのみ与えると回答していた人が，実際の実験では自分から進んで止めようとはしなかったし，生徒役の実験参加者から止めてくれと言われても，わずか 15% の人が止めたのみであった。Milgram の実験は権威者のプレッシャーから自分を守るための自己防衛的自己呈示が行われることを明確に実証しているといえよう。

調査の回答時は電気ショックを止めるというのに，実際の実験では続行するという結果の不一致の原因の一つは前述したように，状況が対面的であるか否かである。アンケート書面で回答する場合，そこには権威者は存在しないので内心の考えがかなりストレートに表現されるが，対面的状況では特に権威者と一対一の対面状況では，相手からのインパクトが強く，相手の意向に沿った自己呈示がなされやすいといえる。また，もう一つの原因として，"視点の相違"によることも考えられよう。

調査でどのように行動するか意見を聞かれたときの実験参加者の視点は先生の立場をとり，先生と生徒との関係に焦点を合わせていたと考えられる。先生として，何ボルトまで送電を続けるかと聞かれると，先生の立場から考えるため，生徒の要求を最大限考慮することになる。生徒から止めてくれ，と言われたら，生徒の要求に応える形で「止める」と答える。そして，自分は実際の実験場面でも止める，と考える。生徒に対する先生の立場は上（権威者）であるため，その場をコントロールできるし，自己防衛する必要はない，と実験場面を想定している。

一方，現実の実験場面では，焦点を合わせている人間関係が違ってくる。客観的実験状況は同じであるが，先生役の実験参加者が重視する人間関係，重視せざるをえない人間関係が異なるのである。この実験は表向きのシナリオとしては先生と生徒の記憶実験のように見えるが，実は，実験全体を仕切っていて，権威をもっているのは，実験の背後にいる実験者である。先生役の実験参加者は実験室に実験者と 2 人でいて記憶テストをしているところを後から実験者に監視されている状態となる。先生役の人は実験室のなかで実験者と実験参

加者の関係にあり，権威者と従属者の関係になる。視点は生徒よりも実験者を重視することになり，権威的プレッシャーの下で行動することになる。このような関係となると，権威者から自分を防衛しなければならない。このために，調査の回答時に言うことと実際にやることとが違うことになる。実験者との言葉のやりとりはたとえば次の一例のようになる。生徒役の人が止めてくれ，と言ったとき，実験者に次のように問うことになる。

「生徒があんな風に言っているのでやめたいのですが……」
実験者からは明快な答えが返ってくる。
「続けて下さい」
「でも，生徒の心臓が心配です。やめたいと思いますが……」
「実験のために続けることが絶対必要です。続けて下さい」

ここで大半の実験参加者は実験者の指示に従う。つまり，権威プレッシャーから自分を守るための実験続行という防衛的自己呈示行動をとることになる。この実験により，人は権威プレッシャーに対して，自己防衛のために，かなり従順な自己呈示を行い，服従することが実証されたのである。自分の意見や考えはこのプレッシャーにより抑えられ，内心とはまったく反対の言動をすることになるのである。

なぜ，生徒役の人に危険な電気ショックを送り続けるのか，Milgram (1974)は，それを権威への服従の心理であり，後述するような"代理の心理状態"となるからである，と次のように説明している。人間は組織から離れているときは，自由で自律的で，自分で自分の行動をコントロールしている。しかし，組織のなかに入って組織人となるとかなりの行動が自らの自主的，主体的判断ではなく，組織の一員としての立場あるいは地位から，その役割によって行動していくことになる。その行動のかなりの部分が，歯車的，役割的行動なのである。そうでなければ組織は動かない。人は，ある部分，ハチやアリと同じような組織的動物であり，行動を決める上でそうした歯車的行動を受け入れる心理的メカニズムをもっているといえる。ピラミッド型組織のなかでの大きな社会的勢力をもつ権威者から指示・命令があった場合，人は自分の内心の考えと一致していなくても，組織のなかの役割として役割的行動をすることを当然のこととして受けとめ，その行動をとることができる心理‐行動メカニズ

ムをもっている。これは組織の歯車となっていることによるいわば歯車的判断による発言や行動である。Milgram（1974）は，このような心理状態を「代理の心理状態」と呼んでいる。これは，行動しているのは間違いなく自分（の身体）であるが，それを命じているのは自分の心ではなく，上部の人の命令であるため，自分の行動は，権威者の代理であるとする心理である。そして，いったんこの心理状態になると，代理であるために自分で行動しているにもかかわらず，行動の責任が権威者に転嫁される。Festinger（1957）の認知的不協和理論を適用すれば，不協和解消の三番目の方法がとられているといえる。この代理の心理状態になることにより，新しい認知要素を付加できるため，不協和は合理化あるいは低減され，意見や行動を変える必要は生じないことになる。言行不一致の不協和は低減され，言われた通りに発言し，行動し続けることになる。

　さて，このMilgram（1974）の実験参加者を自己防衛の自己呈示という観点から再検討してみよう。調査状況での実験参加者は調査者の実験説明を聞き，アンケートに答える。このとき，調査者への自分の印象あるいは調査者への自己呈示という点を考えた場合，当然，良識ある人間を印象づけようと自己呈示するであろう。アンケートに答えるとき，はっきり意識しているかどうかは別にして，社会的に評価される自分を呈示するはずである。これは前述したNisbett, Caputo, Legant, & Maracek（1973）のボランティア承諾実験の実験参加者と同様の心理である。先生役として生徒役を危険におとしめるような電気ショックを送る人間ではないという自己呈示をする。電気ショックは相手のことを考えて弱めに与える，とするやさしい先生を呈示し，そういう印象を与えようとする，と考えられる。このため，弱めの電気ショックを与えるという回答になる。逆に，実験状況では前述の視点の相違で指摘したように，そこでの重要な人物は生徒ではなく実験者である。先生としてではなく実験参加者として，実験者に対し，印象を操作することになる。実験者に対して"良い実験参加者"とは実験者の指示に従う実験参加者である。良い実験参加者を呈示することにより権威の恐怖から自己防衛する自己呈示である。実験参加者は，実験者に対して良い実験参加者を印象づけるために実験者の指示に従う従順な自己呈示をすることになる。その結果，実験者の指示通り，最後まで電気ショッ

クを与え続けたと考えられる。もちろんこのような服従行動が生じるのは，この実験において，実験者が"権威者"であるからである。これは Latane（1981）の社会的インパクト理論の仮説通り，①の大きな権威も，②の距離も近い場合，インパクトが大きく，その分，自己防衛的自己呈示がなされることを実証したといえる。

C　古典的フィールド態度調査

　社会的インパクト理論によれば，相手との距離が近いとインパクトは大きくなる。そのことはそれだけ自己防衛的自己呈示をせざるを得なくなることを予測させる。つまり，内心では思っていても当人を目の前にすると，言いたいことが言えず，相手に迎合的な自己呈示をしてしまう場合である。これは対面プレッシャー下における印象操作としての自己防衛的自己呈示によると考えられる。本人としては内心と発言を一致させたいとは思っているが，実際に直接対面してしまうとそのプレッシャーによって，内心に言動を一致させられなくなってしまうのである。この対面プレッシャーは社会的インパクト理論のインパクトを決める第2の要因の相手との距離の近さによるものといえる。

　そのことを最初にフィールド調査により証明したのは，スタンフォード大学の社会心理学者の La Piere（1934）である。彼は，若い中国人学生の夫婦と一緒に2年間，アメリカ中を旅行した。66軒のホテルに宿泊し，184軒のレストランで食事をした。このとき，中国人夫婦がどのような差別的待遇を受けるかを旅行客を装って実験したのである。この研究は現在でも話題になる興味深い実地調査である。1930年初めのアメリカは，1929年の大恐慌により，人々が不況にあえぎ，その不満を偏見のある少数民族にぶつけていた時代である。La Piere はその偏見と差別の実態を調査しようとし，アメリカ中を旅行しながら，実地調査した。ところが現実のホテルの対応は La Piere の予想とは違っていた。差別を予想しての調査旅行であったが，実際は心配していた差別を受けなかった。差別されるどころか，むしろ，普通以上の好待遇を受けたと La Piere（1934）は報告している。ホテルとレストラン合わせて250軒のうち，サービスを断られたのはわずか1軒だけだった。他方，La Piere（1934）の感想によればその内72軒では，いつも以上の待遇だったというのである。

では，La Piere の考える，アメリカにおける東洋人に対する差別や偏見はそれほど大きくなかったのだろうか。La Piere（1934）は旅行が終った後，この250軒のすべてのホテルとレストランに手紙を書いた。その手紙のなかで，「貴ホテル・貴レストランでは，中国人系の客を受け入れるかどうか」という問い合わせをした。半分の店からは返事が来なかった。顧客に返事を出さないということは明らかに拒否の返答であろう。返事が返ってきたのは128軒だった。その回答は92％のレストランと91％のホテルの答えが拒否だった。つまりほとんどの店が中国系の客は受け入れないという差別的な答えだったのである。中国系の人に対する偏見と差別が門前払いという明確な形で示されたのである。手紙で問い合わせを受けた場合，ノーと答え，実際行くと受け入れる。この明らかな言行不一致の行動は，面と向かい合ったときの対人プレッシャーによる防衛的自己呈示と考えることができる。ホテルのフロントで面と向かい合ったら良いホテル良いホテルマンを印象づけようとする。それは迎合的行動である。相手に対しても，周りにいる客に対しても，良い印象を与えようとする。このため，内心とは異なっても歓迎の自己呈示をすることになったと考えられる。このように印象操作による自己呈示のために，現実には思っていることと違うことを言ったり，言ったことと違う行動をするのである。この研究は相手との距離の近さ，面と向かい合わせたときの防衛的自己呈示が働いている実証といえよう。

　次に，Milgram（1974）の服従実験に戻り，もう一度，言行不一致行動を生起させる相手との距離の近さという要因の確証という点から検討していくことにする。Milgram の実験では，先生役の実験参加者は実験中，常に実験者に後ろから見られていて極めて距離が近いといえる。その上，生徒役が「止めてくれ」と言い，先生役が止めようと心に決めたとき，振り向いて実験者に面と向かってそれを言わなければならない。これは相手との距離が近くなり，インパクトは大きくなり，対面プレッシャーが生じることになる。しかも相手は権威者である。このプレッシャーの大きさにより，防衛的自己呈示がなされ，先生役の実験参加者は思っていることとは異なる言動を続行したといえる。

　それでは，相手との距離が遠くなった場合，どう変化するであろうか。たとえば，実験者がその部屋にいなかったらどうなるのだろうか。対人距離は遠く

なり，また対面プレッシャーはなくなり，その分脅威は少なくなり，トータルのインパクトは弱くなると予想できる。となると防衛的自己呈示をする必要性も少なくなり，自分の内心に反する防衛的自己呈示としての権威への服従は減少するだろうと考えられる。Milgram（1974）はそのような状況でも実験を行っている。この場合，実験者がその部屋にいないこと以外は，すべての手続きは前に述べた記憶電気ショック実験と同じである。

　実験者は先生役の実験参加者に記憶テストのやり方や電気ショック装置の使い方などを説明した後，「別の部屋から電話で指示する」と言い，部屋を出る。その後の実験者と先生役との連絡はすべて電話で行われる。実験者が部屋に同席したときは，前述した通り，生徒が叫んでも壁をたたいて苦しがっても，全体の65％の先生が実験者の指示に従い，電気ショックを最後まで，つまり450ボルトまで送りつづけた。ところが，実験者が部屋にいない条件の実験では，嫌がる生徒に最後まで電気ショックを送りつづけた人は20％であった。対面状況では3分の2の人が権力者の指示に従っていたのに，この遠距離状況ではわずか5分の1に減少した。この結果は，権威者の不在が社会的インパクトを少なくし，それによって防衛的自己呈示が減少し，言行不一致行動を少なくすることになることを示している。これは，相手との距離の近さが大きなプレッシャーとなり，防衛的自己呈示を生じさせていることを実証しており，Latane（1981）の社会的インパクト理論の第2要因を実証していることにもなろう。実験者が不在の場合，実験者に対して良い実験参加者を印象づけようとする試みや自分を権威者から守ろうとする防衛的自己呈示は少なくなり，このため，服従行動が少なくなったと考えられる。

　さらに，この実験者不在の状況では興味深いことが起きた。実験者が電話で電気ショックの強さを上げるように指示すると，先生役の実験参加者のなかには，肯定的返事をしながらも，実際にはそれに従わず，強い電気ショックを与えない人が出現していた。実験者に対しては電話で指示された強いボルトの数字を口頭で返事しながらも，実際には最初から最後まで一番弱い15ボルトのスイッチを押しつづけていたという先生役の実験参加者もいた。これは印象操作という点からみると実に明解である。実験者に対しては良い実験参加者を印象づけるための言語的自己呈示をし続け，同時に，生徒役の人に対しても良

い先生を印象づける行動的自己呈示をしていたといえる。考えていることと同じことを行動し，言葉では違うことを言っていたのである。

　この場合も，言っていることとやっていることは違う。しかし，やっていることは本来，自分がやりたいと内心考えていることである。実験者からの対人プレッシャーが少ないので，権威者に対する印象を言葉で保ちながら，監視の届かないところの行動では自分のやりたいことをしていたのである。権威者との距離が遠くなると対人プレッシャーが小さくなり，防衛的自己呈示が少なくなることが実証されたのである。

D　集団圧力の実験

　Latane（1981）の社会的インパクト理論の防衛的自己呈示への適用としてインパクト理論の③の相手の人数の要因についてみていく。その実証は Asch（1955）の集団圧力同調行動の実験的研究によって確認することができるといえよう。Asch（1955）の集団圧力による同調行動（conformity）の実験は対面状況で他の多数の人たちが全員一致で自分の考えとは違う意見を発言した後では，内心自分の意見が正しいと思っても多数のプレッシャーから内心の発言を抑制し，多数の人たちの意見に合わせた発言をすることになることを実証している。この研究はもともとは同調行動の研究であるが，社会的インパクト理論の要因③の相手の人の人数の多さが大きな社会的インパクトとなり内心とは異なった発言を生むということの実証的研究ととらえることができよう。その Asch（1955）の実験は次の通りである。

　Asch（1955）の集団圧力の実験の実験参加者は，大学の心理学実験室での知覚実験の実験参加者として参加する。実験参加者が実験室に着くと，テーブルには既に5人が座っており，6番目の席に着くようにいわれる。

　実験者は二つのカードをみんなに見えるように提示する。2枚のカードのうち，1枚には線が3本，もう1枚のカードには線（標準刺激）が1本だけ描いてある。課題はこの標準刺激と同じ長さの線を先の3本の線のなかから選んでその記号を答えることである。

　全員が課題を行うが記録者が書きとれるように1番の人から順番に声を出して答えるように，といわれる。当の実験参加者は6番目なので前の5人が答え

るのを待ってから答えることになる。1番目の人から答える。一巡すると，次の課題として2枚のカードが出される。少し線の長さが違うが，同様の線の比較である。これもまた，1番目の人から順に答える。それが終わると，3番目のカードが出される。これも答えは見てすぐ分かるような簡単な問題である。しかし，1番目の人は正解と思える答えをしないで，違う答えをする。そして，2番目の人も1番目の人と同じく，正解とは思えない答えをする。3，4，5番目の人も同じで，正解とは思えない答えをする。全員が一致で正解と思えない同じ答えをしたとき，6番目の当の実験参加者はどのように答えるであろうか。そのとき，正解と思っている線を答えるか，それとも他の全員に合わせて正解とは思えない答えを返答するか。それを調べるのがこの実験の本当の目的である。この実験は，表向きは線分判断の知覚実験ということになっているが，隠されている本当の目的は集団圧力の研究である。この実験の実験参加者は6人となっているが，実は本当の実験参加者は6番目に入った一人だけである。後の残り5人は，実験者側の協力者であり，実験参加者のふりをして実験に参加しているいわゆるサクラである。そして，サクラが全員一致して3枚目のカードのときには間違った答えを作為的に行うのである。そのとき，本当の実験参加者がどのように答えるかを実験したのである。18試行中12回はサクラが全員一致の間違った回答をし，実験参加者がそれにどれくらい同調するか，つまり，内心と不一致の言語行動をするかが調べられた。

　実験の結果，集団全員が一致して間違った答えをした場合，約80％の実験参加者が1回以上その回答に引きずられ，一人平均，約4回，集団の圧力に屈して，正解とは思っていない答えを発言している。このような集団実験状況でなければほとんど間違うことのないこの課題に対して，集団の誤った回答に同調して，全回答数のうち，約3分の1が間違った答えを発言したのである。

　これが集団圧力による同調行動の実験結果である。この結果は，自己呈示という観点からは，多数という社会的インパクトにより迎合的で防衛的自己呈示が生じることを実証していると見ることができよう。集団の全員が自分の意見と違うことが分かると，そのまま自分の意見を言うと，他の皆に反対することになると考えられ，強いプレッシャーを感じよう。不安や懸念が生じよう。このため自分の内心の判断を言うことを抑制し，思っていることとは違うが，

他の人に同調し，他の人全員と同じ判断を言うことにする。これは集団の他のメンバーの目を気にしての自己防衛的自己呈示行動と考えられる。他の人と違う判断を言うことにより，ほかのメンバーに奇異に映り，悪い評価を受けることを恐れる。それよりも，他のメンバーの意見に合わせることにより，他のメンバーと同じ普通の人を印象づけようとする。このため印象操作の自己呈示がなされるといえる。これは，自分が集団の多数から仲間はずれにされないようにという言語による自己防衛的自己呈示であるといえよう。

E　評価圧力の実験

　周りの人のインパクトからの防衛的自己呈示として自分の内心とは異なる行動をするという言行の不一致は，次の Froming, Walker, & Lopyan（1982）の実験でも確証されている。この実験はもともとは自己意識の実験であるが，自己呈示という観点から実験を検討すると実験結果は印象操作のための防衛的自己呈示を証明している実験ととらえることができる。

　実験の実験参加者は大学生で，実験当日以前に教室で先生からプリテスト用の質問紙が手渡され，それに回答してある。質問は体罰についてである。しつけや学習において体罰は必要だと思うか，それとも体罰は不必要どころか，教育上よくないと考えているか，つまり体罰に賛成か反対かを質問されている。それと同時に自分ではなく，世間一般の人たちが体罰に賛成か反対かの推測も回答している。この二つの質問により，回答者は四つのタイプに分類される。第1は自分は体罰に賛成，世間の人たちも賛成していると思っているタイプ，第2は自分は体罰に賛成，しかし，世間の人たちは反対であろうと思っているタイプ，第3は逆に自分は体罰に反対，しかし世間の人たちは賛成していると思っているタイプ，そして両方とも反対のタイプの4タイプである。さて，この実験では，体罰に自分は反対だが，世間の人たちは賛成していると思っている3番目のタイプの人だけを実験参加者として実験を行っている。実験はここでも電気ショックを使った学習実験で，実験参加者は先生役か生徒役になり，先生役になった人は，問題を出し，生徒の解答をチェックし，正しかったら正解のランプ，間違っていたら電気ショックを与えるという実験方法である。教師役になった実験参加者は実験者から機械の説明をうけ，生徒が間違うたび

に電気ショックを与えるようにいわれる。この実験の場合，電気ショックの段階は10段階あり，生徒が間違ったときは必ず電気ショックを与えなければならないが，その強さの程度は，Milgram (1974) の実験と異なり，実験参加者の選択である。そして，このとき，どの位の強さの電気ショックを与えるかが従属変数として測定される。誤った解答に対する電気ショックは一種の体罰である。体罰反対意見の人は，必要最小限の電気ショックを与えるはずである。さて，この実験では，教師役をしている実験参加者の行動を見て，教師としての適性をチェックする見学者兼評価者がいる。先生役の実験参加者は2人の評価者が背後から，先生役の実験参加者の先生ぶりを見ながら，教師としての能力や将来性を評価すると言われるのである。このため，実験参加者は，生徒の回答とパネルをみながらも，背後の評価者の目を気にしなければならない。見られている自分，特に評価されている自分を意識したとき，人の自己意識は強くなるとされている。この状況は，高い自己意識状態である。このような心理状態のとき，実験参加者はどのような教師ぶりを発揮するかが調べられた。体罰反対の人は，より体罰を与えないように弱い電気ショックを与えるのか，それとも，自分は体罰反対だけれども一般の多くの人は賛成しているのだから，強い電気ショックを与えるのか。実験参加者は後にいる評価者は体罰は正しいと考えていると思っている，そこで，その人たちが自分の教師ぶりを評価するというのであれば，自分の意見は抑えて，評価者の体罰賛成に合わせ，その人たちから好印象，好評価を得られるように自己呈示するためにより強い電気ショックを与えることも考えられる。もしそうであるなら，それは自分への評価を考慮しての印象操作による自己呈示といえる。

　実験の結果，自分は体罰に反対しているが，しかし一般の人は体罰に賛成であるという考えをもっている人は，見学者，評価者が後にいる場合，より強い電気ショックを与えることが分かった。見学者が後に立つことにより，自己意識が高まり，そのため，自分がどうみられるかが気になり，自分の意見よりも，見学者の自分への評価を考え，ここでは一般に多くの人はどう考えているかに沿って防衛的な自己呈示をしたのである。そして，その見学者が単なる見学者ではなく，教師適性を評価する人だった場合，さらに，強い電気ショックを与えたことが明らかにされている。このことは社会的インパクト理論の①の

相手の勢力の要因が作用したと考えられる。実験参加者は，評価者から批判されないようにという自己防衛の自己呈示をし，また，教師として適性があることを評価者に印象づけて良い評価を得たいために評価者の意見に沿った自己呈示をしたと考えられる。この実験は本来は高い自己意識状態の行動を研究するという目的の実験であると前述した。そこで次に，自己意識と自己呈示の問題についてふれ，なぜ日本人には防衛的自己呈示が多くなるかを検討していく。

F　公的自己意識理論

　日本人は何を考えているのか分からない。日本人は意見をはっきり言わないのでとらえどころがない。賛成反対をはっきりいわないので，ディスカッションができない。敵なのか味方なのか分からない。このような日本人のあいまいさは国際的に評判が悪い。ではなぜ日本人ははっきりと自分の考えを言葉にしないのであろうか。このことについては既に文化人類学的日本人論が多数あるが，ここでは，印象操作のための自己呈示という観点から説明してみよう。日本人論的考察に従えば，日本人は相手からの評価を強く懸念する傾向があり，相手との"和"を大事にするため，相手との対立を極力避けようとする。自分がはっきり意見を言うとそれが相手の意見と対立する可能性がある。すると，"和（調和）"は乱れる。日本人は人間関係において和が乱れることを極めて恐れる。相手とこれから知り合いになろうとするときは，特にそのことを懸念する。その結果，相手に対して何も言えなくなってしまうのである。これを自己呈示の観点からみると，日本人は相手が自分をどうみるかに強い懸念をもっており，そのため防衛的に印象を操作しようとする。自分は和を乱すような人間ではないことを印象づけるための自己呈示を行う。そのため，相手に意見を聞くなど十分に相手をモニターした後にそれに応じた自己呈示をしようとする傾向が強い。このため相手の意見を聞かないと自分からは何も言えない。それが外からみると何も言わない日本人とみえるのである。本当は，何の意見もなく何も言えないのではなく，印象を考えて何も言わないのである。目立たないようにすること，対立しないようにすることが，日本人的な防衛的自己呈示なのであろう。

　日本人は，と書いたが，日本人でも最初からはっきりものを言う人もいよ

う。また日本人以外でも，はっきり言わない人もいよう。それは，日本人だからというよりも，自己意識という観点からみれば自己意識，特に公的自己意識（public self-consciousness）の高い人がそのような行動をすることが知られている。公的自己意識とは，相手あるいは周りの人から自分がどうみられているか，という意識である。日本は，公的自己意識を高めるような文化であるから日本人には公的自己意識の高い人が多く（金, 2005；齊藤, 未公表b），その結果，防衛的自己呈示，つまり何も言わない人が多くなると推察される。

　この公的自己意識の高い人は，相手と対立したり，相手から批判されたり，嫌われたくないために，自分の意見をはっきり言わない傾向が強い。相手の目を強く意識しているので，相手から悪い印象を受けないように自己防衛的に印象を操作しているといえる。はっきり自己主張しないといっても意見がないわけではない。自分を主張しない自己を呈示し，"よい人"を印象づけようとしているのである。そのことは日本人であるかないかではなく公的自己意識が高いか低いかによる。Scheier, Fenigstein, & Buss（1974）ではアメリカ人を被験者として，公的自己意識の高い人は防衛的自己呈示をすることを次のような実験で証明している。

　まず，本実験が行われる数カ月前，心理学のクラスでアンケート調査が行われる。アンケートのなかに自己意識調査やしつけにおける体罰の是非を含む一般の社会的問題に対する意見調査が入っている。このアンケートから，公的自己意識の高い人と私的自己意識の高い人（自分の内面についての意識が高い人），また，しつけにおける体罰についてはっきりと反対の意見をもっている人を実験参加者として選んだ。実験当日，「この実験は全米で一斉に行っている大学生の意見調査の一環であるが，ただし，単なる意見調査ではなくユニークなやり方で大学生の意見を調べている」と言われる。その特徴とは，単なるアンケートではなくエッセイを書き，その後で他の人と意見交換をし，そのときのディスカッションをテープにとり，そこから意見を調べるという方法であるとされる。そこで，実験参加者はまず，エッセイを書くために，各自，個室に案内される。実験者は資料をもってくるので，それまで待つようにと言う。このとき実験参加者はかなりの時間待つことになる。しばらくして，実験者が来る。実験者は「すいません。あなたとディスカッションする相手の

人を先にすませていたので，遅くなってしまいました」と言いながら，相手の学生の調査用紙を開き，「もし，よかったらどのようにエッセイを書いたらいいか，相手の人のエッセイがありますから文のスタイルなど，参考にして下さい」と言い，相手の人の調査用紙を渡す。こうして，実験参加者は，後でディスカッションする相手の人の体罰についてのエッセイを読むことになる。文のスタイルを参考にするように言われるが，もちろん内容も分かってしまう。読みはじめるとその内容は，しつけにおける体罰の必要性を強調しており，実験参加者の意見とはまったく逆であることが分かる。このとき，体罰反対の実験参加者はどんなエッセイを書くかが調べられた。

　このように，すぐ後で，自分の意見とは反対の人と対面し，ディスカッションするとなると，自分の考えを書くはずのエッセイが影響を受けることが予測され，特に公的自己意識の高い人は内心の意見からどのような方向に動くのかが注目される。しかし，実験結果は，公的自己意識の高い人に予測された方向性が全く見出されなかった。公的自己意識の高い人にとっては，もともとの意見，つまり内心も，ディスカッションの相手が自分の意見に賛成か反対かも，あまり関係しなかった。何が関係したかというと後で人に会ってディスカッションするかどうかであった。後でディスカションがあると聞いただけで，公的自己意識の高い人は，自分が相手からどうみられるか気になり，エッセイは，どちらともとれるはっきりしないものを書いたのである。公的自己意識の高い人は，あいまいな自己呈示を行ったのである。そこには自己防衛が働いたと考えることができる。また，相手の反対意見は読まず，ただこの後，一対一でディスカッションする，と実験者が伝える実験条件においても，公的自己意識の高い人は，防衛的になり，答えをあいまいにしたことも実証されている。公的自己意識の高い人は対人場面において，自分の思っている通りに言わないだけでなく，何の意見も言わずにあいまいにするということが確認された。このことは，日本人がはじめて会った人に対してはっきりものを言わないのは，自己防衛のための印象操作による自己呈示であることを推察させる。

　さて，ここまでは，望ましくない出来事を避けるための防衛的自己呈示としての意見同調をみてきたが，次にSchlenker（1980）のいう救済的行動としての防衛的自己呈示をみていく。これは，望ましくない出来事が，避けられず，

既に生じてしまったときの自己防衛である。厳しい事態のため，周囲からの非難などによる自己評価の低下をまぬがれないのであるが，そこでその低下を最小限にとどめるような防衛的自己呈示が試みられることになる。具体的には弁明や謝罪である。これらの救済的行動と内心の言行不一致について検討していくことにする。

2 自己呈示としての弁明と謝罪

　Milgram（1974）の服従行動も，Asch（1955）の同調行動も，防衛的自己呈示という視点からみると，周囲から自尊心を傷つけられたり，自己評価を下げられたりする前に，自分の本心とは異なる自己呈示を行い，そのような窮地に追い込まれることから回避している。内心と異なる迎合的言明を行うことによって，いわば事前の自己防衛としての自己呈示をしている。しかし，窮地は常に回避できるわけではない。窮地を回避できず，望ましくない出来事が生じてしまい，周囲からの評価を低めるような事態が避けられない場合も少なくない。そのようなとき，人は，その低下を最小限にくいとめようと防衛的自己呈示を試みる。Schlenker（1980）はこれを救済行動と呼んでいる。Schlenkerによれば救済行動とは，窮地における自己評価の低下に対処しようとする印象操作であり，相手に自分のおかれている立場を弁明あるいは謝罪することで，相手に自分と出来事の関連を別の観点から見させて，自分への評価を下げないようにする自己呈示であるとしている。このため，自己救済のために，内心とは不一致の言動が行われることになる。自分に下される評価の低下を妨ぎ，期待できる最高の評価まで持ち込み，窮地の厳しさを弱めるために自己呈示が使われる。一般的な救済的手段には弁明と謝罪の2種類がある。弁明（accounts）は窮地を招いた出来事の説明であり，謝罪（apology）は自分を許してほしいとの思いを込めて自分の非を認めることである。この弁明と謝罪を防衛的自己呈示という観点からみていく。

A 弁 明
　弁明とはSchlenker（1980）によれば，前述したように窮地の厳しさを軽減

することが目的であり，窮地を招いた出来事についての主に言語による印象操作的説明である。窮地の厳しさは出来事の望ましくない程度と，それに対する行為者の責任によって決まる。弁明はこの二つの要素の改善することを目的としてなされる。弁明を通して行為者は相手に対して，出来事に対する自分の責任についての見方を変えようとする。成功すれば弁明は窮地の厳しさを軽減する。

　弁明には基本的に潔白防衛，言い訳，正当化の三つの形態がある。行為者がその出来事と何ら関係がないことを示そうとする試みが，潔白防衛である。それは出来事は起きていない，あるいは，起きていても自分には何の責任もないことを弁明することである。言い訳とは，窮地を招いた出来事に対する自己責任を最小化しようとする試みで，行為者は望ましくない出来事が実際に起きたことを認める。たとえば遅刻したことを認めながらも，それは電車の故障が原因であり，自分の責任ではないと弁明する場合である。正当化は，窮地を招いた出来事の望ましくない性質を最小化，または否定しようとする試みで，行為者は望ましくない出来事が起き，何らかの責任があることを認める。軍の兵士が敵を殺したことを認めながら，敵はテロリストなので殺されるのは当然の報いであり，自国のためにしたと主張するような自己呈示の場合である。これらをさらに詳しく説明する。

1）潔白防衛

　潔白防衛は望ましくない出来事との間にバリアーを構築し，このバリアーが突き破られないように自己呈示する。この防衛の一種に"発生なし防衛"がある。問題の出来事が起きていないことを示そうと自己呈示することである。もう一つの防衛が"因果関係なし防衛"である。望ましくない出来事が起きたことは認めるが自分はその出来事について全く責任がないことを示す自己呈示をする。

2）言い訳

　望まない出来事の発生に対する自分への責任の追及を重い責任レベルから軽い責任レベルへと移行させようとする試みが言い訳である。「私はそれをしたが，強制されてやった，何をしていたのか分からなかった」などと主張するのが言い訳の自己呈示の典型である。

ある出来事について最も重い責任を負わせられるのは，当人が自分の意思で行動をし，問題となっている結果をもたらしたと見られる場合である。すなわち，当人は結果を予測でき，その結果をもたらすように努め，そして何の圧力もなく進んで行動したとしたら責任重大である。最大レベルの責任から，相手が受け入れられる最小レベルの責任まで責任を軽くすることが言い訳の目的である。潔白防衛と違い，言い訳は責任を軽減するだけで責任を消すものではない。言い訳の内容として，出来事が不測の事態だったとすることにより，責任を軽減しようとする呈示がなされることが多い。自分の責任を軽くするために，その事態は確かに起きたが，行為者がその結果を予測することは不可能で，予測することができなかったと主張する場合がある。予測することができなければ，意図はなかったことになる。結果を予測していれば決してその行為をしなかったことも付け加えられる。相手がこの訴えを認めれば，当人に帰される責任は軽くなる。間違いや事故を説明するのにこの訴えがよく利用される。交通事故を起こした運転者は自分が運転中に発作が起こり，事故を防ぐことはできなかったと訴える。

　また結果を予測することは可能であり，予測するべきだったが，できなかったと説明する言い訳もある。無知や不注意により，望ましくない結果を招いてしまった場合である。たとえば，銃を撃ち，誤って近くの子どもを撃ってしまった。この行為者は不注意で考えが足りず，愚かだと非難されるが，悪意のある殺人者とは言われないだろう。こうした言い訳を用いる人は否定的な評価を覚悟するが，その評価を最悪のケースにはしたくないということで自己防衛的に自己呈示するのである。その行動を取った責任はあるが，酌量すべき事情が存在したとの弁明が言い訳の自己呈示である。これにより出来事の責任は行為者当人の全人格から，当人の行動や結果に影響を与えたと思われる原因に移る。行為者は「酔っていた，強制された，精神的なストレスを抱えていた」などと防衛的に自己呈示するのである。

3）正当化

　正当化は望ましくない出来事についてある程度の責任を認めながら，その望ましくない程度を軽くする，あるいは否定する自己呈示である。相手が正当化を受け入れてくれれば，評価の低下は弱まる。望ましくない出来事は少なくと

も次の3通りの方法によって正当化される。①出来事のマイナス面を直接最小化する。②類似した出来事で責任を負う人々が罰せられなかった出来事を比較として出す。③より高い，より望ましい目標を達成するためにその出来事が許される，あるいは必要であることを示す。

①直接最小化は最悪のケースに比べればこの出来事はさほど有害ではなく，悪いわけでもないと主張する。②比較による正当化は社会的比較による。自分の状況を，同じ行動を取りながら罰せられない人のケースを引き合いに出して比較することで，出来事を最小化しようとする。「皆がしていること」「他の人はもっと悪いことをしている」などがこの自己呈示の具体例である。これにより，皆がしていることだから，それは普通のことであり，受け入れられるはずだということを伝え，また他に人が罰せられないのに自分だけ罰せられるのは不公平だと主張する。

③より高い目標を通しての正当化は，より高い価値観や目標のなかにその出来事をはめ込むことでその出来事を正当化する自己呈示である。たとえば親は子どもを叱るときに，「あなたのために叱っている」と諭す。より高い，重要な目標によって，凶悪な出来事を称賛に値する出来事に変えて，正当化されるように呈示する。

弁明の実証実験としては，たとえば次のような例がある（Schlenker, 1980）。大学生を対象にした実験で，パートナーに一連の問題を教えることが課題である。パートナーが間違える度に実験参加者はパートナーに電気ショックを与えるという以前説明した方法と基本的には同じ方法である。電気ショックの強さは選択である。強いショックを与えた者もいれば，弱いショックにとどめた者もいる。実験終了後，パートナーに最も強い電気ショックを与えた実験参加者は，電気ショックを与えるように実験者からかけられたプレッシャーが強力だった，と答えた。権威圧力を誇張することで，自分の行動を弁明した。このことは，窮地が厳しいほど，行為者はより極端に弁明手段を利用することを実証している。

言い訳と正当化は互いに相容れない分類ではなく，重複する部分もある。人は出来事に対する責任と自分の評価への悪影響を軽減しようと，言い訳と正当化を組み合わせて利用することも多い。窮地から逃れるためいろいろな手段や

組み合わせの防衛的自己呈示が使われる。まず，人はその状況において自分の期待する報酬/コストの割合を最大化できる説明を選択する。相手がその弁明を受け入れないと思えば，それを使うことはない。人は自分への否定的な評価をなくす可能性の高い弁明を選択する。例えば試験に落ちた学生は，バイトが忙しく，勉強に身が入らなかったと教授に訴えるかもしれない。落ちたのは学生の怠慢によるものだと思っている教授は，クラスのほかにも同じ境遇の人がいるだろうが，その学生たちはきちんと勉強していると応答する。すると学生は父親がリストラにあい，母は病弱，恋人にもふられたので，他の人よりも顕在的苦境であることを理解してもらおうとする。"真実"は出来事の解釈にかかわる当事者たちの合意によって決定されるため，印象操作の自己呈示が多用されることになる。

B 謝　罪

救済手段の第2の方法は謝罪である。望ましくない出来事について自分は非難されるに値することを認めるが，相手から許しを乞うことにより，否定的な評価を軽減しようとする防衛的自己呈示である。謝罪は望ましくない出来事をしたのは「本当の自分」ではないことを相手に納得させようとする行為である。悪いのは，もはや存在しない過去の自分，または改心する前の自分であり，事件の再発はなく，心配しなくて良いと相手を納得させる自己呈示である。

Schlenker（1980）は，謝罪の具体的自己呈示として次の五つを示している。①自責の念や後悔を表現する。②その場で取るべきだった適切な行為を認識し，違反に対する制裁に同意すると表明をする。③不適切な行為をした「悪い自己」に対する非難をする。④今後，適切に行動することを誓う。⑤被害者への償いを申し出る。

謝罪は基本的には二つの内容をもっている。それは過去を是正することと，望ましい行為をすると約束することである。相手がその謝罪に誠意を感じれば，行為者をこれ以上責めることはしなくなり，それ以上の評価の低下をまぬがれることになる。謝罪には軽重があり，呈示の仕方も様々である。日常的な相互作用における小さなことにはあまり深く考えずに「すみません」「ごめん

なさい」と口にする。特に日本人は，小さな謝りを多用する。謝ることが儀式化されており，些細な出来事ならばその謝罪儀式を通して当事者はすぐに出来事を忘れることができる。もちろん窮地が厳しくなると，事態を軽くみるわけにはいかなくなる。重大な場合，謝罪はせいぜい許しを与えるだけで，"無罪"を言い渡すわけではない。謝罪では，厳しい窮地の全ての否定的な評価から逃れることはできない。評価の低下を軽減するだけである。

　Schlenker（1980）は次の場合に行為者は最もよく謝罪をするとしている。①報復がさほどきつくないので，責任を認めてもかまわないときと，②出来事の有害の程度にかかわらず，責任を避けることは非常に難しいと思ったときである。謝罪は相手に改心した新しい自分を自己呈示し，否定的な評価を軽減しようという自己呈示である。

　このため，内心とは不一致の自己防衛としての表向きの謝罪という自己呈示がなされることも多い。自己防衛のための弁明や謝罪は，前述したように，周囲からの非難などによる自己評価の低下を最小限に食い止めるための印象操作としての自己呈示である。そこでは"真実"が語られることもあるが，主要目的は自己評価の低下を防ぐためであるため，周囲の人による評価の低下を止めるような自己呈示をすることが優先されよう。このため，行為者当人が，内心で思っていることとは異なる内容のことを弁明として話し，また，内心では謝罪する気持ちがないのに，表向きは，深々と頭を下げ，謝罪の言葉を述べるということは応々にしてあると考えられる。

　ところで日本人はちょっとしたことで「すいません」を連発し，すぐに謝罪するといわれている。しかし，それは表向きの発言上のことで，内心からもすぐに謝罪する傾向が強いのかどうかは，知られていない。日本はタテマエとホンネの文化であるとされているが，もしそうであるとしたら，言葉での謝罪は，表面上，自己評価を下げないためのタテマエ的印象操作としての自己呈示であり，内心のホンネからは謝っていないことも考えられる。この場合，明白な内心と発言の不一致である。その点を明らかにするために窮地におかれた人の内心と外に表す言葉を比較する実証的研究を行っている。それが第7章の「自己呈示としての謝罪の実証的研究」である。

　以上，内心と不一致の言動について印象操作の自己呈示という観点からこれ

までの研究を再解釈し，整理してきた。そして内心と言行の不一致には自己呈示が働いているということを明らかにしてきた。以下の第2章〜第7章においては，このような自己呈示の傾向を実証的データにより証明していくことにする。

具体的には，第2章では低いと言われている日本人の自己評価について，内心と発言を比較して，内心の自己評価はそれほど低くないが，発言の際，自己評価を低く言うという内心と発言の不一致を実証する。日本人の自己評価が低いのではなく，低い自己評価を自己呈示する傾向を明らかにしていく。

第3章で，自己意識について内心と発言の自己意識を比較し，日本人は自己意識は高いがそれを発言することは躊躇し，抑制することを明らかにする。また自己意識とセルフ・モニタリングの関係についても検討していく。

第4章で，内心と発言と行動には不一致があることを実証するために，社会的欲求の強度に関する内心，発言，行動について調査し，それらの間の強度を比較し，内心の欲求が発言や行動において抑制されていることを実証していく。これにより，発言の際に印象操作の自己呈示が働いていることを検討していく。第5章と第6章では，日本人の特徴とされる自己卑下的発言傾向が主に印象操作のための自己呈示により生じることを実証するために，入試と恋愛の成功と失敗を取り上げ，その原因の帰属を内心と発言に区分して調査した。これにより日本人の言葉による自己卑下が印象操作のための自己呈示によりなされることを検討していく。第7章で，謝罪場面における内心と発言を比較して，内心では謝罪していないが，発言では謝罪しているケースを調査し，印象操作の自己呈示としての謝罪がなされていることを検討していくことにする。これらの実証的研究からタテマエとホンネ文化の日本人における印象操作としての自己呈示の特徴を明らかにしていく。

第2章
ポジティブな自己評価と
ネガティブな自己呈示の実証的研究

第1節 目的と研究史

　人は自分自身についての評価を心の内（内心）にもっている。これが自己評価である。自己評価は自分自身への評価であるが，自分をどのように評価しているかということは，自己内の問題にとどまらず，当人の人間関係全般に大きな影響をもつ。それは自分自身への評価の内容が，対人関係を大きく左右するからである。このため近年では，自己評価の研究は性格心理学より，むしろ，社会心理学において注目されている。
　ところで，人は対人場面で，自分自身への内心の評価について相手に話すことが少なくない。これが，自己評価の自己呈示である。では，対人場面で人に自分自身への評価を話すとき，どのような内容の自己評価を話すのであろうか。この内容もまた，対人関係に大きな影響を与えるといえよう。では，人は，自己評価について他者に話すとき，心の内にもっている評価をそのまま話すのであろうか。もちろん，内心通りに話す場合もあるが，そうではない場合も多いと考えられる。日常体験的にも，また，これまでの社会心理学の戦術的・戦略的自己呈示の研究（Tedeschi & Norman, 1985）からみても，そのことはうかがい知れる。そう考えると，自己評価の自己呈示の仕方の問題は社会心理学における自己評価の興味深い研究テーマの一つといえよう。人は相手との関係を考慮し，自分の発言に対する相手の評価や周囲の人の評価を考えながら，自分への評価について話す。つまり相手に対する自分の印象操作を考え，自己評価の自己呈示をすることになるであろう。このため，自己呈示され

る自己評価は内心の自己評価とは異なることが少なくないことになる。対人場面では相手との関係を考慮した，ストラテジーとしての自己呈示が少なからず行われると推察されよう。このとき，自己評価の程度，つまり，自己評価の高低という点から言えば，内心の自己評価よりも，高い自己呈示をする場合もあれば，低い自己評価を呈示することもあると考えられる。もし発言で内心よりも高い自己評価を呈示したとすれば，それは自己高揚的自己呈示といえ，もし発言で内心よりも低い自己評価を呈示したとすれば，それは自己卑下的自己呈示といえよう。では，どのようなときに内心よりも高い自己評価を呈示し，どのような場合に内心よりも低い自己評価を呈示するのであろうか。ここには，自分と相手を含む人間関係についての文化規範が，背景として大きな影響力をもつと考えられよう。以下，これらの点について従来の自己評価と自己呈示の研究を参考に考えていくことにする。

　欧米の自己評価の研究（Heine & Lehman, 1999）によれば，人は自己を肯定的に評価したいという自己評価動機を生来強くもっていて，それが自己肯定感を生むので，大抵の人の内心の自己評価は，より高いとされる。さらに，欧米は個人主義社会で，かつ競争社会であるとされているのでそのことを考えると，欧米の場合，対人場面で自己呈示する際には，内心の自己評価よりも，かなり高い自己評価を呈示することが予測される。他方，日本のような集団主義的社会（Markus & Kitayama, 1991；Triandis, 1995）で，対人状況では控え目な態度が良しとされる文化では，内心は自己肯定に由来する高い自己評価をもっていたとしても，対人場面において自己評価を呈示する際は，内心の自己評価よりも低い自己評価を呈示することが予測される。それについてはすでに実証的研究もなされており，比較文化的な自己評価を研究している日米の研究者の間で，日本人の自己評価の低さが議論の対象となっている（Heine, Lehman, Markus, & Kitayama, 1999）。ここで，実証的調査で示される日本人の自己評価の低さは，日本人がもともと内心から自己評価が低いのか，それとも，控え目な自己呈示をするという文化規範から，表面的に低い自己評価を呈示しているのかが論点とされる。もし，日本人の自己評価の低さが，呈示の際だけでなく，内心においても低いとしたら，欧米の自己評価研究の心理学者の間で前提とされている生来的な自己高揚動機による高い自己評価という考え

は，日本人には当てはまらなくなり，その考えは普遍性を失うことになる。また，そうなると日本人のもつ自己評価の低さをどのように説明したらいいのかという論議にもなる。

　しかし，本論では，そのような立場をとるのではなく，日本人も含め，人は生来，高い自己評価をもっているという立場に立っている。日本人の自己評価も，欧米人ほどかどうかは別にしてもともと低い自己評価をもっているのではなく，一定の肯定的自己評価をもっていると考え，対人場面で言葉に表されている自己評価の低さは，対人摩擦を起こさないための控え目な自己呈示の文化によるものと考えている。本論はそのことを実証することが主たる目的である。本研究では内心の自己評価と自己呈示の自己評価の違いを直接知るために，内心と発言という二つの心理層を同時に測定する独自の二層心理測定法を採用し，それにより二つの自己評価を調査し，比較していく。本論の具体的目的はこの方法により，内心の自己評価と発言の自己呈示との差が大きいことを実証的に明らかにしていくことである。そこで，まず，このような視点に立った自己評価の研究史をみていくことにする。

　自己評価（self-esteem）とは，自分が自分自身に対して行う評価で，ポジティブな評価もネガティブな評価も含んでいる。一般に自己評価といった場合は，その人のもつ個々の特性についての評価ではなく，その人が自分に対してするトータルの評価をさすことが多い。esteem は，estimate の名詞形で純粋に評価の意味であるが，自己評価は，自分自身への評価のため，感情を入れず客観的で公平な評価は難しい。自分自身に対しては，どうしても感情的で防衛的な評価をすることになる。このため，自己評価は，自分自身に対する己の感情をも含めた評価をいう。そのために，自尊感情あるいは自尊心と訳されることもある。

　自己評価は人により異なり，自分自身を高く評価する人もいれば，低く評価する人もいる。そして，この自己評価の程度が，その人の思考や感情，欲求，行動に大きな影響を与えるのである。このため，多くの社会心理学者によって自己評価が諸々の心理プロセスに与える影響についての研究が進められている。また逆に自己評価に影響する様々な要因も研究されている。ところで，各個人のもつ自己評価の高低の程度は，生来的に固定されているわけではなく不

変なわけでもない。発達過程において形成された長期的な自己評価の程度に加え，日常社会生活における成功や失敗などにより，高められたり，低められたりする短期的な変動的性質をも有している（Heatherton & Polivy, 1991）。また，高低とは別に自己評価の安定性も個人により異なる。変動の少ない安定した自己評価と変動の激しい不安定な自己評価という自己評価の安定性を重視している研究者もいる（Baldwin & Sinclair, 1996；Kernis & Waschull, 1995；Schimel, Arndt, Pyszczynski, & Greenberg, 2001）。

　さて，一般的に自尊心が高いとか，低いとか言うが，"人は誰もが自尊心をもっている"といわれている。それは，人は自分に対して多かれ少なかれポジティブに評価したいという自己肯定，自己高揚の自己評価欲求をもっているからだとされる。では，なぜ，人はそのような自己評価欲求をもっているのであろうか。それについて，Leary & Baumeister（2000）は，人は社会的動物であり，自己評価欲求は人と関係し，人から是認されたいという生来的な欲求に基づいているとしている。このため自尊心は，自分が自分をどう評価するかと同時に，人からどう評価されているかと関連しているのである。この点で自己評価欲求は自己に関する欲求であると同時に，対人的欲求であるといえよう。自己評価の研究において，最近はこのような関係性に焦点を当てる研究が注目されるようになってきている（遠藤，2000）。さらにGreenberg, Solomon, & Pyszczynski（1997）は自己評価欲求とは，まとわりついている深層に根ざした死への恐怖に対処するために，自分を社会のなかで価値のある人間であると認めたいという欲求であるとしている。実際，自己評価を高められた人は，防衛的でなくなり，不安も減少していることが明らかにされている。

　Brown, Collins, & Schmidt（1998）は，この自己評価欲求が満たされ，高い自己評価をもつことは，人が生活していく上で極めて重要な役割を果たすとしている。ポジティブな自己評価をもっている人は，幸せで，健康で，生産的で，社会的に成功しており，自信があり，チャレンジ精神に富み，忍耐強く，対人的プレッシャーに強く，独立的で，さらには，快眠でき，癌になる率も少ないなどとされている。他方，ネガティブな自己評価をもっている人は，ポジティブな自己評価をもっている人とは対照的に，鬱傾向があり，将来に対して悲観的で，新しいことに対して失敗を怖れ，最悪の事態を怖れ，不安になり，

努力せず，チャレンジすることから逃げ出す傾向がある。そして失敗したとき，自分を責めるので，ますます自信を失くすという悪循環に陥り（Brockner, 1983；Brown & Dutton, 1995），さらに，ネガティブな自己評価は健康に害があり，免疫システムの血球活動を抑え，免疫の防御能力を弱めるとされている（Stauman, Lemieux, & Coe, 1993）。

　この自己評価欲求により，人は自分の自己評価を実際よりも高く評価する傾向があるとされている。ただ，そのような実際よりも高い自己評価は，現実と乖離しているので，不適応を起こすのではないかという議論が生じた。しかし，実証的データをもとに，そのような場合，不適応が生じるのではなく，自己想定上の高い自己評価が，むしろ人を幸せにしていると考える研究者が多い。Taylor & Brown（1988）は，このような過大な自己評価をポジティブ・イリュージョン（Positive Illusion）と呼んでいる。自己の"肯定的幻想"とは自分を実際以上に良いと考え，その肯定感から自分の未来をバラ色に描き，自己コントロールを過大に信じている傾向を指す。そして Taylor によれば，このポジティブ・イリュージョンが当人の精神的健康を良い状態に保ち，また，向上させているというのである（Shedler, Mayman, & Menis, 1993）。ポジティブなイリュージョンには，抑鬱的現実主義（depressed realism）が対応する。Alloy, Abramson, & Francis（1999）は抑鬱傾向の高い人は，抑鬱傾向の低い人に比較して，実験室でのコントロール実験において自分のコントロールの程度をより正確に認識しているという結果を示している。つまり，抑鬱傾向の低い人（ポジティブ・イリュージョンをもっている人）は，自分のコントロール力を過大に評価していることを明らかにしたのである。Taylor & Brown（1988）は，この Alloy, Abramson, & Francis の研究や自身らの研究から，多くの人が自分自身を実際より，より高く肯定的に評価しており，また現状に対する統制力を現実よりも，より強くもっていると考え，将来を楽観的に考えていると結論した。そのような自己に対する過大な肯定的評価がポジティブ・イリュージョンを生んでいるのである。それを実証する欧米人のデータは数多く示されている。たとえば，自己評価について100点満点で評価させたところ，自分を90点以上とした人が半数以上なのに対して，74点以下とした人はわずか11％であった（Lovett, 1997）。Headey & Wearing（1987）は

オーストラリアのビジネスマンに仕事の能力を問い，86％の人が自分を平均以上だとし，自分を平均以下だとした人はわずか1％であったとしている。大半の人が平均以上ということは，統計上ありえないということから確かにTaylorのイリュージョンという命名が適当といえる。しかし，そのイリュージョンが，自分に肯定感を与え，現状統制感を与え，将来を楽観的にみせることになり，そのことがひるがえって現在や将来への不安をなくし，現在の自分の幸せ感を増し，あらためて肯定感を増すとされている（Robinson & Ryff, 1999）。となると自己評価の高いことが，適応的で，普遍性をもつことになろう。世界のどこの国においても，人は，ポジティブ・イリュージョンのもとで，実際よりも高い自己評価をもつことが予測される。社会的動物として進化してきた人類にとって，自己評価が高いことは普遍的で，そこには大きな文化差はないと思われる。

　ところが，社会心理学において，文化相対論が主流になった今，自己評価は，文化により差異があることを指摘している研究者も少なくない。Heine, Lehman, Markus, & Kitayama（1999）は，日本人とカナダ人の自己評価を比較し，カナダ人の方が日本人よりも自己評価が高いことを示している。このデータをもとに，Heineは欧米の社会心理学者の間で，普遍的であるとされてきた自己評価における自己高揚的動機は，欧米文化の影響によるものであると指摘した。欧米の個人主義的文化規範の下では，個人は，自己高揚的動機を強くもつが，アジアのような集団主義的文化規範の下では，個人的優越よりも集団的相互依存を志向しているため，欧米のような強い自己高揚的動機はもたないとしている。Heine, Lehman, Markus, & Kitayama（1999）のデータをみると，確かにカナダ人の自己評価の得点は非常に高く，それに比べると日本人の自己評価の得点は低い。しかし，日本人のデータのみに注目すると，自己評価はマイナスではなく，大半がネガティブな側面を占めるわけでもないことが分かる。自己評価の平均はプラス値を示しており，むしろ，多くの人が自己を肯定的に評価していることが示されている。自己肯定（高揚）なのか自己否定（卑下）なのかという点からみれば，日本人もカナダ人も程度の差はあるが自己肯定的であるといえよう（もちろん，日本人の方に自己否定的な人が多いのはデータ上確かではあるが）。また，日本人はHeineらが用いたような評定尺

度での評価の際，両極の数値を記すことが少なく，「どちらともいえない」などの中間値に集中することが知られていることを参考に入れると，カナダ人に比べ，日本人は自己評価が低いということは示されたといえるが，日本人の大半が，自己評価において自己否定的評価をしているということはいえないであろう。むしろ，データ的には，日本人も自己肯定的であるといえる。この点を確認するために，本研究では，Heine, Lehman, Markus, & Kitayama（1999）で用いられている Rosenberg（1965）に準じた自己評価調査法により，自己評価の調査を行っている。

　さて，Heine, Lehman, Markus, & Kitayama（1999）の日本人を含むアジアの集団主義文化をもつ国民は，自己高揚的動機がみられなく，自己評価は高くないという論に対して少なからぬ反論がある。その論点は，アジア系の人は自己評価が低いという指摘に対して，アジア系の人は，自己評価を意図的に低く呈示しているという点である。つまり，タテマエによる自己呈示として低い自己評価を表明しているのである。それはアジア系の人が，集団主義的文化規範が強く，対人状況では目立つよりも，控えめにしたり，あるいは周りに合わせるようにしたりすることが求められ，その方が評価されるからであるとされる。日本においては特に対人関係においては，タテマエ的謙譲や自己卑下的自己呈示が歓迎され，高揚的自己が嫌われることが社会常識的に知られている。そのような状況で人間関係を良好に維持しようとしたら，たとえ内心の自己評価が非常に高かったとしても，相手への発言時の自己評価はそれを抑えてタテマエを呈示することになるであろう。そして，それがアンケート調査やインタヴューにも反映されているとも考えることができる。この点について Kudo & Numazaki（2003）は，日本人も内心は自己高揚的ではあるが，自己卑下的傾向は自己呈示の際に行われていることを指摘している。また，Greenwald & Farnham（2001）は，本人が意識していない状態で自己評価を測定する暗黙自己評価テストにより，アジア系アメリカ人とヨーロッパ系アメリカ人も自己評価は欧米系と同様に高いが，その自己評価の高さを公にしていないだけであるとした。また，Kurman（2003）は，イスラエル人とシンガポール人を比較し，イスラエル人の方が自己評価は高く，シンガポール人の方が謙譲的傾向が高いことを見出した。そこで，シンガポール人の謙譲傾向を考慮して自己高揚

を計算すると，イスラエル人とシンガポール人の自己評価に差がないことが判明したとしている。この結果をふまえて Kurman（2003）は，アジア系の人も自己評価は欧米系の人と同じように高いが，謙譲を良しとする文化規範により，公的な表現を抑えていると指摘している。

そこで本研究では，この点をさらに明確にするために，前述したように自己評価について本人が内心どう思っているかという内心の自己評価と，人に話すとき，どのような発言をするかという自己呈示の自己評価を直接比較できるような調査方法を用いて調べることにした。方法は多層心理測定法である。ここでは内心と発言の二つの面を調査するので二層心理測定法を用いた。この測定法は被験者に直接，内心の自己評価と発言時の自己評価を問う調査法である。この調査は質問紙調査法であるため，本当の内心，本当の発言を測定しているわけではない。この点に問題がないわけではないが，被験者がそのことを意識して回答することにより，内心に近い自己評価値，発言に近い自己評価値がえられると推測され，また，被験者が両者を比較して回答を考えることにより，内心と発言の違いがより明確な形で，回答に反映されると推察することができる。この方法により，内心と異なって自己呈示される自己評価が，数値的に明示されることが期待でき，自己評価の発言時の自己高揚的呈示あるいは自己卑下的呈示を明確に数値化できると考えた。

さらに本研究では，自己評価の高い人（高自己評価者）と自己評価の低い人（低自己評価者）の評価について，発言時の自己呈示の違いを検討することにした。自己評価の高低は本来，その人がもっている自己評価の程度であるので，内心の自己評価の程度を基準にして，高自己評価者と低自己評価者に分けることができる。また，自分の評価について他者にどのように呈示するかは，発言する際の自己評価の自己呈示によって知ることができる。そこで，高自己評価者と低自己評価者の発言時の自己評価を比較することにより，両者の自己呈示の違いを知ることができると考えた。

本研究の主たる目的は，日本人の自己評価と自己呈示の関連を実証的に研究することである。筆者らは，日本人も内心の自己評価は，他の文化の人達と同様に高いが，他方で，自分の自己評価を言葉で人に呈示するときには，日本の謙譲の文化規範に従い，対人場面では自分を控え目に表現しようとするので，

発言のときは自己評価を低く呈示するという論に立脚し，次のような仮説をたてた。

　仮説：日本人の自己評価は，内心よりも，発言時に自己呈示される自己評価の方が低くなる。

第2節　方　　法

　実験参加者——首都圏にある大学の大学生，293名（男151名，女142名）。
　調査表——独自の自己評価調査表を用いた。Rosenberg（1965）の自己評価尺度を参考に10項目の自己評価尺度を作成した。この各々の項目について内心と発言の回答欄をもうけ，二層心理測定法として改訂し，10項目20回答式の次のような調査表を作成した。
　質問は「次の各項目について，あなた自身にどの程度あてはまるかをA欄にAの基準で数値で答えて下さい。次に，あなたが自分のことについてほかの人に話すとき，この各項目のような内容をどの程度話すかを考えて，その程度をBの欄にBの基準で数値で答えて下さい。答える順番は各番号に従いA，B，A，Bという順で答えて下さい。AとBの数値は同じでも違っていてもかまいません」である。質問項目は次の10項目である。

　1．自分は価値のある人間である。
　2．自分は色々な良い資質をもっている。
　3．自分は敗北者だと思う。
　4．自分は物事を人よりうまくやれる。
　5．自分には，自慢できるところがない。
　6．自分は自信がある。
　7．自分に満足している。
　8．もっと自分を尊敬できるようになりたい。
　9．自分はだめな人間である。
　10．自分は役に立たない人間だと思う。

A，Bの回答基準は次の通りである。

Aの基準	非常によくあてはまる	……＋3
	あてはまる	……＋2
	ややあてはまる	……＋1
	どちらともいえない	…… 0
	ややあてはまらない	……－1
	あてはまらない	……－2
	まったくあてはまらない	……－3

Bの基準	非常によく話す	……＋3
	よく話す	……＋2
	少し話す	……＋1
	どちらともいえない	…… 0
	あまり話さない	……－1
	話さない	……－2
	絶対話さない	……－3

手続き──大学の授業において配布，時間内に回収した。
調査日──2003 年 7 月と 11 月。
分析方法──内心・発言別に因子分析し，因子を特定し，内心と発言で共通する項目を選び，両者を比較した。さらに，内心の自己評価を基準に 4 分位法により区分し上位約 25％，下位約 25％を基準として，同点者を考慮して，高自己評価者と低自己評価者に分け，発言時の自己評価を比較した。

第 3 節　結　果

1　自己評価の因子分析

自己評価 10 項目を，内心と発言それぞれ独立で，主因子法による因子分析

表2-1 A基準（内心）による回答の因子分析の結果（主因子法・バリマックス回転）

質問項目	因子1	因子2
因子1：ポジティブ評価		
＊　2 自分は色々な良い資質をもっている	0.85	−0.04
＊　1 自分は価値のある人間である	0.68	−0.17
＊　6 自分は自信がある	0.64	−0.29
＊　4 自分は物事を人よりうまくやれる	0.63	0.05
5 自分には自慢できるところがない	−0.57	0.27
10 自分は役に立たない人間だと思う	−0.57	0.51
7 自分に満足している	0.45	−0.36
因子2：ネガティブ評価		
＊　9 自分はだめな人間である	−0.47	0.71
＊　3 自分は敗北者だと思う	−0.23	0.59
8 もっと自分を尊敬できるようになりたい	0.16	0.33
負荷量平方和	3.15	1.54
寄与率	31.49	15.43
累積寄与率	31.49	46.92

を行った。それぞれのバリマックス回転後の因子負荷量，寄与率が表2-1，表2-2に示してある。

　内心の自己評価の因子分析の結果は表2-1に示されているように，2因子が抽出された。第1因子はプラスの負荷量が0.5以上で高い順に2，1，6，4であり，0.5以上のマイナス負荷量で高い順に5，10である。プラスの負荷量の高い項目の内容をみていくと，2が「自分は色々な良い資質をもっている」，6が「自分は自信がある」。これらから，第1因子は自己評価のポジティブな側面因子と名づけられよう。第2因子は項目9と3が0.5以上のプラスの負荷量である。項目の内容は9が「自分はだめな人間である」，3が「自分は敗北者だと思う」である。これらから第2因子は自己評価のネガティブな側面因子と名づけられよう。

　一方，発言の自己評価の因子分析の結果は表2-2に示されている。表2-2から発言の自己評価も2因子が抽出されていることが分かる。各因子の負荷量をみてみると，2因子は，内心の2因子「自己評価のポジティブな側面」と「自己評価のネガティブな側面」に対応していると推察できる。第1因子のプラスの負荷量が高い項目は，0.5以上で高い順に2，6，1，7，4である。内心の結

表2-2 B基準（発言）による回答の因子分析の結果（主因子法・バリマックス回転）

質問項目	因子1	因子2
因子1：ポジティブ評価		
＊ 2 自分は色々な良い資質をもっている	0.77	0.00
＊ 6 自分は自信がある	0.75	−0.02
＊ 1 自分は価値のある人間である	0.65	−0.01
7 自分に満足している	0.62	0.05
＊ 4 自分は物事を人よりうまくやれる	0.61	0.09
8 もっと自分を尊敬できるようになりたい	0.41	0.23
因子2：ネガティブ評価		
10 自分は役に立たない人間だと思う	−0.05	0.80
＊ 9 自分はだめな人間である	−0.03	0.78
＊ 3 自分は敗北者だと思う	0.22	0.58
5 自分には自慢できるところがない	0.05	0.54
負荷量平方和	2.55	1.95
寄与率	25.54	19.47
累積寄与率	25.54	45.02

果と異なるのはプラスの負荷量では項目7のみである。

第1因子は，項目2は「自分は色々な良い資質をもっている」，項目6は「自分は自信がある」で，いずれも自己評価のポジティブな側面であり，第1因子は内心同様に自己評価のポジティブな側面因子といえよう。マイナスの負荷量が0.5以上の項目はなく，その点で，内心の結果とは違いがみられた。第2因子の負荷量が高い項目はいずれもプラスで0.5以上で高い順に10，9，3，5である。項目10は「自分は役に立たない人間だと思う」，項目9は「自分はだめな人間である」で，いずれも自己評価のネガティブな側面であり，第2因子も内心と同様に，自己評価のネガティブな側面因子といえよう。

さて，本研究では内心と発言の自己評価を比較し，自己評価の自己呈示を実証的に検討することを目的としているので，両者に共通の項目を選び出し，比較することにした。第1因子の自己評価のポジティブな側面の内心と発言の共通項目を検討をすると，項目1，2，4，6が残り，第2因子の自己評価のネガティブな側面の内心と発言の共通項目を検討すると，項目3，9が残る。そこで，第1因子のこの4項目を自己評価のポジティブな側面群，第2因子のこの2項目を自己評価のネガティブな側面群として以下，両者を比較して分析する

こととした。ちなみに，項目7,8は0.5以上の負荷量がないため，項目5,10は内心で第1因子，発言で第2因子に負荷量が高いため除外した。

2　自己評価と自己呈示

　自己評価のポジティブな側面群の内心と発言の自己評価の平均値と，自己評価のネガティブな側面群の内心と発言の自己評価の平均値を性別に示したのが，表2-3と図2-1である。

　この表2-3と図2-1から，ポジティブな側面については，内心の自己評価は，男女ともプラス値であることが分かる。つまり，日本人の自己評価は平均的には，肯定的であることが示された。この結果は，従来低いといわれている日本人の自己評価も，ポジティブな側面をマイナスに評価するほど，低くはないことを明らかにしているといえよう。また，日本人の自己評価の高さには性差があることが明らかになった。男性の方が女性より内心のポジティブな側面においては高いことが明らかにされた（t＝2.83，p＜0.01）。さて，本論文の主要テーマである内心の自己評価と発言時の自己評価の自己呈示を比較してみると，図表から自己評価のポジティブな側面については，内心では肯定的であった自己評価の高さが発言するときはそのまま表されないことが明らかになっている。発言時の自己評価の自己呈示の平均値は，男女ともマイナス値であり，内心の自己評価のポジティブな側面を発言では呈示していないことが明らかにされた。内心と発言を実験参加者内要因とし，性別を実験参加者間要因として行った分散分析では，内心と発言の間に0.1％水準の有意差（F＝125.82）が認められた。また，交互作用には有意差がなく，性差に1％水準の有意差（F＝9.28）が認められた。この結果は，男女ともに内心では自分をポジティブに思ってはいるが，それをそのまま人には話さないということが示されている。つまり，控え目あるいは自己卑下的な自己評価を呈示する傾向が明らかにされた。このデータは仮説を支持しており，内心よりも発言の方が低い自己評価を呈示することが明らかにされたといえよう。また，発言時の自己評価の自己呈示には内心以上に性差がみられた。図2-1と表2-3に示されているように男女ともマイナス値であるが，比較すると，男性の方が高い自己評価

表 2-3 自己評価のポジティブ・ネガティブ側面の内心と発言の評価得点

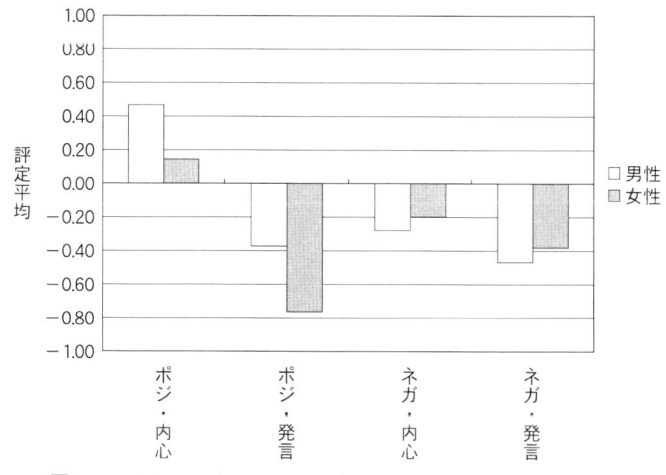

因子	No	質問項目（自分は…）		男性 (n=151)		女性 (n=142)		全体 (n=293)	
				平均	SD	平均	SD	平均	SD
ポジティブ側面	2	色々な良い資質をもっている	内心	0.59	1.56	0.28	1.47	0.44	1.53
			発言	−0.44	1.55	−0.84	1.46	−0.63	1.52
	1	価値のある人間である	内心	0.62	1.66	0.69	1.48	0.66	1.57
			発言	−0.56	1.54	−0.88	1.55	−0.72	1.55
	6	自信がある	内心	−0.05	1.75	−0.67	1.61	−0.35	1.71
			発言	−0.46	1.61	−0.96	1.58	−0.70	1.61
	4	物事を人よりうまくやれる	内心	0.73	1.57	0.27	1.50	0.51	1.55
			発言	−0.02	1.34	−0.38	1.48	−0.19	1.42
		（4項目）	内心	0.47	1.25	0.14	1.23	0.31	1.25
			発言	−0.37	1.16	−0.76	1.21	−0.56	1.19
ネガティブ側面	9	だめな人間である	内心	−0.64	1.79	−0.46	1.73	−0.55	1.76
			発言	−0.53	1.66	−0.28	1.69	−0.41	1.68
	3	敗北者だと思う	内心	0.09	1.86	0.08	1.74	0.09	1.80
			発言	−0.41	1.69	−0.49	1.65	−0.45	1.67
		（2項目）	内心	−0.27	1.58	−0.19	1.51	−0.23	1.54
			発言	−0.47	1.44	−0.38	1.44	−0.43	1.44

図 2-1 ポジティブ・ネガティブ側面別にみた内心と発言の比較

を呈示しており，日本の女性においては自己評価の自己呈示が非常に控え目で，自己卑下的になされることが明らかになった。

　一方，自己評価のネガティブな側面については，内心においては男女とも平均値はマイナス値を示している。このことは自己評価においてネガティブな面をもっているということを肯定しておらず，自己卑下的ではないことを示唆している。つまり，肯定的な自己評価をしていることを示している。その点では，内心の自己肯定的傾向はポジティブな面のときと同様である。しかし，ネガティブな側面については，発言時の自己評価の自己呈示において，ポジティブな面とは異なる結果が示されている。発言時の平均値もマイナスで，ネガティブな面に対しては自己呈示も否定的である。つまり，発言時においても自己評価のネガティブな側面については肯定せず，自己卑下的ではないことが示されている。しかも，内心よりもさらにマイナス値であることから，発言時には，ネガティブな面を内心よりもさらに否定していることになり，このことは，内心より発言において自己高揚的に自己呈示をしていることになる。この点についてネガティブな項目群の得点を，ポジティブな側面のときと同様の分散分析をしている。内心と発言を実験参加者内効果とし，性差を実験参加者間効果として行った分散分析では，内心と発言の間に5％水準の有意差（$F=5.54$）が認められた。ここでは発言が，内心よりも自己高揚的傾向を示しており，従来の日本人の自己呈示における自己卑下的傾向はみられていない。つまり，日本人も自己評価のネガティブな側面においては自己高揚的であるといえる。自己評価のネガティブな側面における発言についてのこの結果は，ポジティブな側面で自己卑下的であることと逆の傾向を示しており，この点においては仮説が支持されているとはいえないであろう。また，交互作用には有意差がなく，性差にも有意差は認められなかった。

　次に，自己評価のポジティブな側面と自己評価のネガティブな側面の両者を対照させて自己呈示を考えてみる。ポジティブな側面は，発言時に抑えられ，自己卑下的な自己呈示がなされるが，ネガティブな側面も発言時には抑えられており，そこでは，自己高揚的な自己呈示がなされていることが示されたことになる。ポジティブとネガティブ，内心と発言を実験参加者内要因とし，性別を実験参加者間要因として行った分散分析では，内心と発言に0.1％水準の有

意差（F＝88.84）が認められ，ポジティブとネガティブの間には，有意確率0.065で，有意差とはいえないが傾向が認められた。また，ポジティブ・ネガティブと内心・発言の交互作用には0.1％レベルで有意差（F＝35.31）がみられた。このことから，ポジティブな側面については自己卑下的に自己呈示し，ネガティブな側面においては自己高揚的に自己呈示するという自己呈示の二面性が明らかになったといえる。日本人は自己吹聴はしないけれども，かといって自分を貶めるまでのことはしないという傾向を示しているともいえよう。

以上のことから，日本人の自己評価を欧米人との比較においてではなく，自己評価自体がプラスかマイナスかという点においてみると，内心においては，ポジティブな側面において肯定的で，ネガティブな側面において否定的である。このことから，日本人の内心の自己評価はポジティブ側面でも，ネガティブな側面でも高揚的であるといえよう。そして，自己評価を自己呈示するときに，ポジティブな側面については自己卑下的に発言し，ネガティブな側面については肯定せず，より強く否定するような自己高揚的自己呈示がなされることが明らかにされたといえよう。

ところで，この両者の違いは逆の方向のようであるが，日本人の自己呈示の控え目さという点に注目し，抑制という観点からみると同じ方向を示しているとも受けとめられる。いずれの方向においても発言するときは控え目に自己呈示するという抑制的自己呈示傾向を有していることを示しているともいえよう。この傾向は，内心で思っていることをポジティブな面でもネガティブな面でもストレートに人に話さないということになる。このことは本心を自己開示しないことに通じるともいえる。日本人が外国人から，"黙っていてよく分からない日本人""寡黙な日本人"というレッテルを貼られていることの傍証ともいえよう。

3　高自己評価者と低自己評価者の自己呈示の比較

自己評価の高い人と低い人の自己呈示の相違を検討するために，方法に示した手続きで全実験参加者のうち，ポジティブな側面の因子の項目の平均値が1.25以上の者を高自己評価者とし，−0.5以下の者を低自己評価者として選び

表 2-4 　自己評価（内心）のポジティブ・ネガティブ側面の高い者と低い者の発言における自己評価得点

自己評価の側面		男性			女性			全体		
		平均	SD	n	平均	SD	n	平均	SD	n
ポジティブ	高群	0.29	1.18	48	−0.29	1.38	30	0.06	1.29	78
	低群	−1.04	1.06	28	−1.21	1.29	41	−1.14	1.20	69
ネガティブ	高群	0.45	1.41	40	0.64	1.41	39	0.54	1.41	79
	低群	−1.36	1.27	44	−1.54	1.17	36	−1.44	1.22	80

出した。同様に，ネガティブな側面の因子の項目の平均値が 1.0 以上の者をネガティブの高自己評価者とし，−1.5 以下の者を低自己評価者として選び出した。両者の発言時の自己評価得点を比較したのが表 2-4 であり，ポジティブとネガティブ側面別に，高得点者と低得点者の発言傾向をグラフ化したものが図 2-2 と図 2-3 である。

　ポジティブな側面からの自己評価の高低と自己呈示の関係をみると，高自己評価者は自己呈示をするとき，本来内心で評価している自分のポジティブな側面のプラス面をほぼ抑制し，発言していないことが分かる。他方，低自己評価者は，もともとポジティブな側面が内心でマイナス値であるが，その内心の自己評価よりもさらに卑下的な呈示をするわけではないことが示されている。そのことは，低自己評価者においては内心よりも発言時の数値の方が若干高くなっていることから示唆される。内心（自己評価）と発言（自己呈示）を実験参加者内要因とし，性別および高群・低群を実験参加者間要因として分散分析を行った結果，内心と発言間に 0.1％水準の有意差（$F=143.0$）がみられ，内心・発言と自己評価の高低間に，交互作用があり（$F=83.69$），1％水準で有意な差がみられた。

　つまり，高自己評価者は，もともと高い自己評価のポジティブな側面を控え目に自己卑下して発言するが，低自己評価者はもともと低いポジティブな側面をさらに卑下することはないことが示された。ポジティブな側面の高・低自己評価者の自己呈示について性差をみると，図 2-2 に示すように男女ともほぼ同一の方向を示している。発言を従属変数とし，内心の高低と性別による 2×2 の分散分析の結果，高群と低群の間には 0.1％水準の有意差（$F=28.97$）がみ

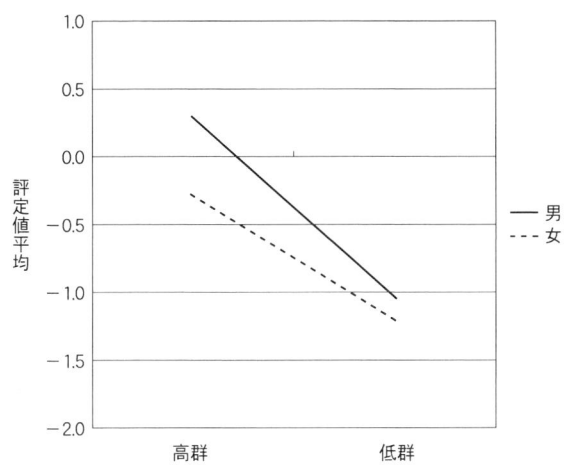

図 2-2　ポジティブな側面における高自己評価者と低自己評価者の発言傾向

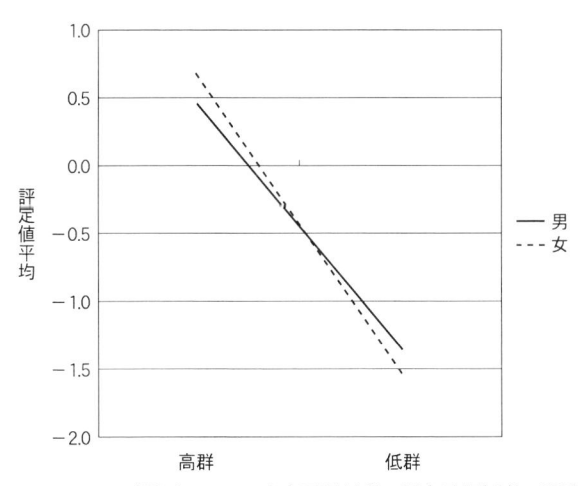

図 2-3　ネガティブ側面における高自己評価者と低自己評価者の発言傾向

られた。この差は、高群はポジティブな側面の発言を控えはするが、内心で高低には当然、大きな差があり、それが、多少、控えられたとしても、元々の内心の高低が発言にも反映されるものと考えられる。性差は有意確率0.07で有意差には至らなかったが、有意傾向がみられた。その傾向は高自己評価者の女性が自己呈示するとき、自己評価の平均がマイナスになっている点にみられるように、日本の高自己評価の女性は自己呈示するとき、男性より、一層控え目で自己卑下的に自分を呈示していることがうかがえた。

　次に、内心のネガティブ評価が高い者と低い者について検討する。表2-4から分かるように、自己評価のネガティブな側面の得点が高い人、つまり、低自己評価者は、発言の際、内心ほどネガティブに自己呈示をしないことが分かる。すなわち、低自己評価者は自分のネガティブな面をさらにネガティブに人に話すという自己卑下的呈示はしないことが示されている。一方、自己評価のネガティブな側面の数値が低い人、つまり、高自己評価者はもともと、ネガティブ面は低いが発言の際は内心よりもさらにネガティブ面を低く自己呈示することはなく、方向としては控え目で、卑下的な発言であることが示されている。内心・発言と高群・低群の得点を実験参加者内要因とし、性別を実験参加者間要因とした分散分析では、内心・発言間に5％レベルの有意差（F=3.85）がみられ、内心・発言と高群・低群の交互作用には1％レベルで有意差（F=78.84）が認められた。つまり、低自己評価者はもともと高いネガティブな側面を抑えて自己高揚的に発言し、一方、高自己評価者はもともと低いネガティブな側面をさらに低くすることはなく、抑制して発言しているといえる。たとえば、自分は駄目な人間だと思っている人は、内心そう思っているほどには発言しない。他方、自分を駄目な人間ではないと思っている自己評価の高い人は、発言でさらに駄目な人間ではないことを強く呈示することはないということである。高自己評価者がポジティブな面で高い自己評価を呈示するのを抑えるのと同じ傾向が、ネガティブな面でもみられたのである。

　このように内心の自己評価の高い人と低い人の自己呈示を比較してみたが、ここには、前述したように日本人が極端な発言を抑えるという"控え目で寡黙な日本人"の特性が示されていると解釈をしてもいい。内心の自己評価は控えられ、より中庸的な、無難な発言がなされることが実証されたといえよう。こ

のことからいえることは日本人の自己呈示は単に自己卑下的というよりも，控え目な自己呈示という面があるといえるかもしれない。ただし，ポジティブ面を抑える傾向の方が非常に強く，その点では，日本人は自己卑下的自己呈示をする傾向があるということも，実証されたといえよう。

第4節　考　察

　日本人は，自分について話すとき，自己卑下的に自己呈示するといわれている。この自己呈示については，本来内心において日本人は自己評価が低く，それがそのまま言葉となって呈示されているという見方と，日本人は本来，内心では自己評価は低くないが，日本文化が人間関係に角が立たないように自己を控え目に，卑下するように振舞うのが大人の礼儀という謙譲の文化規範をもっているので，対人場面では，自分を抑え，自己卑下的な自己評価を呈示しているという見方がある。

　従来の欧米の心理学者の多くは，生来，人には自己高揚的動機が強くあり，幻想的といわれるくらい自分を過大に評価していて，高い自己評価をもっているとしてきた。そしてこの自己高揚動機が人に生きる力を与えていると考えてきた。そのため，どの文化の人間も高い自己評価をもつとしていた。この考えに基づけば，日本人も同様に高い自己評価をもっていることになる。しかし，経験的にもデータ的にも言葉に表される日本人の自己評価は高くない。そこで前述したような二つの見方が生じたのである。両方とも文化相対説に基づいている。より詳しくみると，一つは，本来，日本人は，自己評価が高くなく，それは自己高揚動機がそれほど高くないからであるという説である。もう一つは，日本人も内心では自己評価は高いが，謙譲を美徳とする文化規範により対人場面ではタテマエとして，高い自己評価を抑え，控え目な自己評価を口にするという印象操作の自己呈示による説明である。欧米の個人主義文化においては対人間での競争が重視されるため，自己高揚動機が過大に高まるが，集団主義文化においては対人間での相互依存が重視されるため，それほど自己高揚動機は高くなく，このため，自己評価も過大にはならないという。対人的に控え目な自己呈示をしているのではなく，もともと自己評価が高くないとしている

のである。

　本研究は，言葉による自己呈示を扱っており，立場としては後者に立つ。日本人は，もともと自己評価が特別に低いのではなく，人間関係についての文化規範から，人間関係を良好に維持するために対人場面では控え目な自己評価を呈示していると考えている。内心の高い自己評価は普遍的な特性であるが，それが日本文化の特徴により表面化していないと推察している。このことから，日本人の自己評価は内心は高いが，発言時には低く呈示されることになると予測される。

　本研究は，このことを実証するために行われたが，結果に示した通り，内心の自己評価と発言の自己評価との間には大きな差があることが示された。日本人は自己評価について，発言するとき，特に自分のポジティブな側面については内心の自己評価よりも低く呈示することが明らかにされた。この結果は，二つの見方の後者を支持し，おおむね筆者らの仮説を支持する結果だといえよう。

　さて，このような傾向は，日本文化において特に強く現れると考えられるが，かといって日本特有で，他ではその傾向が全くみられないということではないであろう。日本の人間関係が世界的にみて全く異質であるというのは考えにくいからである。そのような視点に立って欧米の研究を見てみると，程度の差はあるが，人間関係を重視した場合，欧米でも，高自己評価者が常に評価されているわけでもなく，また，Taylor (1982) の自己評価のポジティブ・イルージョンが社会生活上，むしろ適応的であるとする考え方にも異論がないわけではない (Colvin, Block, & Funder, 1995)。さらには，非現実的なオポチュミズムよりも，防衛的ペシミズムの方が適応的であるとする考えもある。

　このことに関する，より直接的な証左は，過大に高い自己評価をもつ人のネガティブな対人関係の側面の実証的データであろう。自己評価は自己内だけの評価ではなく，前述したように人間関係のなかで評価が形成されていく社会的自己の一面である。そして，いったん形成された自己評価はその後の対人関係に大きな影響を与えるとされているが，高い自己評価が常に高く評価されるというほど単純で一面的ではなく，高自己評価者は対人場面において相手から嫌われる (Colvin, Block, & Funder, 1995) とか，最初は好まれるが，時がた

つと嫌われてくる（Paulus, 1998）という研究結果がある。その理由としては，自己評価の高い人は自己吹聴すると考えられるが，人は自慢する人は嫌いである（Bushman & Baumeister, 1998）ことも一因であるとされている。さらに自己評価の高い人は自分が失敗し自己評価が傷つけられると，相手に非常に敵対的になる（Heatherton & Vohs, 2000）とされている。

　このように欧米社会においても，対人場面では一概に自己評価が高い人がそう歓迎されるわけでもないことが分かる。自己評価を関係性を重視した対人場面での自己呈示という観点からみると，文化を超えて，状況によっては自己評価の高い人も内心の高い自己評価をそのまま示すのではなく，ほどほどの，あるいは低い自己評価を呈示することになるといえる。特に相手が上下関係，優越関係に過敏な場合，あるいは相手が落ち込んでいて，下方比較を望んでいる場合などでは高い自己評価を呈示するのではなく，低い自己評価を示し，相手とのバランスをとり，関係を維持しようとすることも考えられる。そこでは本来の（内心の）自己評価とは異なる低い自己評価を呈示することになると普遍的に考えることができる。それが特徴的に強く現れたのが，日本文化においてであるといえよう。その理由の一つは，日本における人間関係の相互依存性の強さであろう。

　日本のような集団主義文化の人間関係は相互依存性が高いといわれている（Markus & Kitayama, 1991）。相互依存性の高い人間関係では，競争よりも和が求められる。目立つことよりも，うまく調和することが求められる。優越することよりも協調することが求められる。このような人間関係の規範があるとき，対人場面で自己を呈示するときは人間関係を良好に維持しようとしたら，この規範に則って発言するはずである。自分の自己評価の高さに関係なく，自己を抑え，控え目な自己呈示をし，相手の印象を操作することになろう。

　相互依存性の強い人間関係においては，自己評価もより相対的である。相互依存性社会では自己評価もより相互依存的となると考えられるが，自己評価を人との相互的関係に依存することは自己評価が安定性を欠くことになる，このため，日本人は比較的不安定な自己評価をもっていることになる。もともと自己評価は，日常生活における成功や失敗や対人関係によって影響される

（Heatherton & Polivy, 1991）が，相互依存性文化ではその程度がより大きいと考えられ，その分，自己評価は不安定で壊れやすいと推察される。そのような状況で，一方が他方より優越していることは他方にとって脅威になり，不安を生じさせる。このため二人の関係はアンバランスになる。相互依存性の強い不安定な人間関係においてはアンバランスは不快である。このため，そのような脅威を生じさせ相手を不安にさせるような自己呈示は互いに抑えられることになろう。つまり，関係を良好に維持するために内心の自己評価のストレートな呈示はせずに控え目なバランスのよい呈示を行うことになると考えられる。

　最近，自己評価の研究では自己評価の高低だけではなく自己評価の安定性やその対称の不安定性（壊れやすさ）に注目が集まっている。また，自己評価の研究は，研究が進むにつれ，高い自己評価をもっている人のダークサイドも実証されるようになってきている。自己評価の高い人は，自信があり積極的で生き生きとして快感情をもっている（Baumeister & Vohs, 2003）が，他方で自己高揚バイアスが強く，尊大で失敗者に対して攻撃的で，自分が失敗したときに責任を他者におしつけ，敵対的になるとされている（Heatherton & Vohs, 2000）。また，ギャング，テロリスト，愛国者，性的非行者の自己評価は高いことが明らかにされ（Dawes, 1994, 1998），現実社会でも尊大さや攻撃性が明らかにされている。このような研究から自己評価が高い人のなかでも自己評価が不安定な人は，懐疑的で自己が壊れやすいために，自己防御が強く懐疑的で，それが高い自己評価となって表れている人もいるとされてきている（Murray & Holmes, 1997；Murray, Holmes, Gellavia, Griffin, & Dolderman, 2002）。それに対して，安定した自己評価者は，尊大でも攻撃的でもなく，他者にオープンで非防衛的で，弱いものをいじめるのではなく，いじめから守る側になるとし，高さではなく安定した自己評価が長期的には適応的であるという（Kernis, 2003）。この点から考えると，相互依存的な関係が強い日本人の自己評価の安定性には問題があり，今後，この自己評価の安定性という観点から実証的研究が望まれることになろう。

　さて，もう少し論を進めると，日本人は人間関係について相互依存的な文化をもっているとされることから，自己評価は不安定であると推察される。そのような不安定な自己評価は誰にとっても不快な心理状態なので，より快の安定

した自己評価を得ようとする動機が働くと考えることができる。相互依存関係のなかで，安定した快感情を伴う自己評価を得ようとしたら，対人関係のなかでは下方比較がなされることになる。つまり，自分より下の者と比較することにより，自分はまだその人よりも上ということを確認し，安心感を得ようとするのである。社会的比較には上方比較と下方比較があるが，自己評価に問題があるときは自分より不幸な人，失敗している人，不運な人との下方比較が多くなされるのである（Hakmiller, 1966；Wills, 1981；Wood, 1989）。それは下方比較することにより，自分が相対的に上になるからである（Aspinwall & Taylor, 1993；Gibbons & McCoy, 1991）。より幸せで，より成功していて，より幸運に思えるので，自分に自信がもてるからである（VanderZee, Buunk, DeRuiter, Tempelaar, VanSonderen, & Sanderman, 1996）。人は自分より優れた人と比較すると（上方比較），特にその人が自分と同じ集団に属している場合は，不快を感じ，自己評価を下げることになる（Major, Sciacchitano & Crocker, 1993）。そのため，対人関係において快感や安心感を得るためには下方比較を好むことになる。下方比較は気分が快なのである（Bogart & Helgeson, 2000）。

　以上のことから，自己評価が不安定な場合，人は対人関係において下方比較を好むといえる。相互依存的文化をもつ日本での人間関係では，下方比較を好むことになろう。対人場面において良好な関係を維持しようとしたら，相手の好む対人対応をするように自己呈示することが望まれよう。そうなると日本人は，相手との関係が自分にとって重要な人間関係とみなした場合，相手がその関係を快く思うように，つまり下方比較できるような自己呈示を心がけることになると予測できる。つまり，控え目な自己評価を呈示するということになる。このような対人的プロセスから，日本人は，内心の自己評価よりもより控え目で自己卑下的な自己呈示をし，その結果，良好な関係を維持しようとしているのである。日本人の控え目な自己呈示は単なる控え目ではなく，対人ストラテジーとしての控え目であるといえよう。実際，アメリカの研究でも前述したように，自慢する人は嫌われ，高い自己評価を示す人は，最初はともかく長期的には好かれないことが，明らかにされている。この傾向は相互依存的対人関係が強い日本ではさらに強く，それが発言時の言葉による控え目で自己卑下

的な自己呈示とさせているのではないかと思われる。

　ところで，本研究のデータをみると，内心の自己評価はそれほど高くない。確かに内心の自己評価と発言の自己評価を比較すると内心の方が高い。また，平均するとプラスで，つまり自己肯定的であるが，それほど高い数値ではなく，欧米でみられるような高い自己高揚動機や，ましてやポジティブ・イルージョンを想像させるような値ではないといえる。むしろ穏やかなポジティブな自己評価といえるのでないだろうか。それは，欧米のように競争文化により，高揚動機が強められてはいないのでそれと比較すると過大ではなく穏やかな肯定的自己評価をもたらしているといえよう。むしろ日本における自己評価が世界的にみて普遍的な自己評価といえなくもないであろう。ただし，日本での問題は，自己評価の呈示の際の文化的抑制といえよう。本研究によっても穏やかな肯定的自己評価にもかかわらず，それを言葉で人に表現するときには強く抑制が働き，肯定的自己評価を呈示することを抑えていることが示された。ここに外からみて控え目で，寡黙な日本人が生まれることになるのであろう。謙譲の美徳を有し，ときには外国人が驚くような自己卑下的な自己を呈示する日本人が出現することになるといえよう。さて，ここまで，日本人は自己評価が低くはないが欧米人に比べて，それほど高くもないと述べてきた。また，このことは Heine, Lehman, Markus, & Kitayama（1999）の研究により，実証もされている。しかし，最近ではこのことに対して疑問がなげかけられている。

　それは，自己評価の内容に対する疑義である。自己評価の内容については，本研究でも参考にした Rosenberg（1965）の自己評価の定義および測定尺度を使用するのが一般的であった。しかし，その内容は個人的達成能力の面により構成されている。これは競争的な文化をもつ欧米において特に高く評価される個人的特性である。このため，欧米での自己評価において高得点になるのは当然ともいえる。この点につき，外山・桜井（2001）は，日本人大学生に対して，集団主義的文化で価値が高いと思われる調和性や誠実性を調査し，これらの特性においては日本人においてもポジティブ・イルージョンがみられるとしている。このような研究からあらためて本自己評価研究の展望を考えると，自己評価の内容を比較文化的視点から検討し，それらの内心と発言を比較し，日本人の自己呈示についてさらなる研究を進めることが，必要と思われる。

第3章

自己意識の自己呈示についての実証的研究

第1節　目的と研究史

　自己意識の問題は，心理学におけるもっとも古くからのテーマであり，また，社会心理学において認知的アプローチが盛んになって以来，現在にいたるまで，近来の中心的テーマの一つとなっているといえよう。

　社会心理学のテーマとしての自己を最初に取り上げたのは James（1890）である。彼は自己を自分を知る者としての自己 I とその I に知られる者としての自己 Me とに区分した。そして，I を主我・純粋我と呼び，Me を客我・経験的自我と呼んだ。I は意識の流れであり，実態ではなく過程であり，常に変化を続けているとしている。

　一方，Me は客体的自己であり，「人が自分のものと呼ぶことのできるすべての総和」であるとし，それは，さらに物質的自己・社会的自己・精神的自己の三つに分類された。物質的自己とは自分の身体，着ている衣服，家庭，家，財産など，自分に関連するすべての物質的なものを指す。その内容により，人は個人的虚栄，謙遜，富の誇り，貧困の恐れなどを感じるのである。次に，社会的自己とは，他の人，特に身近な人から受ける認識や評価である。その内容により，愛情や名誉，誇りを感じ，逆に屈辱，羞恥なども感じる。三つめの精神的自己とは諸意識状態，諸心的能力，諸傾向の総体であるとしている。漠然としているが具体的には知識，道徳，宗教心，良心などを指し，その内容により道徳心や，精神的優越感，劣等感，罪悪感を感じるとしている。この自己の分類が現在の自己意識研究の出発点となっているといえよう。

また自己についての意識は，常に社会的であることを説明したのはCooley（1902）である。彼はたとえば身体，意見，願望，目標，業績，野心，友人など，自己感情と結びつくほとんどの対象は社会的生活のなかに見出される，ということから，自己認識のなかでも社会的自己を重視した。たとえば，身体でさえ，「私はあなたより背が高い」というかたちで社会生活のなかに社会的に意識され，自己感情を喚起することになるのである。そして，より重要なことは，このような自己意識は他の人の心のなかにどのように表われているかを，想像した結果として生じてくるものであり，それが自己感情を決めているということである。彼はこれを鏡映自己（Looking-Glass Self）と呼んでいる。そして，鏡映自己には，少なくとも三つの構成要素があるとしている。それは他人に見られている自分の姿についての想像，それに対して他人が下す評価についての想像，そして他人の評価に対する誇り，卑下といった自己感情の要素である。これらの考え方は現在における自己意識研究の原点ということができよう。

　1970年頃から，心理学において認知心理学が隆盛となり始めた。社会心理学においても認知的アプローチが注目されるようになり，自己認識の研究が実験的方法論をたずさえて再び注目を集めることになった。Wicklund & Duval（1971）の自己意識の実験的研究はこのようなアプローチの先駆的研究の一つである。彼らの考えは，自己に注意が向かい自己意識が高まると現実の自己と理想の自己との食い違いがより強く意識され，これが一時的な自己評価の低下と不快な感情を生み出し，この不快感を低減しようとして，動機づけが生じるとしている。この動機づけには二種類の動機があり，一つは現実の自己像を理想の姿に近づけようとする動機，もう一つは自己への注意を喚起する状況そのものから逃避しようとする動機である。現実を理想に近づける効果についてはScheier, Fenigstein, & Buss（1974）による鏡や観察者の存在が非紳士的な攻撃行動を抑制するという実験がある。

　Hass（1984）は，ユニークな実験方法でこの自己意識を研究している。その方法は実験参加者に自分の額の真ん中に指で「E」を書かせる方法である。自己意識が高い場合には他者から見て正しく見える向きでEという字を書き，自己意識が低い場合には，自分の内側から見て，正しく見える向きでEを書くので，Eは他者から見ると裏返しになると予測した。Hassはこれを次のよ

うな実験で検証している。実験での自己意識の高低はビデオカメラを用いて操作された。人はカメラを向けられると自己意識が高まる。そこで，高い自己意識条件では実験者は「実験の様子を心理学の授業で紹介したいので，カメラで撮影する」と言い，実際設置されているカメラを斜め前方から実験参加者に向けた。低い自己意識条件でもカメラは置いてあるが，コードは外されており実験参加者にも向いておらず，別の実験のための設備であると説明した。この二つの条件下で，自分の額に利き手でEという字を書くように指示した。

実験の結果，カメラを向けられた高い自己意識条件では55％の人が外から見て正しいEの字を書いた。他方，低い自己意識条件では外から正しく見える向きのEを書いた人は18％と少なかったことから仮説は証明されたといえる。

さて，筆者は，日本人の自己意識についてHassの結果と比較するため探索的研究として，Hassの実験方法にそって視点の移動による自己意識実験を日本人学生に対して行なっている（注記115頁参照）。実験は教室において，集団一斉実験を行ない，カメラなしで，単に自分の額に効き指で，アルファベットの大文字のRの字を書かせている。その結果，66.7％の学生が外から見て正しいRを書くことが明らかにされた。Hassの実験ではカメラを向けられてない同条件で正しく見える向きのEが18％だったことに比較すると，日本人は，より多くの人が正しくみえるRを書くことが明らかにされた。この結果は，欧米人に比較して，日本人は自己意識が高いのではないかということを示唆しているといえよう。金（2005）は，日本人は韓国人に比べ，公的自己意識が高いとし，アジアにおいても日本人の自己意識が強いことを示唆している。この傾向は，第1章でも検討したように，比較文化人類学的には推察できるが，日本人の自己意識が高いことを確証するデータは知る限りでは少ない。この探索的実験や金（2005）からは日本人の自己意識は高いのではないかとは思われるが，日本人同士の日常の会話のなかでは自己意識について話されることが多いとは思えず，そこからは日本人が自己意識が特に強いことはうかがえない。むしろ，他者に対して自分のことについて話すことは躊躇し，抑え気味ではないかと推察される。その点では，自己意識についての発言は抑制的であると予測される。

ところで，Buss（1980）は自己意識には私的自己意識（private self-consciousness）と公的自己意識（public self-consciousness）の二種類があるとした。私的自己意識とは，経験しているその人自身しか知ることのできない側面をいう。自分の胃の痛みを直接感じることができるのは自分だけである。足の裏のかゆみ，喜びの感情，怒り，意欲，食事の味など本人のみが体験している私的な認知面である。私たちは他人の心の内をいろいろと推測はできる。しかし，直接，意識できるのは本人のみである。このように，私的自己意識は自己以外には分からない，隠されたプライベートな側面である。これに対し，公的自己意識とは，外から完全に見える部分の自己意識である。私たちは自分の容姿，服装，身振り，しゃべり方などについて注意を払うことがある。これらの側面は自分だけが知っているのではなく，周りの人も容易に知ることのできる側面である。公的自己意識とは他の人も外から見ることができる自分の外見や社会的行動に対しての自分自身の意識である。この自己意識はいわば自分を一つの社会的対象としてみているのである。

　では，どのようなときこの自己意識が生じるのであろうか。人は通常の社会生活を送っているときは自己意識はあまり生じない。自分自身をあらためて認知し，意識するのはなにか特別の場合である。私的自己意識は，日記を書くとき，回想や内省しているとき，白昼夢を見たり，瞑想したりしているとき，それに手鏡のような小さな鏡に自分の顔を写しだしているときに生じやすいとされ，それに対して，公的自己意識は，次の二つの場合に生じやすいとされている。人から注視されたときとカメラなどをかまえられたときである。たとえば，人前で話をするとき非常に強い自己意識が生じるし，また何か目立つことをして周囲の人の注目を一身に集めたときも強い自己意識が生じる。このような多くの人からの注視はよほど慣れている人あるいは自分に自信のある人でないと不快な気持ちになり，不安や恐怖感を感じることになる。

　ではなぜ，人から注視されるとネガティブな感情をもつことになるのであろうか。Buss（1980）はそれは発達過程における両親や教師のしつけの仕方により，注視とネガティブな感情が結びつけられているからであるとしている。両親や教師によるしつけは主に叱責と修正からなっている。「ダメ，やめなさい。こうしなさい，改めなさい」このような両親からの命令と注視は，子どもの頃繰り返し行われ，それゆえ，注視されるとそれだけでまた何か悪いことを

したのではないかと思うようになってしまう。このようにして，人から注視されることと何か悪いことを見透かされるという不安とが発達過程で結びついてしまうというのである。また写真やビデオで自分が撮影される場面では公的自己意識が強くなる。髪型はどうか，服装はどうかと自己を省みることに注意がいく。二番目の公的自己意識場面は，写真，テープレコーダー，ビデオなど記録機器によって再生された自分の像を見せられたときである。これらの機器は自分自身の客観的姿をフィードバックする。ここでは自分の姿をあたかも他の人のように社会的対象としてみることになる。また三面鏡や大きな姿見は，通常自分では見られない自分の全体像を写しだし，ここでも自分の社会的姿を直視することになる。さて，ではなぜ，このような場合，不快感をもつのかというと目の前に出された客観像は，ほとんどの場合自分が想像しているものより悪いものだからである。自己の想像していたイメージと実体とのギャップは自己評価の低下を招くのである。このため不機嫌になるのである。私的自己，公的自己意識過程について，Buss（1980）は図3-1のように図式化して説明している。

ところでBuss（1980）は上記のように一定の状況で一定時間，自己を注視することを自己意識と呼び，それに対して日頃から自己を注視する傾向や特性を特に自己意識傾向と呼んでいる。この傾向は個人的に各々がもっている特性であり，自己意識傾向の高い人と低い人という区分がなされる。公的自己意識傾向の高い人は，自分を常に社会対象としてみている傾向が強い。髪はきちんとしているか，服装は大丈夫か，マナーは正しいかなど自己認知をくり返している。しかも，この自問自答の答えは自分の容姿やマナーが社会的に期待されているものと一致していないと思っていることが多いのである。一致していると思っている人は自己誇示型，露出症的な人であるがそのような人の数は少ないとみられている。

公的自己意識傾向の高い人は自己観察をくり返し，それが自分のイメージや社会的要請と異なっていることを気にし，不安を感じているのである。このような恒常的に不安をもっている人，つまり公的自己意識に敏感な人が舞台に立って大勢の人から注視されたり，知らない人に会ったりしたときなど，対人不安を容易にひき起こすことになるとしている。

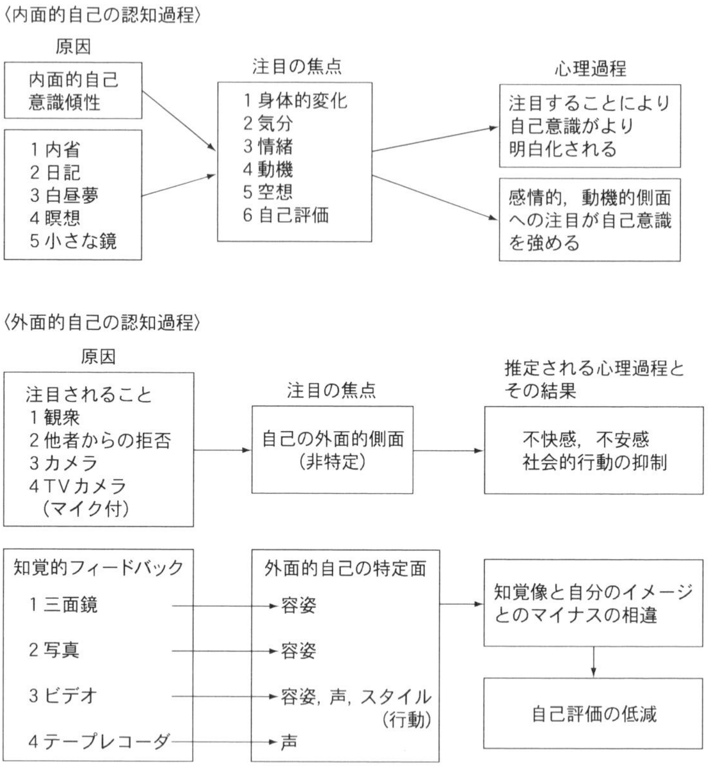

〈内面的自己の認知過程〉

```
原因                    注目の焦点              心理過程
┌─────────┐         ┌─────────┐         ┌─────────────┐
│内面的自己 │         │1 身体的変化│        │注目することにより│
│意識傾性   │────┐    │2 気分     │───────│自己意識がより  │
└─────────┘    │    │3 情緒     │        │明白化される    │
               ├───→│4 動機     │        └─────────────┘
┌─────────┐    │    │5 空想     │        ┌─────────────┐
│1 内省    │    │    │6 自己評価 │        │感情的,動機的側面│
│2 日記    │    │    └─────────┘───────→│への注目が自己意識│
│3 白昼夢  │────┘                         │を強める       │
│4 瞑想    │                              └─────────────┘
│5 小さな鏡│
└─────────┘
```

〈外面的自己の認知過程〉

```
原因                    注目の焦点          推定される心理過程と
                                           その結果
┌─────────┐         ┌─────────┐         
│注目されること│                           
│1 観衆    │         │自己の外面的側面│     不快感,不安感
│2 他者からの拒否│───→│(非特定)    │─────→社会的行動の抑制
│3 カメラ  │         └─────────┘         
│4 TVカメラ│
│(マイク付)│
└─────────┘

┌─────────┐         ┌─────────────┐     ┌──────────────┐
│知覚的フィードバック│  │外面的自己の特定面│   │知覚像と自分のイメージ│
│1 三面鏡  │───────→│ 容姿         │───→│とのマイナスの相違│
│2 写真    │───────→│ 容姿         │    └──────────────┘
│3 ビデオ  │───────→│ 容姿,声,スタイル│           ↓
│         │         │      (行動)  │    ┌──────────────┐
│4 テープレコーダ│──→│ 声          │    │自己評価の低減  │
└─────────┘         └─────────────┘    └──────────────┘
```

図 3-1　バスの内面的・外面的自己の認知過程　(Buss, 1980)

Scheier (1980) も自己意識には私的な自己意識と公的な自己意識があるとし，私的自己意識と公的自己意識とが態度の一貫性に大きく影響すると考え，これを実験的に検証している。事態や時間を超えて態度が一貫するには，日頃から自分なりの意見や態度を自分のなかで明確にしておく必要がある。私的自己意識の高い個人は自己の内面に注意を向けやすいので，彼らは一貫した態度が期待できる。しかし，その態度を公にしなければならない場面では，私的自己意識だけでなく公的自己意識の程度も問題となろう。公的自己意識が高くなると，他者の目に映る自己に注意が向き，相手に好印象を与えようとするために他者の意見に自分の態度を合わせようとするであろう。したがって，自己の

本当の態度をストレートに表明できず，その分，態度の一貫性は低められると考えられる。すなわち，他者に対して自己の意見を示す場合に態度の一貫性が保たれる人は，私的自己意識が高く，かつ公的自己意識が低い人であると予測し，それを実験的に証明している。

　ところで，自己意識とは，視点を自分の外側に移動させ，そこから自分を見ることである。通常，人の視点は内側にあり，外の世界を見ているが，自己を見るときは視点を外側に移すのである。注意を操作的に自己に向けるようにすると視点は自己の内側から外側の観察者の立場に移動し，自己意識が生じると考えられる。そこでは，視点を外に移動するので，その目は他者からの目と類似した位置となる。その点を考えると，自己意識が高い場合，外からの印象を強く意識することになると考えられる。そうなると，自己意識が高い人は，低い人に比較し，自分の行動をより強くモニタリングするのではないかと推測される。対人場面において印象操作のためのモニタリング行動がより頻繁にとられるとも推察される。この推察を実証するようなデータもある。社会心理学の実験的研究において，操作的に公的自己意識が高められると，社会的に評価される行動や社会的な基準となっている行動を取る傾向があり（Gibbons & McCoy, 1991；Beaman, Klentz, Diener, & Svanum, 1979），また，いつもよりもステレオタイプ的見方をしない傾向（Macrae, Bodenhausen, & Milne, 1998）や他者からの評価や外見に関心が高くなる傾向（Baldwin & Main, 2001；Culos-Reed, Brawley, Martin, & Leary, 2002；Doherty & Schlenker, 1991）があることが示されている。また，Carver & Scheier（1981）は，公的自己意識が高まると，自己調整行動（self-reguration）をとる傾向が高まるとしている。自己調整行動とは，自分の目標に向かって，行動ストラテジーを選択し，モニターし調整するプロセスを指す（Baumeister & Vohs, 2003）。このように考えると，自己意識の高い人は，セルフ・モニタリング傾向が高いことが予測されよう。セルフ・モニタリングとは自分のおかれている状況を監視しながら自分の行動を決めていくという傾向である（セルフ・モニタリングについては既に第1章で詳述している）。そこで本研究では自己意識が高い人はセルフ・モニタリング傾向が高いことを自己意識調査とセルフ・モニタリング調査を行ない，その関連を統計的に分析し，実証的に研究することにした。さらに，Buss

(1980) や Scheier（1980）が指摘している自己意識のなかの公的自己意識と私的自己意識の違いについて検討し，公的自己意識の高い人のモニタリング傾向をみていくことにする。

さて，本書は，日本人のホンネとタテマエについて自己呈示の観点から，内心と発言の相違を調べる一連の研究を紹介しているが，本章はその一環として，自己意識の内心と発言に焦点をあてた実証的研究である。日本人の自己意識は前述のごとく，自分についての考えであるため，いかに自己呈示するか，非常に慎重に考慮されると考えられる。特に相互依存的文化の日本人は他者に映る自分をより意識すると考えられ，内心の自己意識は高いと予測されるが，ホンネとタテマエを分ける文化のなかで内心の自己意識の高さをそのまま，発言するとは考えにくく，むしろ抑制的に自己意識の自己呈示がなされると予測される。ここでは，その点を実証的に検討することを目的としていく。

その方法として，自己意識の高さと自己意識内容についての自己呈示について，著者らが独自に開発した内心と発言を直接質問するという二層心理測定法により，自己意識の内心と発言を調べ，日本人の自己意識についてのホンネとタテマエを自己呈示の観点から調査することとした。

調査尺度としては，Fenigstein, Scheier, & Buss（1975）の，自己への自己意識の個人差特性を測定する尺度を用いている。この自己意識特性尺度（Self-Consciousness Scale）によって公的自己意識，私的自己意識の質問紙レベルでの研究が可能となり，自己意識の研究は個人の行動特徴や適応の問題の領域に広げられた。本研究でもこの Fenigstein の調査表を元に二層心理自己意識調査法を作成している。

ここでの仮説は次の通りである。

仮説1：自己意識は，発言時抑制されるので，内心より発言の方が低い。

仮説2：自己意識の高い人は低い人よりもよりセルフ・モニタリング傾向が高い。

第2節　方　　法

実験参加者——首都圏大学生293名（男性 150名，女性143名）。

調査法——質問紙調査法。①自己意識調査：Fenigstein, Scheier, & Buss (1975) の自己意識調査項目や菅原 (1984) を参考に，独自の二層心理測定法の質問紙を作成した。項目内容は私的自己意識5項目，公的自己意識5項目である。各項目は内心と発言をそれぞれにつき，5点評定尺度法を用いている。②セルフ・モニタリング調査：Snyder (1987) のセルフ・モニタリング調査項目を参考に，20項目のセルフ・モニタリング尺度を作成した。

調査項目——私的自己意識，公的自己意識，セルフ・モニタリングの各調査項目は以下の通りである。

私的自己意識質問項目
　1．自分のしたことについて反省することが多い。
　2．自分の気持ちに注意を向けていることが多い。
　3．いつも自分のことを理解しようと努力している。
　4．いつも自分がなにをしたいのか，今，どんな感情を持っているか，を考えている。
　5．自分自身の感情の変化に敏感である。

公的自己意識質問項目
　1．人が自分をどう思っているのか気になる。
　2．人に良い印象を与えているかが気になる。
　3．人に自分をどう見せるか関心がある。
　4．自分の外見が気になる。
　5．自分の髪型や服装にはいつも気につけている。

セルフ・モニタリング質問項目
　1．先輩や上司に話を合わせることがある。
　2．人前でのスピーチするときは自分がどうみられているか気になる。
　3．私は相手が嫌がると思ったら，相手の欠点がわかっていてもあえて指摘はしない。
　4．性格テストなどで出る自分の性格は気になる。

5．面接試験では，自分を印象づけるため，本当の自分より明るく元気にみせることがある。
6．人と話していて，相手がつまらなそうだとそのことをもっと話したくても話題を変える。
7．周りから孤独だと思われたくないため，無理して友達づきあいをしていることがある。
8．状況と相手によって，全く別人のように振る舞うことがある。
9．先輩や上司に好かれるように行動することがある。
10．私は外でみせている顔と心の内とが違うことがある。
11．人を喜ばせたり，機嫌をとろうとして，自分の意見や行動を変えることがある。
12．学生は学生らしく，社会人は社会人らしくなど，その人らしい行動をすることが大事だと思う。
13．お世辞はときに必要で，人間関係の潤滑油だと思う。
14．相手や状況に合わせて自分の行動を変えるのは苦にならない。
15．本人を怒らせてまで，本当のことを言う必要はないと思う。
16．スピーチをするときは，自分の考えを話すより聞いている人が喜ぶような話がしたい。
17．相手のことを考えて必要ならウソをついたり，ご機嫌をとったりすることもある。
18．本当は嫌いな人でも，親しげに振る舞うことができる。
19．周りの人が自分をどう見ているかいつも気になる。
20．周りから暗い性格と思われたくないので，無理しても明るく振る舞うことがある。

また，設問は以下のとおりである。
「次の各項目について，あなた自身にどの程度あてはまるかをAの基準で数値で考えて下さい。次にBの欄にあなたがほかの人に自分のことについて話すとき，この各項目のような内容をどの程度話すかを考えて，その程度をBの基準で数値で答えて下さい。答える順番は各番号に従いA，B，A，B，という

順で答えて下さい。ＡとＢの数値は同じでも違ってもかまいません」。

　　Ａの基準　　非常によくあてはまる　……＋3
　　　　　　　　あてはまる　　　　　　……＋2
　　　　　　　　ややあてはまる　　　　……＋1
　　　　　　　　どちらともいえない　　……　0
　　　　　　　　ややあてはまらない　　……－1
　　　　　　　　あてはまらない　　　　……－2
　　　　　　　　まったくあてはまらない　……－3

　　Ｂの基準　　非常によく話す　　　　……＋3
　　　　　　　　よく話す　　　　　　　……＋2
　　　　　　　　少し話す　　　　　　　……＋1
　　　　　　　　どちらともいえない　　……　0
　　　　　　　　あまり話さない　　　　……－1
　　　　　　　　話さない　　　　　　　……－2
　　　　　　　　絶対話さない　　　　　……－3

　手続き——調査日は2004年7月～11月。大学の授業内において質問紙を配布し，実施，時間内に収集した。

第3節　結　　果

1　自己意識の因子分析

　自己意識の内心10項目について因子分析（主因子法，プロマックス回転）を行なった。その結果，2因子が抽出された。プロマックス回転後の因子パターンと分散比率，累積比率および因子間相関は，表3-1に示されている。各因子を構成する項目内容をみると第1因子は，34.私は人に良い印象を与えている気になる，32.私は人が自分をどう思っているのか気になる，38.私は自分

表 3-1　自己意識 10 項目　因子分析の結果

(プロマックス回転後の因子パターン)

質問項目	因子 1	因子 2	共通性
☆ 34 私は人に良い印象を与えているか気になる。	.794	-.034	.609
☆ 32 私は人が自分をどう思っているのか気になる。	.764	-.028	.566
☆ 38 私は自分の外見が気になる。	.750	-.093	.512
36 私は自分をどう見せるか関心がある。	.451	.193	.313
40 私は自分の髪型や服装には気をかけている。	.404	.003	.165
31 私は自分のしたことについて反省する。	.400	.173	.247
☆ 35 私は自分の内面を理解しようと努力する。	-.053	.770	.561
☆ 33 私は自分の気持ちに注意を向けている。	.006	.706	.503
☆ 37 私は自分が何をしたいのかに関心がある。	-.025	.661	.424
39 私は自分の感情の変化に敏感である。	.233	.391	.283
負荷量平方和　　　　　　　　分散比率	30.68	11.14	
累積比率	30.68	41.82	
因子間相関	.41		

の外見が気になる，などの因子の負荷量が高く，その内容から〈公的自己意識因子〉と命名した。第2因子は，35.私は自分の内面を理解しようと努力する，33.私は自分の気持ちに注意を向けている．37.私は自分が何をしたいのかに関心がある，の因子の負荷量が高く，その内容から〈私的自己意識因子〉と命名した。そして，それぞれの因子負荷量の高い上位3項目ずつの合計の平均を公的自己意識得点，私的自己意識得点として，以後の分析対象とした。

2　自己意識の内心と発言の比較

公的，私的自己意識の上記3項目ずつの合算の平均の得点を内心と発言で比較した。その結果が表3-2と図3-2に示されている。内心の自己意識の平均は1.18，発言の自己意識の平均は−0.29で統計的に1%レベルで有意な差がみられた（F〔1,584〕=518.06，p＜0.01）。また，公的自己意識と私的自己意識を比較すると，公的自己意識の方が私的自己意識よりも高いことも明らかにされた。私的公的自己意識と内心と発言の交互作用は，5％レベルで有意であった（F〔1,584〕=4.37，p＜0.05）。このことから日本人は内心の自己意識が高いが，発言するときにはそのまま，ストレートには話さず，抑制して発言する

表3-2 公的,私的自己意識の内心と発言の平均とSD

		内心	発言	平均
公的自己意識	平均	1.31	-0.29	0.51
	SD	1.14	1.38	1.26
私的自己意識	平均	1.05	-0.28	0.38
	SD	1.25	1.31	1.28
	平均	1.18	-0.29	
	SD	1.19	1.34	

(n=293)

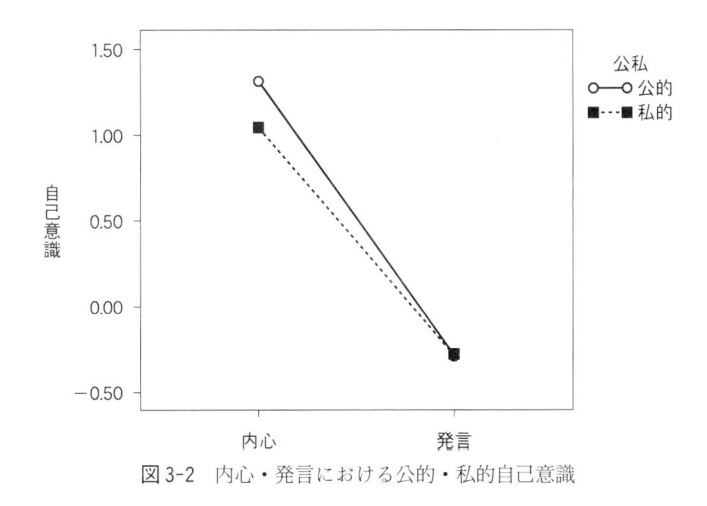

図3-2 内心・発言における公的・私的自己意識

が,特に,私的自己意識に比べ,公的自己意識の方が内心で思っているよりも発言が,より抑制される傾向がみられた。

3 セルフ・モニタリングの因子分析

セルフ・モニタリング20調査項目(A基準)の因子分析(主因子法,プロマックス回転)を行い,4因子が抽出された。プロマックス回転後の因子パターンと分散比率,見積比率および因子間相関は表3-3に示されている。各因子を構成する各項目内容をみると第1因子は,18.私は状況によって,まった

表3-3 セルフ・モニタリング20項目 因子分析の結果

(プロマックス回転後の因子パターン)

質問項目	因子1	因子2	因子3	因子4	共通性
☆ 18 私は状況によって，まったく別人のように振舞う。	.71	-.10	-.03	-.07	.41
☆ 20 私は外で見せている顔と心の内とが違う。	.69	-.11	.01	-.03	.42
19 私は先輩や上司に好かれるように行動する。	.59	-.10	.12	.04	.42
21 私は人を喜ばせたり，機嫌をとろうとして，自分の意見や行動を変える。	.41	.15	.24	-.01	.43
27 私は相手のことを考えて必要ならウソをつく。	.35	.12	-.16	.12	.16
13 私は相手が嫌がることは言わない。	.31	.19	-.19	.18	.19
11 私は先輩や上司に話を合わせる。	.29	.16	.26	.07	.38
☆ 24 私は相手や状況に合わせて自分の行動を変えるのは苦にならない。	-.07	.60	-.10	.05	.32
☆ 26 私はスピーチするときは，自分の考えを話すより聞いている人が喜ぶような話をする。	-.21	.42	.35	-.06	.27
28 私は，本当は嫌いな人でも，親しげに振舞うことができる。	.20	.39	.03	-.09	.23
23 私は，お世辞は必要で，人間関係の潤滑油である。	.32	.33	.03	-.09	.27
16 私は人と話していて，相手がつまらなそうだと話題を変える。	.05	.22	.08	.18	.15
22 私は，学生は学生らしくなど，その人らしい行動をすることが大事である。	-.07	.22	.08	.06	.06
☆ 30 私は周りから暗い性格と思われたくないので，無理しても明るく振舞う。	-.06	.07	.61	-.01	.36
☆ 17 私は周りから孤独だと思われたくないため，無理して友達づきあいをしている。	.07	-.08	.45	.08	.26
15 私は面接試験では，好印象を与えるため，本当の自分より明るく見せる。	-.03	.21	.24	.03	.13
25 私は本人を怒らせてまで，本当のことを言う必要はない。	.14	.08	.18	.01	.10
☆ 12 私は人前でスピーチするときは自分がどうみられているか気になる。	-.01	-.15	.15	.70	.55
☆ 29 私は周りの人が自分をどうみているか気になる。	.05	.00	.10	.58	.45
14 私は性格テストで出る自分の性格が気になる。	-.06	.26	-.14	.47	.26
負荷量平方和 分散比率	18.80	4.26	3.68	2.41	
累積比率	18.80	23.06	26.74	29.14	

く別人のように振舞う，20.私は外で見せている顔と心の内とが違う，の因子負荷量が高く，その内容から，〈内外使い分け因子〉と命名した。第2因子は，24.私は相手や状況に合わせて自分の行動を変えるのは苦にならない。26.私はスピーチするときは，自分の考えを話すより聞いている人が喜ぶような話をす

る，の因子負荷量は高く，その内容から〈状況迎合因子〉と命名した。第3因子は，30.私は周りから暗い性格と思われたくないので，無理しても明るく振る舞う，17.私は周りから孤独だと思われたくないため，無理して友達づきあいをしている，の因子負荷量が高く，その内容から〈拒否回避因子〉と命名した。第4因子は12.私は人前でのスピーチするときは自分がどうみられているか気になる，29.私は周りの人が自分をどうみているか気になる，の因子負荷量が高く，その内容から〈評価懸念因子〉と命令した。そして，各因子の負荷量の高い上位2項目を各得点として以後の分析対象とした。

4　自己意識とセルフ・モニタリング

　公的・私的自己意識それぞれについて，高い人と低い人のセルフ・モニタリング傾向の違いを比較するため，まず，公的，私的自己意識の高群と低群をグループ化した。その方法は，平均＋0.5 SD以上の得点を高群とし，平均－0.5 SD以下の得点を低群とした。同得点の場合，群人数を増やす方向でグループ化した。その結果，公的自己意識高群は106名，平均得点は2.47点，SDは0.41，低群は188名，平均得点は－0.06，SD 0.72であった。t検定の結果，両者の間には統計的に1％レベルで有意な差がみられた。また，私的自己意識高群は91名，平均得点は2.47点，SDは0.39，低群は100名，平均得点は－0.31点，SDは0.76であった。t検定の結果，両者の間には1％レベルで有意な差がみられた。

　さて，公的・私的自己意識の高さによるセルフ・モニタリング傾向の違いを比較するために，まず公的・私的自己意識の高群，低群のセルフ・モニタリングの4因子2項目ずつの得点の合計の平均を比較した。その結果が表3-4と図3-3である。公的自己意識の高い人と低い人のセルフ・モニタリング得点を比較すると公的自己意識の高い群の方が低い群よりもセルフ・モニタリングの4因子すべてにおいてセルフ・モニタリング得点が高く，t検定の結果いずれも0.1％レベルで統計的に有意な差があった。つまり，公的自己意識が高い人は，対人状況において，よりセルフ・モニタリングを行おうとする傾向が高いことが明らかにされた。なかでも，公的自己意識の高い人は評価懸念と内外使

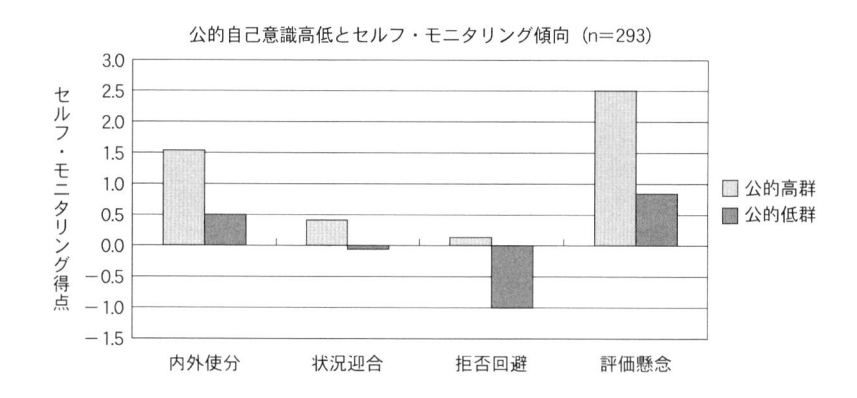

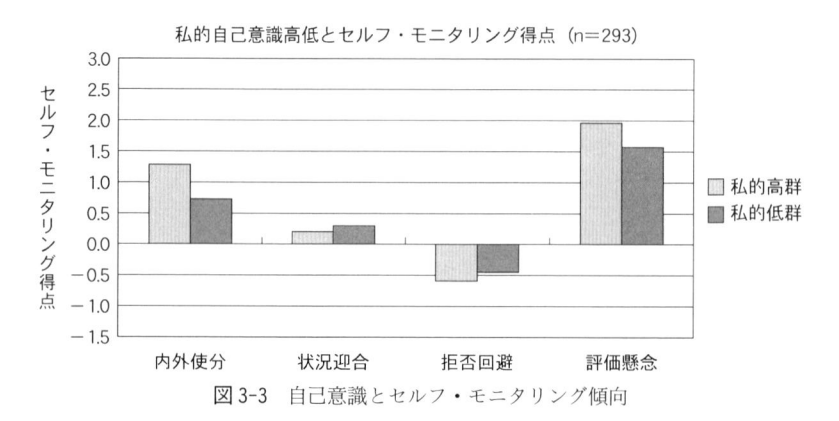

表 3-4 公的・私的自己意識高低別とセルフ・モニタリング傾向の平均と SD

		セルフ・モニタリング度				
		内外使分	状況迎合	拒否回避	評価懸念	平均
公的自己意識高群	平均	1.54	0.42	0.14	2.50	1.15
(n=106)	SD	1.40	1.44	1.45	0.75	1.26
公的自己意識低群	平均	0.49	-0.04	-0.97	0.85	0.08
(n=88)	SD	1.31	1.24	1.18	1.18	1.23
私的自己意識高群	平均	1.29	0.20	-0.59	1.95	0.71
(n=91)	SD	1.67	1.47	1.69	1.12	1.49
私的自己意識低群	平均	0.73	0.29	-0.45	1.57	0.53
(n=100)	SD	1.32	1.24	1.24	1.16	1.24
	平均	1.01	0.22	-0.47	1.72	
	SD	1.42	1.35	1.39	1.06	

図 3-3 自己意識とセルフ・モニタリング傾向

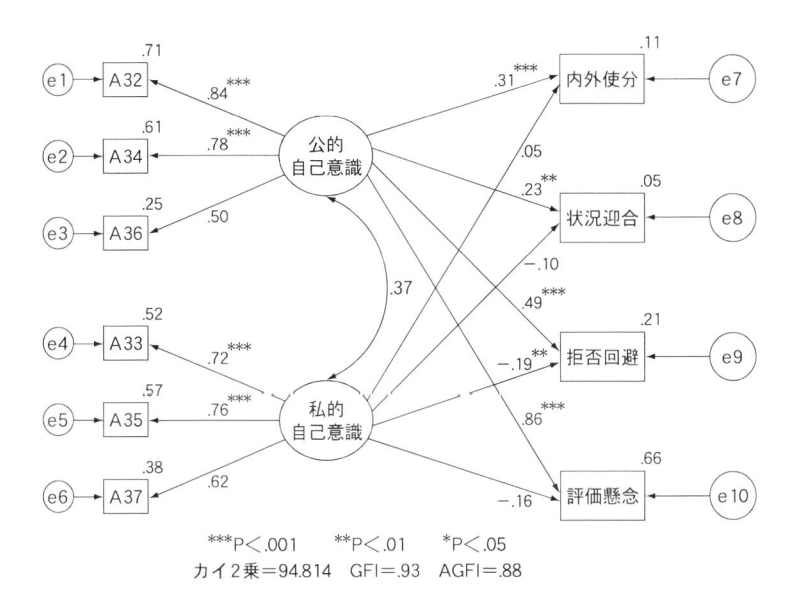

第3章　自己意識の自己呈示についての実証的研究　　111

図 3-4　公的・私的自己意識とセルフ・モニタリング傾向のパス図

い分けのモニタリング傾向が高いことが図に示されている。この結果は公的自己意識においては仮説2は支持するといえる。他方，私的自己意識の高い群は第1因子と第4因子において低い群よりもセルフ・モニタリング傾向が高いことを示しているが，第2因子と第3因子においては高い群と低い群との間にはセルフ・モニタリングの程度においては差が見られない。つまり，私的自己意識の高さは他者への迎合や他者からの拒否回避のセルフ・モニタリングとは関係がないことが示された。私的自己意識においては，仮説2は部分的にのみ支持され，公的自己意識との違いが示された。

　次に，公的・私的自己意識の2因子がセルフ・モニタリングの4因子に及ぼす影響について，さらに，検討するために共分散構造分析を行なった。モデルは，公的自己意識，私的自己意識ともにセルフ・モニタリング傾向に影響し，また公的自己意識と私的自己意識の間には相関があるとした。その結果のパス係数を図3-4に示してある。公的自己意識からセルフ・モニタリング4因子へのパス係数はいずれも1％以上で有意であった。このことから，公的自己意識

は，セルフ・モニタリング傾向に強い影響を与えていることが明らかになったといえ，公的自己評価の高い人はセルフ・モニタリング傾向が高いことが明らかにされたといえる。ここでも公的自己意識においては仮説2は支持されたといえよう。他方，このパス図からも，私的自己意識はセルフ・モニタリング傾向に大きな影響を与えているとはいえず，私的自己意識においては仮説2は支持されたとはいえない。セルフ・モニタリング傾向に影響するのは，自己意識のなかでも特に公的自己意識であることが明らかにされたといえよう。なお，モデルの適合度指標は，$\chi^2=94.814$，GFI＝.935，AGFI＝.880，RMSEA＝.086，AIC＝144.814であり，適合度は低くはないことが示されている。

第4節　考　察

1　自己意識の内心と発言

　自己意識に関する日常生活で使われる言葉に"自意識過剰"という表現がある。この言葉は自分のことに注意が集中しすぎている人を揶揄するときに使われるネガティブな評価である。このことからも人は一般的にはそれほど自己を意識しすぎていないし，その方が通常であることを示唆しているといえよう。このことは，Csikszentmihalyi & Figurski（1982）によりフィールド調査で実証されている。彼らは19～60歳までの仕事をしている人にポケベルをもたせ，ランダムにベルを鳴らし，そのとき，考えられていることを報告させた。その結果，自己を意識しているとの返答は全体の8％であった。このことから彼らは，人は常に自己を意識しているわけではないことを明らかにした。しかし，近年の自己意識の研究者により，ある状況（鏡を見たり，人から注目されたりした場合等）が自己意識が高くさせること（Wicklund & Duval, 1971）や，性格的に自己意識水準が高い人がいること（Fenigstein, 1984）が明らかにされている。

　本研究は内心の自己意識の高さと自分の自己意識ついて他者にどのように呈示しているか，自己意識のホンネとタテマエを検討することを第一の目的としている。そこで，まず，自己意識の内心での高さをみると，結果で示したよう

に日本人の自己意識は，平均プラスの値を示しているので絶対的な意味では，私的自己意識，公的自己意識とも低くないことが分かる。日本人の自己意識は他の文化と比較しての高低は，比較文化的研究を待たなければならないが，かなり自己を意識しているといえるのではないかと推察される。さて，私的自己意識と公的自己意識を比べた結果，内心においては，私的自己意識よりも公的自己意識の方が高い傾向がうかがわれた。この傾向が日本人の特徴であるかどうかはこれも，比較文化的研究を待たなければならないが，少なくても日本人は内心では私的自己意識よりも公的自己意識の方が高い傾向がみられ，他者からの外見的な評価を自己内省以上に気にしていることが示唆されている。

個人的特性としての自己意識の高さについては，全実験参加者を自己意識の高い人，低い人とに分け，それぞれの自己意識の高さを比べたところ，自己意識得点の高い群の平均は絶対的にかなり高く，日常的に，性格として自己意識の高い人が存在することが明らかにされたといえよう。

2　自己意識と自己開示

本研究の第一の目的である自己意識の内心と発言の比較は，結果に示された通り，公的自己意識，私的自己意識ともに，内心の方が発言よりも高く，内心では自己を意識しているが，自己意識についての発言は抑制していることが明らかにされた。公的私的自己意識ともに発言での平均値がマイナスであり，日本人は自己意識について内心では意識しているが，他の人には話すときは抑制する傾向が明らかにされたといえる。特に公的自己意識についてはこの傾向が強いことが明らかにされた。これは，自己について意識していることを他者にストレートに話すことは，印象操作上適当なストラテジーとは思っていないということが示唆されている。たしかに，自意識過剰とみられたり，外見についての他者からの評価を強く気にしたりしているとみられることは，日本では適当な印象管理ストラテジーとは思われないであろう。このため，自分の外見などについての自己呈示は強く抑制されているといえよう。データから，そのことが支持されている。日本人は，ホンネでは自分の印象を気にしながら，日常生活において人に話すときはそのようなそぶりはみせないようにするという対

人戦略的傾向といえよう。そこが，ホンネとタテマエを分ける文化といわれるゆえんであろう。ただし，このような傾向が，日本人の人間関係において特に強いのかどうか比較文化的研究が待たれる。

　ところで，自己意識についての他者に話すというテーマはとなると，自己開示と強く関連すると思われる。自己開示とは，Jourard（1971）により，提唱された概念で，自己を開示することが，精神的健康を促進するという臨床心理学的テーマとして出発した。しかし，自分について他者に話すというテーマは対人コミュニケーションの分野であり，社会心理学においても注目され，多くの実証的研究が進められてきている。社会心理学においては自己開示が精神的健康を促進するということだけでなく，自己開示と好意と関連や開示の互恵性について理論的，実証的研究が重ねられた。Altman, Vinsel, & Brown（1981）によれば，自己開示には広さと深さがあるとされるが，ここで扱っている自己意識の発言は自己開示の深さと強く関連すると思われる。自分について自分がどのように意識しているかを他者に話すことは，公的自己意識にしても私的自己意識にしても自我関与が高いと考えられ自己意識の開示は，深いレベルの自己開示といえよう。そして，深いレベルの相互の自己開示が相互の好意を強めることが実証的に明らかにされている。

　このことから今回の調査結果をみると，日本人は内心で考えている自己意識を発言においては強く抑制しているが，そのことは，自己開示が抑制されているということもできよう。他者への自己意識の開示が抑制されると，自己開示は互恵性をもつので，相手からの自己開示も抑制され，開示の深化は阻止されることになり，好意は深められないことになる。日本人のタテマエ的発言が，お互いの好意を深めることを阻害しているとも推察されよう。ここで示された内心と発言の大きな差異は日本人の人間関係の問題点を示唆しているとも考えられる。また，そのような自己開示の抑制はJourard（1971）の指摘を考えると日本人の精神的健康も阻害しているのかもしれない。この抑制が対人ストレスをストレートに解放できない社会をつくりあげているのかもしれない。

3　公的自己意識とセルフ・モニタリング傾向

　社会心理学の研究においては自己意識のなかでも他者の目を意識する公的自己意識に関心が高い。公的自己意識は，人に見られている自分の外見や動作への注視である。第1章で述べたように自己意識が高まると，通常，不快感がつのり，その解消のための行動がなされる。その行動には，二種類あり，一つは公的自己意識の回避行動，もう一つは理想に近づける適応行動である。本研究では，後者の適応行動としてセルフ・モニタリング行動に注目し取り上げた。公的自己意識の高い人は，公的自己意識の低い人よりも相手を意識し，相手に合わせようとすると予測される。このため，セルフ・モニタリング度は高くなると考えられる。そこで，公的自己意識の高い群と低い群のセルフ・モニタリング度を比較したが，その結果は，結果に示した通り両者には大きな差異がみられ，公的自己意識の高い人は低い人に比較し，セルフ・モニタリング度が高いことが明らかにされた。このことは公的自己意識の高い人は，相手や状況に合わせて自己呈示することを意味していること。このことから，日本人のなかの公的自己意識の高い人が，状況に合わせたタテマエで発言し，行動していることが示唆されたといえよう。ただし，日本人が特にそのような傾向をもつのかどうかは比較文化的研究を待たなければならないが，その一つの実証として前述のごとく，金（2005）は，韓国人と日本人を比較し，日本人の方が，公的自己意識が高いことを示しているが，さらに多くの文化との比較により，日本人の特徴がより明らかになると期待される。

〔注記〕
日本人学生を対象にした Hass（1984）の方法による自己意識実験
　齊藤（2006）は日本人の自己意識の高さについて，欧米人と比較するために，Hass（1984）の行った自己意識の実験とほぼ同主旨の方法を用いて次のような実験を日本人学生に対して行った。Hass（1984）の実験は，自己意識が高まると自己についての観点移動が生じ，外から自らがどのように見えるかに注意が向くため，実

験参加者に額に自らの指でアルファベットの「E」の文字を書かせると，外からみて正字のEを書くとした。そして，自己意識を高める実験状況として前述のように，ビデオカメラを回し，額にEの文字を書かせた。一方，統制群としては，自己意識が高まっていない状態として，カメラを回さず，Eの文字を書かせ，実験群の書き方を比較した。その結果，統制群で外からみて正字のEを書いた人は18％であったと報告されている。筆者はこの統制群に注目した。というのは，統制群で外からみて正字を書いた人は，実験的に自己意識を高められていない状況にもかかわらず，自己を見るときの視点が外にあることを示しているからである。このような人は常日頃から自己意識の高い人，つまり，個人的特性として自己意識傾向が高い人といえるのではないかと考えた。そして，Hass（1984）の実験は実験参加者である欧米人において，自己意識傾向が高い人が18％，約2割存在していることを示していると推察した。そこで，日本人を実験参加者として同様の方法で実験を行い，外からみて正字を書く人の比率を比較することにより，日本人と欧米人の自己意識傾向の特性を知ることができるのではないかと考えた。相互性依存型の文化の日本人は，個人独立型の文化の欧米人よりも対人関係のなかの自己や相手からの印象への注意が高く，自己意識が高いのではないかと推察できるが，その実証的研究として，Hass（1984）の実験の統制群の方法で，実験が有効と考え，次のような実験を行った。

　目的：日本人の自己意識傾向をHass（1984）の実験方法により調べ，比較文化的特性を知る。

〔**方法**〕

　実験参加者――首都圏大学生183名

　実験日時――2005年5月と2006年5月

　手続き――大教室で，小さな白紙の記入用紙を全員に配布し，学生に対して，次のような教示を行なう。

　「突然ですが，自分の額に，利き手の指でアルファベットのRの大文字を書いて下さい」

　「書きましたか，書き終わったら，手元の用紙にその字が自分の頭のなかからみて正しい方向の字を書いた場合は〈内〉，自分の外からみて正しい方向，つまりほかの人からみて正しい方向の字を書いた場合は〈外〉と書いて下さい」。

図3-5　自己意識の日米比較

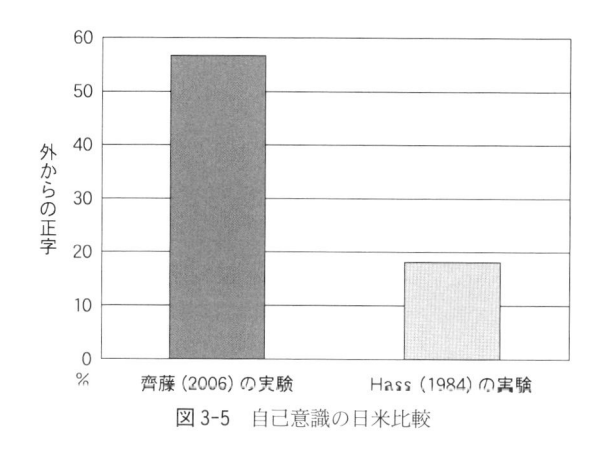

実験終了後，その場で記入用紙を回収した。

〔結果と考察〕

実験の結果，Rの文字を外から見て正しい方向に書いた学生は183名中104名で，56.8%，自分の頭のなかから見て正しい方向に書いた学生は79名，43.2%であった。つまり，外から見て正しいRを書いた学生の方が多かったのである。これは，自己をみる視点が外にあることを意味し，日本人学生は日常的に自己意識が高い状態にあることを示唆しているといえよう。実験状況が完全には同一ではないので，ここでの結果とHass（1984）の結果を同一水準として直接，統計的検定にかけることは，できないが，日本人と欧米人の自己意識傾向を比較するのに参考となる実証的データといえよう（図3-5）。この実験の結果から日本人は欧米人に比較して自己意識傾向が高いことが示唆されている。このことは，日本人は文化が相互依存型の文化で，人間関係への配慮や気くばりをしており，自分が外からつまり他の人からどのように見られているかを気にしながら対人的行動を行なっているという従来の日本の人間関係の特徴とされている傾向について，それを支持するデータといえよう。

第4章

社会的欲求の内心と自己呈示についての実証的研究

第1節　目的と研究史

　本章の研究は社会的欲求（social needs）について内心と発言，内心と行動，発言と行動の間に強度の差異があること，内心と言行に不一致があることを実証し，そのことが印象操作のための自己呈示から生じることを推察することを目的としている。

　対人場面において，内心と不一致の発言をし，内心と不一致の行動を行うことはかなり多く見受けられよう。多くの文化においてこの内心と言行の不一致は少なからず見受けられると思われるが，特にタテマエとホンネを使い分けるといわれている日本人の対人関係においては，より頻繁に内心と言行の不一致が見受けられるといえよう。このような内心と言行の不一致が生じるのは，第1章で詳しく検討したように，自己呈示の心理メカニズムによると考えられる。本研究では，内心と発言，内心と行動，発言と行動の三つの不一致を研究対象としてその差異を実証していくことを主な目的とする。

　本研究で取り上げる社会的欲求についての議論は，主にはMurray（1938）の欲求-圧力仮説（need-press hypothesis）を基にしている。この仮説によれば，欲求とは，人の内心にある行為を遂行したいと思う気持ちである。特に，行為主体が，そのことを遂行したいという気持ちをはっきりと明確に意識しているとき，それは，意識的欲求と呼ばれる。ある欲求が内心に意識されたとき，通常他に障害がなければ，それを遂行しようとし，それが言語化され，また実際に行為がなされる。しかし，日常生活においては，意識されたすべての

欲求が，言語化され，行動化されるわけではない。ある欲求は言語化されるが，実際には行動には移されない。この場合，発言と行動が一致しないので言行不一致が生じることになる。逆に行動化はされているが言語化されない欲求もあり，この場合も言行不一致といえる。さて，意識された欲求が，言語化も，行動化もされないことがあるが，この場合，欲求が外に表れないので，本人のみが知る欲求となる。後に述べるように Murray（1938）はこのような欲求を主観化された欲求と呼んでいる。この状態では内心の欲求と言語の不一致，また，内心の欲求と行動との間に不一致が生じる。このような不一致が生じるのは，第1章で論じたように一つには自己呈示機能が働いて欲求の遂行に対して何らかのプレッシャーがあったり，抑制があったり，回避傾向が生じたりしていると考えられる。本研究では，欲求について内心と発言と行動の間に，そのような不一致が実際に生じることについて，また，その程度や内心，発言，行動のそれぞれの間での差異の程度について実証していく。

そこで，本研究で扱う欲求とその表現レベルについて，Murray（1938）の欲求-圧力仮説に沿ってみていくことにする。この理論は，欲求を臓器発生的欲求と心理発生的欲求に大別している。ここでいう臓器発生的欲求とは一般心理学で生理的欲求と呼ばれる欲求で食欲求や飲水欲求に加え，暑熱回避欲求など3カテゴリー，11欲求が含まれている。一方，心理発生的欲求は，臓器発生的欲求のような人の内臓との対応を直接もっていない欲求とされ，一般心理学で社会的欲求と呼ばれている欲求である。たとえば，達成欲求，親和欲求，攻撃欲求などで，7カテゴリー，27欲求が含まれている。本研究で扱う欲求はこのうちの心理発生的欲求である。Murray（1938）は欲求のレベルについて，欲求を意識的欲求と無意識的欲求に分けることの重要性を指摘している。彼によれば，意識的欲求とは内心的に知ることができる欲求であるとしている。より正確に言えば直接，追観的に知ることができる欲求を指し，実証的にいうと被験者が報告できる欲求が意識的欲求で，質問されれば言語化できる欲求ということになる。他方，無意識的欲求とは推察されるが本人が内観で知ることができずに，また言語化されない欲求を指すことになる。また Murray は，欲求表現の水準を顕在的欲求と潜在的欲求の二つに分類している。彼は，通常，欲求が喚起されると，客観化され，行動となって外に表れ，同じ対象に

対して同じ様式で同じように方向づけられた傾向を示すとしている。これが欲求の顕在化であるが，ある欲求が喚起されても，実際に行動に移されないことがある。そのような欲求を潜在的欲求と呼んでいる。この基準から，客観化された欲求とは，現実に実際の対象に対して真剣に着実にそれを獲得しようとするあらゆる行動を含むとしている。それに対して，半客観化された欲求と主観化された欲求が潜在的欲求であるとしている。半客観化された欲求とは，行動は現実対象に向けられているが，それが想像上であったり無意識であったりする場合である。また主観化された欲求とは，外に表現されないすべての欲求行動を含むとしている。具体的なものとしては欲望，誘惑，計画，妄想，夢などをあげている。主観化された欲求については，当人から直接聞くよりほかに情報は得られないとしている。これを逆に言うと，本人に聞くことによってのみ得られる内観の欲求が主観化された欲求ということになる。つまり，心のなかでは思っているが，それを口に出して言うことも，実際に行動に移すこともしない欲求ということになる。本研究でいう内心の欲求ということになろう。Murray は，成人においては，背後に欲求がありながら欲求が客観化されない場合は，その欲求が禁止されていると考えられやすいとし，禁止されているか，いないかは，人格を理解するには重要であるから，外に表れる顕在的欲求と表れない潜在的欲求は明確に区分しなければならないとしている。本研究では，欲求のレベルについて心のなかで思っていること（内心）と，言葉で言うこと（発言）と，実際に行動すること（行動）とを分け，その違いを比較検討していく。

　さらに Murray（1938）は，行動を表す言葉のなかに身体運動の効果を全く含まない身体的運動そのもの（そのメカニズム，手段，方法，様式）のみを表す用語として，アクトーン（行動形態）という造語を作り，行動を的確に記述する方法を試みている。そして，アクトーンには筋肉運動の行為形態と言語的行為形態の2種類があるとして，それをモートン，バーボンと名づけている。モートンは体制化された筋肉収縮の時間系列であり，バーボンは体制化された言葉で，あるいは書かれたものの時間系列であるとしている。この区分は本研究の発言（あるいは言語化）と実際の行動（あるいは行動化）の区分の重要性を支持しているといえよう。

ところで，本研究の目的は，第一には内心と発言の差異，内心と行動の差異，発言と行動の差異が生じることを実証することであるが，その上で，これらの差異を生み出す自己呈示機能についても検討していく。ここではこの差異は人間関係管理の自己呈示機能としての抑制から生じると考え，Latane（1981）の社会的インパクト理論を応用して，仮説を設定していくことにする。Latane（1981）の社会的インパクト理論については既に第1章で論じたが，大きなインパクトを受ける事態は回避，抑制される。これらのことから，より大きなインパクトを受けると予想できる言語化，行動化が抑制されることが予測される。次にこの理論を応用して内心と言行不一致行動をさらに詳細に検討していくことにする。

社会的インパクト理論とは，第1章で概説したように対人場面においてその人が周りの人から受ける衝撃（インパクト）についての理論である。インパクトとは，いわば周囲や相手の人から受けるプレッシャーである。人は社会的インパクトをできるだけ避けようとするため，大きなインパクトは回避しようとする。大きなインパクトが生じる可能性の強い状況は，回避することになる。つまり，そうなる可能性のある行動は，言語的行動を含め，行動を抑制するとしている。この理論を提唱したLataneは，対人場面においてある人が他者から受ける社会的インパクトの強度が，その人の対人行動に重要な影響を与えると考えている。ここでは，それを応用し，社会的場面において意識された欲求を内心のみで思っているときと言葉に出して言うときと，実際に行動するときの社会的インパクトの違いという視点から，内心と言行の不一致行動を第1章と重複する箇所もあるが，より詳細に，検討していく。

人は，ある欲求を内心でのみ考えているときよりも言葉に出して言うときの方が，社会的インパクト（圧力）を強く感じるであろう。社会的インパクトとは，他者と関係することによって生じる心理的圧力である。その中味は不安や懸念，心配，恐怖である。この圧力によって内心と言行の不一致が生じ，内心と言うこととやることが違ってくるのである。このインパクトにより，心理的には脅威や不安，自分が脅かされる懸念が生まれるのである。頭のなかで思ったり，考えたりすることは自分一人の想像で自由にでき，人から直接妨害されることはない。そうした思索は直接には他者とかかわりなく，相手に一切迷惑

もかけないので，相手の都合や立場などを考える必要が相当程度少ない。対人関係も，頭のなかで考えているときは，自分の考えや感情を主体にして考える。自分の思うとおりに，つまり，意識している欲求のおもむくままに考え，想像上の言語活動や行動をすることができる。そして内心の想像のなかではより自由にものを言うことができ，より自由にやることができるのである。相手からの圧力への不安や懸念がない。しかしそれを外に対して言語化，行動化をするときは，状況は異なってくる。対面場面で欲求の言語化，行動化をするとなると，社会的インパクトは段違いに大きくなる。この大きな社会的インパクトが，自分の欲求の表現を抑制する傾向を生み，不快な事態を回避しようとする傾向を生む。さらには，対面している相手の期待や要請に合わせて行動しようとする心理，同調傾向を生み，自分の言動を相手の望む方向に表面上変化させる方向に働く。反対に，相手の意に反する言動は抑制しようとする方向に働く。このため，内心と不一致の言動が生じることになる。つまり，内心の欲求を内心のみで思っているときに比べ，言葉にするとなると，相手のことを考える。それが相手からのインパクトである。相手を目の前にして思ったことを口にしようとすると，こんなこと言って大丈夫だろうか，相手に失礼ではないだろうか，嫌われないだろうか，自分への評価を下げられないだろうか，などと相手との関係が重みをもち，相手からの強い社会的インパクトを感じると考えられる。一人で考えているときのように，自分の意見をそのまま言うわけにはいかない。そこには自尊心高揚や人間関係の維持防衛に関連した印象操作のための自己呈示が働くことになる。対面状況では，内心考えていることを言葉に出さず抑制する，あるいは内心考えていることと異なることを言葉にすることになる。

　このような相手への配慮による発話時の言葉の実際の変化については，社会言語学のポライトネスの領域で詳しく研究されている。Leech（1983）は対人関係的修辞としてポライトネスの六つの原則を提案しているが，それらは気配りの原則，寛大性の原則，是認の原則，謙遜の原則，合意の原則，共感の原則である。これらは，いずれも話者は相手のことを配慮して，相手に遠慮して，自分の言いたいことを抑制するように働くことになる。Leech（1983）は発言そのものに関心の中心があるために，内心との差異を比較した実証的データは

示していないが，発話するときの言葉はそのときの対人関係を考慮して内心の欲求を抑制して，ポライトに発言する傾向があることを示している。本研究で言えば，内心の欲求を言葉にするときは対人関係管理の自己呈示が働き，欲求を抑制して表現するということになろう。

　内心の欲求を実際の行動に移して実行するとなると，インパクトはさらに大きくなるといえる。「言うは易く，行うは難し」ということわざがあるように，言葉に出して言うのは言語表現のみなので，比較的容易であるが，実際に実行となると，身体ごとその行為に専念しなければならず，他の選択肢を排して，そのことを遂行しなければならないため，かなりの労力やコスト，心理的コストを必要とすることになる。加えて，その行為が対人的行為で相手の意向に反するものであったり，相手の自由を奪ったりするような行動ならなおさら，相手の抵抗や反発が想定される。その分，相手のインパクトは大きくなり，思った通りに行動するのが難しく，あるいは言った通りに実行することも，難しくなると想定できる。このように考えると，怒りの感情（内心）と怒りの言語的表現と実際の攻撃行動の間に大きな差異があることを実証した Averill（1983）らが指摘しているように，内心と発言や行動との差は大きく，言語化，行動化の順に実行されることが抑制されるといえる。そして，その欲求や感情の性質により抑制に差が生じ，その差が行動化に影響を与えることが予測される。そこで本研究では人がある欲求を内心にもっている場合，その欲求に関して内心と発言と行動の不一致が生じることを実証するために調査していくことにする（質問紙調査のため実際には認知レベルでのデータである）。それと同時に，多方面の社会的欲求をとり上げ，各欲求による内心と言行の一致・不一致を比較して，どのような欲求の場合，内心と言行の不一致の程度が大きくなるかを知り，その差異と自己呈示との関連をも検討していくことにする。前述したように相手の行動を制限するような欲求は言語や行動に移そうとするとき，対人インパクトを大きく感じると考えられ，その分，言語化と行動化は抑制され，内心と言行の不一致は大きくなると予測される。

　以上のことから，本研究では，内心の欲求と言行の不一致について，次の仮説を検証することを目的とする。

仮説1　社会的欲求は，内心，発言，行動の各レベルで表現される欲求強度に差異があり，内心と発言，内心と行動，発言と行動の間に不一致が見られる。

仮説2　社会的欲求の表現においては内心，発言，行動の順に抑制が強く働く。それが内心，発言，行動間の欲求強度の差異を生じさせる。

仮説3　社会的欲求の種類により表現レベルにおける抑制が異なる。ここから各欲求により，内心，発言，行動間の欲求強度に差異が生じる。

第2節　方　　法

1) 実験参加者——首都圏の大学在籍の日本人大学生117名（男性43名，女性74名）

2) 調査表——齊藤・荻野（1993），荻野・齊藤（1995）の作成した独自の欲求行動調査表を用いた。18の社会的欲求について，実験参加者の学生が内心で感じている欲求の強さ，その欲求を言葉に出して言う程度，実際にその欲求を行動化している程度の三つの側面を測定するために，三種類の異なる基準を設定した三層心理測定の調査表を作成した。

18の社会的欲求は，質問項目順に，達成，自由，支配，指導，親和，依存，服従，回避，拒否，攻撃，持続，気楽，名誉，教授，愉楽，恭順，主張，競争の各欲求である。これらの欲求の具体的な質問項目は以下の通りである。

各欲求の質問項目
1．目標を決めて仕事や勉強を始めたら，困難があってもがんばり続けたい。
2．私は束縛されるのが嫌なので，自由な生活をしたい。
3．社会で活躍できるような地位と権力をもちたい。
4．リーダーシップを発揮し，集団をまとめていきたい。
5．友達と一緒にいるときが一番楽しいので，できるだけ一緒にいたい。
6．困ったことがあったときは親や先輩に助けてもらいたい。

7. 分からないときは上の人の指示に従って行動していきたい。
8. 失敗しそうなことは避け，安心で，安全な方を選びたい。
9. 嫌いな人とは，付き合わないようにしたい。
10. 「目には目を」の通り，やられたら，やり返したい。
11. 始めたことは，多少のことではあきらめないでやり通したい。
12. のんびりと人生を生きていきたい。
13. 社会的に名誉ある（評価される）地位につきたい。
14. 自分の得意なことを先輩として後輩に教えたい。
15. みんなと一緒にワッと騒ぎたい。
16. 尊敬する人に相談し，その人の指導に従っていきたい。
17. 悪いことをした人には，はっきり指摘し，正したい。
18. 争ってでもライバルには勝ちたい。

欲求の三つの側面（表現レベル）は，次のような3種類の設問によって測定した。①自分がそうしたいか，したくないか（内心で意識される欲求の強さ，欲求の内心的レベル）②周りの人にそうしたいと言っているか，いないか（欲求の発言的レベル）。③現実にそうしているか，いないか（欲求の行動的レベル）。

以下，三つの欲求のレベルは，①を内心，②を発言，③を行動と言い表すことにする。

評定基準は，+3〜0〜−1の5段階評定尺度であり，設問によって次のように異なる。

　　内心の場合　+3（是非そうしたい）
　　　　　　　　+2（そうしたい）
　　　　　　　　+1（どちらかというとそうしたい）
　　　　　　　　 0（分からない，どちらとも言えない）
　　　　　　　　−1（したくない）
　　発言の場合　+3（頻繁にそうしたいと言っている）
　　　　　　　　+2（そうしたいと言っている）

　　　　　　　+1（どちらかというとそうしたいと言うことがある）
　　　　　　　 0（分からない，どちらともいえない）
　　　　　　　−1（そうしたいと言わない）
　　行動の場合　+3（必ず〔頻繁に〕）そうしている）
　　　　　　　+2（そうしている）
　　　　　　　+1（どちらかというとそうしている）
　　　　　　　 0（分からない，どちらともいえない）
　　　　　　　−1（そうしていない）

3）調査日時と手続き──2001年11月調査実施。大学の授業において調査表を配布し，回答後，回収した。

第3節　結　果

　データの整理──18欲求それぞれについて内心，発言，行動レベル別の欲求強度の平均と標準偏差を算出し，t検定を行った。それが表4-1と図4-1である。次に18欲求を変数として因子分析し，その欲求構造を見出した。そしてこの因子構造にも基づき，因子別にまとめた欲求群ごとの内心，発言，行動レベルごとの平均値と標準偏差を算出し，差のt検定を行った。以下，このデータに基づき，仮説を検討していく。

1　内心，発言，行動の欲求強度の差異

A　内心，発言，行動の不一致

　仮説1は，内心，発言，行動の各レベルでの欲求強度には差異があり，不一致がみられるということであるが，それは18欲求全体の内心，発言，行動の各レベルの平均と標準偏差から検証されよう。そのデータが表4-1と図4-2に示されている。これらの図表から欲求の強度において内心と発言，内心と行動の両レベルの間には明らかに差異があることが分かる。また統計的にも内心と発言は$t=4.21$, $df=116$, $p<0.001$, 内心と行動は$t=5.33$, $df=116$, $p<$

表 4-1 18欲求の内心・発言・行動の欲求強度の平均 (n=117)

		欲求	A 内心 M	B 発言 M	C 行動 M	A vs B	A vs C	B vs C
1	従順	恭順	1.26	0.58	0.55	＊＊＊	＊＊＊	
2		回避	1.53	0.66	0.92	＊＊＊	＊＊＊	
3		服従	1.19	0.47	0.99	＊＊＊		＊＊＊
4		依存	1.01	0.41	0.62	＊＊＊	＊	
5	勢力	支配	1.22	0.27	−0.28	＊＊＊	＊＊＊	＊＊＊
6		名誉	0.87	0.21	−0.12	＊＊＊	＊＊＊	＊
7	友好	愉楽	1.49	1.23	0.77		＊＊＊	＊＊
8		親和	1.33	0.91	0.91	＊	＊＊	
9	成就	持続	2.06	1.27	0.90	＊＊＊	＊＊＊	＊
10		達成	2.32	1.44	0.93	＊＊＊	＊＊＊	＊＊
11	先導	教授	1.06	0.31	0.30	＊＊＊	＊＊＊	
12		指導	0.24	−0.28	0.06	＊＊＊		＊
13	攻撃	攻撃	1.01	0.50	0.16	＊＊	＊＊＊	＊
14		主張	1.39	0.68	0.34	＊＊＊	＊＊＊	＊
15		競争	1.05	0.22	0.34	＊＊＊	＊＊＊	
16	自律	自由	2.06	1.31	0.86	＊＊＊	＊＊＊	＊＊
17		気楽	1.97	1.33	0.83	＊＊＊	＊＊＊	＊＊
18		拒否	1.58	0.81	0.68	＊＊＊	＊＊＊	

＊ $p<.05$　＊＊ $p<.01$　＊＊＊ $p<.001$

0.001でこれらの間にはいずれも有意な差があることが認められ，この両者においては仮説1は支持されているといえよう。後に検討するが18欲求を因子分析した結果の7欲求群を個別にみても内心と発言，内心と行動のレベルの間においてはほぼすべての欲求群間に明らかな差があり，また統計的にも有意な差がみられ，そこでも仮説1が支持されている。ただし，発言と行動の間は，全体の欲求強度の平均を見ると発言の方がやや高いが全体では統計的な差は見出されていない。これは発言と行動の間には差がないのではなく，欲求群により異なった傾向が見られたため相殺され差がなくなったことによる。それについては後に言及するが，いずれにしろ，内心と言行の不一致という点においては仮説1は支持されたといえよう。

図 4-1 18 欲求の内心・発言・行動の欲求強度の平均 (n＝117)

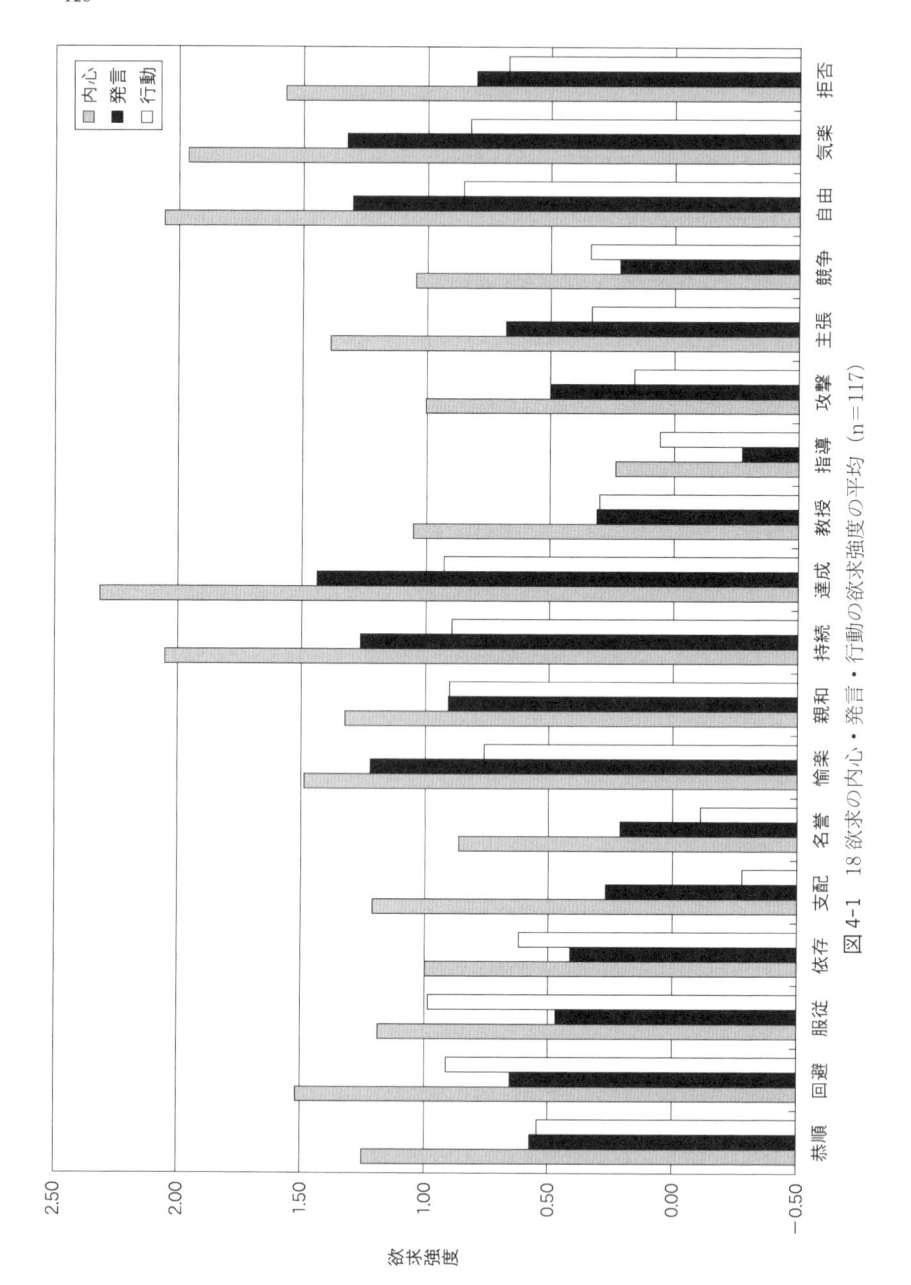

図 4-2　全欲求の内心・発言・行動の平均

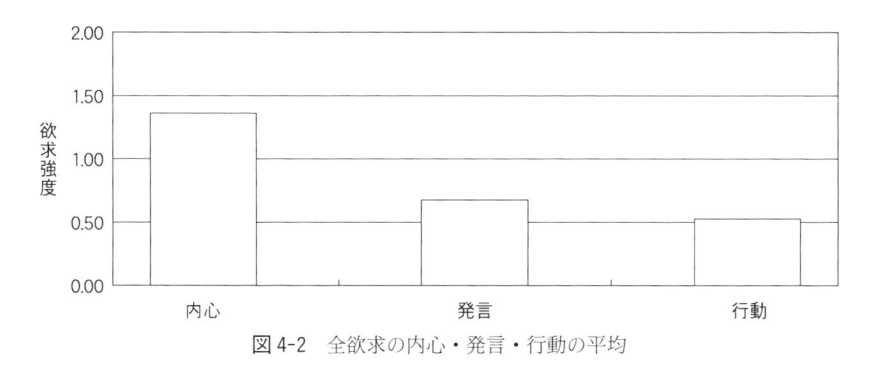

B　欲求の抑制

　仮説2は，内心，発言，行動の各レベル間における欲求強度の不一致があり，内心，発言，行動の順に欲求表現に抑制がより強く働くとの推察である。つまり，内心，発言，行動の順に欲求強度が低くなるということであるが，仮説2は仮説1と同じデータで検証されよう。既に，表4-1と図4-1と図4-2に，内心，発言，行動のレベル別の欲求強度全体の平均と標準偏差が示されているが，この表から欲求強度は内心が最も高く，発言，行動との差が大きいこと，次に発言が高いが行動との差はそれほど大きくないこと，欲求強度が最も低いのは行動であることが分かる。前述したように，内心と発言，内心と行動の間には統計的に有意な差があるが，発言と行動では発言の方が高いが統計的には差が見出されていない。ただし，仮説1の検証でもふれたように，発言と行動の間には差がないのではなく，発言と行動の間においては，欲求群により異なった傾向もみられ，このため平均すると差が見出されなくなっているのである。このことは各欲求群の発言と行動の値を個別にみていくと明らかになる。その点については後述する。内心と発言，内心と行動のレベル間では仮説2は支持されており，内心より発言，内心より行動において欲求強度が低くなっている。

C　欲求の種類と抑制の差異

　仮説3は，社会的欲求の種類により，表現レベルにおける抑制が異なり，こ

表 4-2　Promax 法による欲求の因子分析の結果

欲求群		欲求	因子 1	因子 2	因子 3	因子 4	因子 5	因子 6	因子 7	共通性
従順	1	恭順	0.766	0.064	−0.043	0.196	0.354	−0.087	0.048	0.71
	2	服従	0.681	0.038	0.349	−0.238	0.092	0.020	−0.069	0.56
	3	回避	0.658	0.175	0.244	−0.110	−0.121	0.112	−0.216	0.61
	4	依存	0.598	0.011	0.301	0.085	0.480	−0.334	0.211	0.69
勢力	5	支配	0.067	0.881	0.107	0.081	0.109	0.030	0.049	0.81
	6	名誉	0.175	0.868	−0.068	−0.008	0.309	0.069	0.063	0.80
友好	7	愉楽	0.187	0.133	0.792	0.076	0.172	0.135	0.195	0.71
	8	親和	0.275	−0.072	0.802	−0.076	0.108	−0.077	−0.049	0.68
成就	9	持続	−0.077	0.127	−0.003	0.830	−0.021	0.074	0.116	0.76
	10	達成	0.049	−0.073	−0.038	0.803	0.324	0.129	−0.052	0.71
先導	11	教授	0.327	0.201	0.014	0.032	0.738	0.227	−0.123	0.67
	12	指導	0.021	0.210	0.283	0.158	0.722	0.131	−0.138	0.67
攻勢	13	攻撃	0.003	0.018	0.130	0.049	0.058	0.673	0.142	0.49
	14	主張	−0.103	−0.018	−0.062	0.443	0.187	0.644	0.038	0.62
	15	競争	0.101	0.501	−0.152	0.016	0.220	0.580	0.113	0.59
自律	16	自由	−0.056	0.155	−0.194	0.102	−0.183	0.124	0.772	0.70
	17	気楽	−0.125	−0.014	0.250	−0.063	−0.090	0.089	0.738	0.63
	18	拒否	0.104	−0.088	0.211	−0.145	−0.405	0.379	0.457	0.55
説明分散			2.15	1.98	1.83	1.73	1.99	1.62	1.58	

れにより，内心，発言，行動間の欲求強度の差異が異なるということである。これについては以下の節で，データを欲求群ごとに詳しく分析していくなかで検証していく。

2　因子分析による欲求構造の発見

調査した 18 欲求に基づいた欲求構造を見出すために，18 欲求（内心）の強度を変数として Promax 回転による因子分析を行った。その結果，7 因子の欲求構造が見出された。抽出された 7 因子は以下に示すが，各因子の因子負荷量は表 4-2 に示すとおりである。

各因子は負荷量を検討した結果，次のように命名した。第 1 因子は，16「尊敬する人に相談し，その人の指導に従っていきたい」や，7「分からないとき

は上の人の指示に従って行動していきたい」の負荷量が高いことから，従順欲求因子と名づけた。第2因子は，3「社会で活躍できるような地位と権力をもちたい」と13「社会的に名誉ある（評価される）地位につきたい」という内容から，勢力欲求因子と名づけた。第3因子は，15「みんなと一緒にワッと騒ぎたい」と5「友達と一緒にいるときが一番楽しいので，できるだけ一緒にいたい」の因子負荷量が高いところから，友好欲求因子と名づけた。第4因子は，11「始めたことは，多少のことではあきらめないでやり通したい」と1「目標を決めて仕事や勉強を始めたら，困難があってもがんばり続けたい」の因子負荷量が高いところから，成就欲求因子と名づけた。第5因子は，14「自分の得意なことを先輩として後輩に教えたい」と4「リーダーシップを発揮し，集団をまとめていきたい」の因子負荷量が高いところから先導欲求因子，第6因子は，10「〔目には目を〕の通り，やられたら，やり返したい」と17「悪いことをした人には，はっきり指摘し，正したい」の因子負荷量が高いところから攻撃欲求因子，第7因子は，2「私は束縛されるのが嫌なので，自由な生活をしたい」や，12「のんびりと人生を生きていきたい」の因子負荷量が高いところから自律欲求因子と名づけた。これらの因子を一覧にすると次のようになる。

　　1．従順欲求因子　　2．勢力欲求因子　　3．友好欲求因子
　　4．成就欲求因子　　5．先導欲求因子　　6．攻撃欲求因子
　　7．自律欲求因子

この7欲求群の内心，発言，行動別の評定値の平均と標準偏差を表4-3と図4-3に示した。この図表と表4-1のデータにもとづき，各欲求群ごとの内心，発言，行動の特徴や差異を比較し，同時に仮説3を検証していくことにする。

3　各欲求群ごとの結果と分析

A　従順欲求群

従順欲求群は，恭順欲求，服従欲求，回避欲求，依存欲求の4欲求から構成

表 4-3　欲求群別内心・発言・行動間の差の平均（M）

	欲求群		男性			女性		
			M	t	P	M	t	P
内心と発言の差	従 順		0.69	4.388	＊＊＊	0.74	7.434	＊＊＊
	勢 力		0.70	4.345	＊＊＊	0.91	6.798	＊＊＊
	友 好		0.55	3.178	＊＊	0.14	1.738	
	成 就		0.80	4.659	＊＊＊	0.87	6.504	＊＊＊
	先 導		0.57	3.271	＊＊	0.68	5.447	＊＊＊
	攻 撃		0.84	5.635	＊＊＊	0.52	6.380	＊＊＊
	自 律		0.75	5.570	＊＊＊	0.69	6.750	＊＊＊
内心と行動の差	従 順		0.58	4.153	＊＊＊	0.37	4.699	＊＊＊
	勢 力		1.26	5.372	＊＊＊	1.22	9.243	＊＊＊
	友 好		0.74	4.378	＊＊＊	0.40	4.083	＊＊＊
	成 就		1.14	7.166	＊＊＊	1.42	10.250	＊＊＊
	先 導		0.41	2.431	＊＊	0.52	5.193	＊＊＊
	攻 撃		0.88	4.858	＊＊＊	0.85	9.835	＊＊＊
	自 律		1.19	7.865	＊＊＊	0.97	7.785	＊＊＊
発言と行動の差	従 順		−0.11	0.860		−0.37	4.070	＊＊＊
	勢 力		0.56	2.917	＊＊	0.32	2.878	＊＊
	友 好		0.20	1.122		0.26	2.509	
	成 就		0.34	1.759		0.55	3.808	＊＊＊
	先 導		−0.16	1.323		−0.16	1.450	
	攻 撃		0.05	0.355		0.33	3.795	＊＊＊
	自 律		0.44	3.031	＊＊	0.27	2.232	

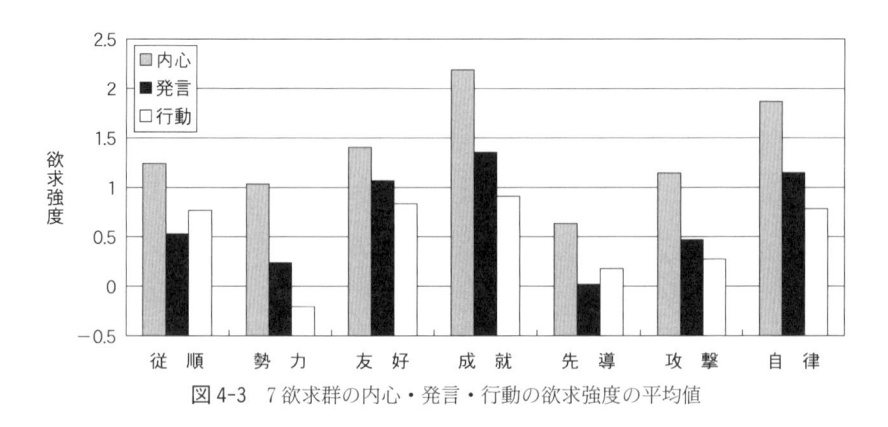

＊＊ $p<.01$　　＊＊＊ $p<.001$　　男性（n＝43）女性（n＝74）

図 4-3　7 欲求群の内心・発言・行動の欲求強度の平均値

されている。齊藤(1990)の対人欲求分類図式に沿うと,劣位でネガティブな欲求群である。表4-1の個別欲求をみると,内心では回避欲求がやや高く他の3欲求は平均的な高さである。また,発言,行動とも平均的な欲求強度である。内心と発言,行動とは差があり,仮説通り,内心に比べて発言,行動の欲求強度は低くなっている。内心の欲求が言語化,行動化される際に抑制されていることをうかがわせる。統計的にも有意な差が示されている。しかし,従順欲求群は他の欲求群とかなり異なった傾向を示している。それは,仮説2で発言より行動の方が欲求強度は低くなると予測されていたが,従順欲求群の場合,結果は仮説2とは逆の傾向となっており,発言よりも行動の方が高い欲求強度を示している。言葉では表さないが,あるいは,言葉で言うときは抑制するが,実際には行動しているということを示しており,仮説2を支持しない。特に女性においてはこの差は統計的にも有意な差が見られている。この傾向は,従順欲求群が,目標に対してマイナスの行動をする欲求群(回避欲求など)から構成されていることに由来すると考えられる。従順欲求群はネガティブな欲求内容であるため,逆の結果が示されたといえよう。欲求によっては,行動化より言語化のほうが抑制されることが示唆されたといえる。言語的自己呈示という観点からみると従順的傾向は言葉にすると自立的でない印象を与え,印象を悪くする欲求であるため,印象操作上,そのような欲求はもっていないと自己呈示されるが,実際の行動においては従順行動をとっているのである。人間関係上の利得を考えて,言葉では抑えていても行動はするということが推察されよう。特に女性における依存欲求は,発言と行動の差が大きく,統計的にも有意な差が見出されており,依存欲求は発言に比べて行動で,より多く実行されていることが明らかにされている。性別の18欲求の平均値は表4-4a〜表4-4cに示されている。

B 勢力欲求群

勢力欲求群は支配欲求と名誉欲求の二つの欲求から構成されている。齊藤(1990)の対人欲求分類図式に沿うと,優位な欲求群である。表4-1と図4-1に示されるようにこの欲求群の特徴は,発言と行動の強度がいずれも低い点である。支配欲求と名誉欲求の行動評定値がマイナス値を示しており,そのよう

な行動をしたくないことを表している。マイナス値は全行動中，勢力欲求群のこの二つの欲求の行動のみである。内心に欲求があるにもかかわらず，行動値がマイナスである理由としては，この欲求が他者に大きなインパクトを与える行動であるからと推察される。相手に大きなインパクトを与えることによる相手からのマイナスの印象を避けるため，自己呈示として勢力行動を抑制すると考えることができる。発言のレベルにおいても同様の傾向がみられ，言語化の強度も，7欲求群中，先導的欲求群と並んで他の欲求群よりもかなり低い強度である。勢力的な欲求は，よりよい人間関係を維持したいという自己呈示から，言語化も抑制されていると推察できよう。この勢力欲求群においては仮説2の内心，発言，行動の順に欲求強度が低くなるという傾向が明白に示され，統計的にも男女とも有意な差が見出されており，仮説2は支持されている。ところで，勢力的欲求群のもう一つの特徴は性差が明確に示されたことである。内心，発言，行動，いずれのレベルでも男性のほうが女性よりも，欲求強度がより高く，女性はこの欲求が基本的に低いことが示されている。統計的には名誉欲求の発言と行動において有意な差が認められている。このような傾向は，進化心理学でいわれている男性の方が支配的であるという仮説を支持し，また社会心理学的にも日本では女性は控え目にするようにという伝統的文化規範があり，そのことがこのような傾向を生み出しているとも考えられる。

C　友好欲求群

友好欲求群は愉楽欲求と親和欲求の二つの欲求から構成されている。齊藤 (1990) の対人欲求分類図式に沿うと，これらはポジティブな欲求である。表4-1と図4-1に示されているようにこの欲求群の特徴は内心の欲求強度同様に，発言や行動の強度が高いことである。また，内心と発言と行動の差が他に比べて少なく，内心で思った場合，その欲求を言語化，行動化することが他の欲求群よりもストレートになされる傾向をもっているといえよう。特に発言と行動の差が少ないという特徴が示されている。このことは実際の対人コミュニケーション場面では，この欲求群の発言や行動がかなり多く見られるということを示唆していることになる。この欲求群がポジティブな欲求であることから対人場面において話しやすく，行動しやすいということであろう。それは，よ

りよい人間関係を維持しようと印象操作する際に，これらの欲求の言語化や行動化を抑制する必要がなく，むしろこの欲求を言語化，行動化することが自己の印象操作の方向と合致しているため言語化，行動化が容易になっていると推察される。

D　成就欲求群

　成就欲求群は，持続欲求と達成欲求の二つの欲求から構成されている。表4-1と図4-1に示されるように，この欲求の特徴は内心の欲求強度の高さである。18欲求中，最も内心の欲求が高い二つがこの持続欲求と達成欲求であり，しかも群を抜いて高い評点を示している。成就への欲求が極めて高いことが示されている。そして発言においても，内心ほど高くはないが他の欲求群と比較すると高い傾向を示しており，対人コミュニケーション場面で成就欲求について語ることが多いことが示されている。成就欲求はポジティブ欲求なので印象操作上抑制する必要はなく，むしろ印象操作の方向に合致している欲求であるため，言語化においてそれほど抑制した自己呈示をする必要がないといえよう。ただし，あまりストレートに成就欲求を言語化すると，鼻持ちならない自慢屋とみられ，評価は下がる可能性があるので，そのままストレートに言語化することはなく，それなりに抑制的に自己呈示がなされると考えられる。これらの欲求の行動強度となると，他の欲求と比較しては高いが，群を抜いて高いとはいえない程度に減少している。確かに行動評点としては低くはないが，内心の高さに比較すると行動化は低く，これらの欲求の実行が難しいことがうかがえる。この欲求は対人的欲求ではないので人へのプレッシャーや人からのプレッシャーは内心や発言のレベルでは大きく受けないが，現実の行動レベルで何かを成就しようとする場合，人間関係を含め多くの困難があり，印象操作ではなく現実の多くの障害から実行が抑制されるのではないかと推察される。

E　先導欲求群

　先導欲求群は教授欲求と指導欲求の二つから構成されている。齊藤（1990）の対人欲求分類図式では，優位でポジティブな欲求群である。表4-1と図4-1に示すようにこの欲求群の特徴は，発言と行動の欲求強度の低さである。この

結果は、ポジティブな欲求にもかかわらず、発言や行動が抑制されることが示されており、少々予測に反したといえるが、現代の日本の若者が、人をリードすることを相手に言ったり、行ったりすることに強い抵抗感を感じ、好んでいないといわれていることを考えると、それが数値に示されたといえよう。人をリードすることが、人を統制するとか相手の自由を奪うと考えられ、それを若者風にウザイと考えると人間関係維持においては妨害的になると考えられ、対人場面ではこれらの欲求は抑制されることになることが推察される。

F　攻撃欲求群

攻撃欲求群は、攻撃欲求、主張欲求、競争欲求の三つの欲求から構成されている。齊藤（1990）の対人欲求分類図式に沿うと、優位でネガティブな欲求群である。表4-1に示されているようにこの欲求群の特徴はネガティブな欲求であることから全体的に欲求強度は低いが、これは対人場面における自己呈示という観点に立てば予測されることである。ネガティブな欲求は印象操作の自己呈示上、言語化したり、さらには行動化されることは抑制されることになる。ただ、そのように考えると、教授欲求群や勢力欲求群と比較して攻撃欲求群の発言は欲求強度が特には低くない。この欲求群は、人間関係維持に反しながらも、現実の対人場面では自己主張が必要であるために、攻撃的自己呈示が意識的になされ、言語化されていることが推察される。

G　自律欲求群

自律欲求群は自由欲求、気楽欲求、拒否欲求の三つの欲求から構成される。表4-1と図4-1に示されるようにこの欲求群のうち自由欲求と気楽欲求は、内心、発言、行動いずれにおいても欲求強度が高く、内心、発言、行動の間に、仮説で予測されたように差はあるが、それでもそれぞれの得点が高いことから、内心で思っていて言葉にも表し、実際、行動もしていることが示されている。印象操作の観点から見て、これらの欲求の言語化、行動化は、大学生にとっては人間関係を阻害するものとはいえず、自己呈示のために抑制されることは少ないといえる。このため、内心の欲求がよりストレートに表されると考えられよう。ただし、拒否欲求はネガティブな欲求のため、前二者ほどではな

く，対人関係という観点から人間関係維持のために抑制的な自己呈示が働いているといえよう。また，性差に関しては，自由欲求の行動の間に性差があり，女性の方が自由に行動していることが示され，統計的にも有意な差が認められている。

4　内心，発言，行動ごとの結果

ここまでは各欲求群ごとに結果を示してきたが，ここでは，内心，発言，行動の各レベルごとに結果を再整理して，示していくことにする。

A　欲求の内心的レベル

内心で思っているときの欲求の強さは表4-4aに示されるように，男女ともに成就欲求群が最も高く，日本人は成就欲求が高いという傾向が追証されている（北山・高木・松本，1995）。この傾向の高さはやる気がないといわれている日本の男性青年についての最近の風評と逆の傾向を示している。男性の場合の成就欲求群の内心は，飛びぬけて欲求強度が高いことが示されている。次に高い欲求は自律欲求群である。これは自由に行動したい，気楽に生きたいという欲求である。この欲求群が高いのは現代の若者の自由志向を実証しているといえる。ところで，内心の欲求強度の高いこれらの欲求を他の欲求と比較して検討してみると，これらの欲求群は共に社会的欲求ではあるが対人的欲求ではないという特徴をもっていることが分かる。つまり，直接人との関係がない非対人的欲求群である。それに対して他の欲求群はポジティブであったり，ネガティブであったりするがいずれも人間関係にかかわる対人的欲求である。このデータは現代の若者において，人間関係が敬遠されているといわれている風潮を実証しているといえるのかもしれない。つまり，成就欲求群と自律欲求群が高いのは，人間関係のわずらわしさから離れて，好きなことに自由に専心していたい若者の傾向を表しているのかもしれない。さて，対人欲求のなかでは，友好欲求群が男女とも高く，友達と仲良くしたいという気持ちが強いことがうかがえる。また，内心の欲求はいずれの欲求においても，発言，行動に比べて高い数値を示しており，いずれの欲求においても内心では高い欲求をもってい

表 4-4 a　欲求の内心の男女別平均（M）と標準偏差（SD）

			男性		女性		性差(P)
		欲求	M	SD	M	SD	
1	従順	恭順	1.40	1.33	1.11	1.21	
2		回避	1.56	1.14	1.49	1.10	
3		服従	1.23	1.27	1.15	1.11	
4		依存	0.86	1.41	1.15	1.21	
5	勢力	支配	1.42	1.20	1.01	1.34	
6		名誉	1.07	1.28	0.66	1.22	
7	友好	愉楽	1.51	1.28	1.47	1.38	
8		親和	1.47	1.12	1.19	1.26	
9	成就	持続	1.79	1.10	2.32	0.92	＊＊
10		達成	2.30	0.91	2.34	1.06	
11	先導	教授	1.19	1.33	0.92	1.31	
12		指導	0.19	1.24	0.28	1.22	
13	攻撃	攻撃	1.19	1.37	0.82	1.52	
14		主張	1.47	1.14	1.31	1.07	
15		競争	1.19	1.26	0.91	1.25	
16	自律	自由	2.19	1.01	1.93	1.16	
17		気楽	2.02	1.12	1.92	1.24	
18		拒否	1.72	1.30	1.43	1.30	
		平均	1.43	1.21	1.30	1.22	

＊＊ $p<.01$　　＊＊＊ $p<.001$　　男性（n=43）　女性（n=74）

ることが明らかにされ，欲求が欠如しているのではなく，抑制されていることを示唆していることが推察された。内心のこれらの欲求が言語化，行動化される際，対人場面において，よりよい人間関係を維持しようと自己呈示の仕方を考えることから抑制が働き，実際の言語化，行動化が抑えられていることが推察される。

B　欲求の言語的レベル

欲求の言語化レベルにおける欲求強度の高い群を表4-4bによりみると，成就欲求群と自律欲求群が内心同様に高いが，それに加えて友好欲求群が同じくらい高いことが分かる。対人場面においては，自己実現への意欲に加え，良好

表 4-4 b 欲求の発言の男女別平均 (M) と標準偏差 (SD)

			男性		女性		性差(P)
		欲求	M	SD	M	SD	
1	従順	恭順	0.74	1.33	0.41	1.22	
2		回避	0.67	1.32	0.64	1.29	
3		服従	0.51	1.08	0.43	1.14	
4		依存	0.37	1.25	0.45	1.24	
5	勢力	支配	0.49	1.16	0.04	1.25	
6		名誉	0.60	1.28	−0.18	1.10	***
7	友好	愉楽	1.02	1.37	1.43	1.36	
8		親和	0.86	1.25	0.96	1.30	
9	成就	持続	1.14	1.28	1.39	1.24	
10		達成	1.35	1.23	1.53	1.24	
11	先導	教授	0.42	1.24	0.20	1.23	
12		指導	−0.19	0.91	−0.36	1.03	
13	攻撃	攻撃	0.42	1.35	0.58	1.26	
14		主張	0.60	1.05	0.76	1.28	
15		競争	0.30	1.04	0.14	1.25	
16	自律	自由	1.30	1.26	1.31	1.36	
17		気楽	1.35	1.34	1.30	1.43	
18		拒否	1.02	1.46	0.59	1.38	
		平均	0.72	1.23	0.65	1.26	

** $p<.01$　*** $p<.001$　男性 (n=43)　女性 (n=74)

な人間関係を保ちたいという人間関係維持の自己呈示から友好を言葉に表すことがうかがえる。他方，欲求の言語化レベルで低いのは男性の勢力欲求群と男女の先導欲求群である。共に人に対して優位に立とうという意向を示す欲求群であり，言葉にすれば人をコントロールすることを示すことになる欲求群である。話し手からすれば，このような発言は相手に対してインパクトを与えてしまうことが懸念され，人間関係維持の点からみて自己呈示機能が働き，言語化するのを抑制していると推察される。

さて次に，内心の欲求を言語化するときの抑制の程度をみていく。表 4-3 にその差が示されているが，男性も女性も 7 欲求群すべてにおいて，内心で感じている欲求よりもそれを言語化するときの方がかなり低いことが示されてい

る。しかもその差は大きく，女性の友好欲求群を除いたすべての欲求群つまり，男性は七つ，女性は六つの欲求群においては統計的に有意な差が示されている。このことは，内心で思っている欲求が，そのままの強さでは言語化されないということを示唆している。それは言語化するとき，何らかの抑制が働くことを示しており，印象操作のために自己呈示として抑制がかけられると推察される。ではどのような欲求が言語化するときに，より強く抑制されるのかをみていく。表4-3から特に勢力欲求群や攻撃欲求群において，他の欲求群に比べ，大きく抑制されていることが分かる。もともとこれらの欲求は，内心の欲求が低いが，言語化するときにはさらにその数値が低くなっている。その理由は，前述したようにこれらの欲求が，対人的にネガティブな欲求であることによると考えられる。内心では思っていても，対人場面で直接面と向かうとネガティブなことは人間関係維持の印象操作の上からは言いにくいと考えられるのである。内心の欲求を言語化するとき，これらネガティブな対人的欲求と対照的なのがポジティブな対人欲求である。特に女性の友好欲求群に典型的に見られたが，内心の欲求強度と言葉の強度の差が小さく，方向としては低下しているが統計的には有意差が認められず，内心で思ったことの多くが言語化されている。ただし，男性においては，内心と言葉の間に有意な差が認められた。この点から考えると，女性は内心の友好欲求をよりストレートに言語化しているのに対して，男性は内心の友好欲求を言語化する際も抑制するように自己呈示がなされることを示唆している。男性は友好を言語化するのが女性よりも印象操作上，抵抗があるということが推察される。いずれにしてもこの調査結果により，全体的に見て，内心で意識化された欲求が対人場面において言葉として言い表される場合，欲求によって程度の差はあるが，内心よりも抑制されることが明らかにされ，このことは仮説2を支持している。そして，その程度は，優位な対人的欲求，具体的には勢力欲求群や攻撃欲求群，それに先導欲求群に顕著に見られ，ポジティブな欲求においては差異が小さかったことが明らかになった。このことは仮説3の抑制は欲求により異なることを支持しているといえよう。これは，第1章で検討した自己呈示理論に沿った形で，社会的プレッシャーにより言語化が抑制されること，あるいは対人的コンフリクトを回避しようとする自己呈示が言語化を抑制的することをうかがわせる結果であ

表4-4c 欲求の行動の男女別平均（M）と標準偏差（SD）

			男性		女性		性差(P)
		欲求	M	SD	M	SD	
1	従順	恭順	0.58	1.26	0.51	1.16	
2		回避	0.95	1.17	0.88	1.07	
3		服従	0.93	1.14	1.05	1.05	
4		依存	0.28	1.33	0.96	1.09	**
5	勢力	支配	−0.14	0.94	−0.42	0.78	
6		名誉	0.12	1.20	−0.35	0.77	*
7	友好	愉楽	0.67	1.23	0.86	1.29	
8		親和	0.81	1.18	1.00	1.12	
9	成就	持続	0.84	1.17	0.95	1.19	
10		達成	0.98	1.32	0.88	1.17	
11	先導	教授	0.33	1.02	0.27	1.13	
12		指導	0.23	1.31	−0.11	0.97	
13	攻撃	攻撃	0.37	1.27	−0.05	1.15	
14		主張	0.44	1.26	0.23	1.05	
15		競争	0.37	1.02	0.31	1.07	
16	自律	自由	0.63	1.31	1.08	1.02	*
17		気楽	0.88	1.29	0.78	1.25	
18		拒否	0.84	1.45	0.51	1.26	
		平均	0.56	1.22	0.52	1.09	

* $p<.05$　** $p<.01$　*** $p<.001$　男性（n=43）　女性（n=74）

るといえよう。

C　欲求の行動的レベル

次に欲求の行動レベルを見ていく。表4-4cは各欲求群に基づく行動をどのくらい頻繁に行っているかを示している。この表から分かるように，全般的に行動化の強度は低いが，そのなかで高いのは内心，発言と同様に成就欲求群，自律欲求群，友好欲求群である。実際の行動においても，人間関係から離れた非対人的社会的欲求の成就や自律が高く，現代の青年の社会的特徴を表しているといえる。ただ，言語化同様，友好のようなポジティブな対人的欲求は女性においては高く，女性が人間関係に積極的であることを表している。これら四

つの欲求群に加え，行動化においてこれらと同程度の強度を示しているのが，従順欲求群である。人に従うというこの欲求は内心でも言葉でも目立って高くはなかったが，行動において相対的に高くなっている。従順行動は，人が社会的あるいは対人的プレッシャーを感じたとき，あるいは対人的コンフリクトを回避しようとするとき表面化する行動であることを考えると，積極的に言葉に出すのは抑制されるが，現実に解決策としてとられる行動であることが示されているといえよう。しかし，現実の対人場面でそのような行動をするのは，第1章で詳しく検討したように防衛的自己呈示において意見同調や服従行動は，人間関係維持上，重要なストラテジーなので，それに沿って行動していることを示しているといえよう。行動化レベルで目立って低いのが，男女の勢力欲求群と女性の攻撃欲求群である。これらの行動はいずれもネガティブで優位な行動であるため，いざ実際に行動するとなると，内心で思っているときと違い，現実の相手からの反応などを考え，抑制されると推察される。さて，前述したように，行動化の程度は全般的にかなり低い。これは単にネガティブで優位な行動だけでなく，どんな社会的対人的行動においても，行動化しようとすると内心で考えているときよりもプレッシャーが強く感じられ，抑制が働くためといえよう。また，いざ実行となると，困難が生じることが予想されたり，実際困難が生じたりして行動できない場合も多いと考えられる。

D　発言レベルと行動レベル

言行不一致とは，言語的レベルと行動的レベルの間に差があることである。既にみたように，内心と発言の差，内心と行動の差は，程度の違いはあるが，一定の方向性を示しており，すべての欲求群において内心の欲求強度が高く，それを言語化，行動化する際には，その強度は内心レベルより低くなっていて，また，ほぼすべての欲求群においてその差は統計的にも有意な差が示されている。

これに対して発言と行動の強度を比較すると，表4-3に示されるように，仮説2は一部の欲求群にのみ支持され，支持されない欲求群もあることが分かった。一部は仮説通りに言語化よりも行動化において抑制されているが，欲求群により，発言の強度の方が行動の強度よりも高い場合がある。また性差がみら

れ，言行不一致は女性のほうに多くみられた。表 4-2 に基づき女性の言行不一致をみていくと，成就欲求群，勢力欲求群，攻撃欲求群においては発言の強度の方が高く，行動の方が低い。これは仮説 2 で予測した方向で，言葉では言うが行動はしないという言行不一致であり，これらは統計的にも有意な差が示されている。これら三つの欲求群は，いずれも遂行に多くの困難が伴い，また反発が予想されるので，遂行するのが難しい欲求群である。他方，従順欲求群は逆に行動の強度の方が発言の程度よりも高く統計的にも有意な差が示されている。従順行動は，従わざるを得ない，あるいは服従しておいた方が有利，コストがかからないなどの自己利益からの自己呈示の働きが想定される。また友好欲求群，先導欲求群，自律欲求群においては，発言と行動との間に有意な差がみられなかった。このように，言行不一致については，女性の場合，発言の方が行動よりも強度が高い欲求群と，行動の方が発言よりも強度が高い欲求群と，言行の差があまり見られない群の 3 パターンがあることが示されたといえる。

次に男性の場合をみると，言行不一致が統計的に有意であることが示されたのは，勢力欲求群と自律欲求群の二つであった。両方とも，仮説 2 で予測した方向の言葉の方が行動よりも強度が高い言行不一致である。勢力欲求の行動化は表 4-2 に示されているように，男性においては唯一平均値がマイナスを示している項目である。内心的には一応の高さの欲求があり，ある程度は言語化するが，実際には行動していないという仮説 2 で予測した方向の典型的パターンが，ここに示されている。その理由としては，男性においては女性よりも，対人関係において優越欲が高いと一般的に言われており，そのことは，本研究でも勢力的欲求の内心の高さで実証されているが，実際にそれを言葉に表して言うのはかなり難しく，それでもある程度は言語化されるが，勢力欲求の実行となると対人的にネガティブで優位な行動はその性質上，実行した際のコストや反発などを考えると行動レベルでは実際には行動が抑制されることになると推察される。

第4節 考　　察

　本研究では，結果に示されたような内心に対する発言と行動との欲求強度の差異は，主に自己呈示によると推察している。つまり，対人場面における人間関係維持のための自己呈示ストラテジーとして，内心の欲求を対人場面でそのまま表面に表さず，言語化，行動化の過程において抑制したり，異なった表現をしたりするためであると推察している。ここではこの視点から，本調査結果を考察していくことにする。自己呈示とは，第1章で検討したように自分が望んでいる自分のイメージを他者（ときには自分自身）がもつように，対人場面において自分を他者に呈示することである。そのために，自分の印象を自分で作り上げていく。つまり，自分のイメージ通りに自己呈示をし，相手の自分に対する印象を操作しようとすることである。それは，他者が自分について自分が作り上げるイメージに合った印象をもつように，自分について話し，そのように，行動することである。その行動の具体的な内容は，自己を高めるような自己高揚的行為が多いが，人間関係の維持のためには，謝罪や弁解など自己卑下的行為も用いられる (Schlenker & Weigold, 1992)。このことから，自分の欲求を言語化や行動化することが自分のイメージに合わないと判断した場合，あるいはその欲求を抑制するということが自己イメージに合うと判断した場合は，内心に欲求があっても，言語化しなかったり，行動化しなかったりする。つまり，何も考えていないかのように振る舞って，謙虚に，控え目にしているという抑制的な自己を呈示することになる。あることをしたいと思っているが，それを言葉にしたり実行したりする場合，後の周囲の人の自分に対する評価，つまり自分のイメージが悪くなると考えたら，そのようなことは言わないし，また，行動もしないことになろう。その方が，印象操作上得策だと考えて抑制するのである。このような社会的，対人的事態は日常的に多くあると考えられる。抑制的自己呈示は，内心とその言語化と行動化の不一致を生むことになる。特にホンネとタテマエを使い分ける日本社会で生活していると，そのようなことは社会生活上，日常的である。このことが日本人により多くの心理的葛藤をもたらし，人間関係を複雑にしているとも考えられるが，しかし，他

方においてこのような日本におけるダブルスタンダードは，それを使い分けることが許されている社会であるということから，むしろより多くの人は，そう深刻に，悩むこともなく，心のなかに多少の矛盾をかかえながらも，しかし，それは使ってもかまわないストラテジーであるとして，適宜，利用して社会生活，対人生活を送っているともいえよう。ただ，現代のように，日本社会の国際化が急速に進み，ごく普通に外国人と接することが多くなると，問題が生じてくる。前述したように外国人からみると日本人は，はっきりものを言わないと言われ，つかみどころがないと言われ，何を考えているのか分からないと言われる。他の文化の人たちに比較して，日本人は自分が内心思っていることをストレートに話さない，行動に移さないということであろう。このような指摘はきわめてネガティブで，文化相対論に基づく文化的違いの指摘というよりも，批判的である。しかし，そのような指摘を受けても，日本の文化のなかではそれが暗黙の文化規範であるから自分の内心の欲求をストレートには言葉にできないし，実行には移せないことが多いのである。このような抑制的な言い方は奥歯にものがはさまったような言い方，歯に衣を着せたような言い方といわれ，日本においてさえ好意的には受けとめられていないが，しかし，それでも，自分の思っていることをストレートに話すことや実行に移すことには慎重である。そこには，日本文化の自己呈示の仕方があると思われる。鹿内 (1978) は，日本人を対象とした成功・失敗の原因帰属の研究から，日本人は欧米人に比較して，成功を自分の内的要因に帰属する自己高揚的バイアスが低いことを見出し，それは，日本人の控えめな特性によるものであるとしている。その研究を含め，日本人特性論においては日本人の一つの特徴的対人態度が，他者に対して自己主張しないで，控えめで自己卑下的である，とされている（この点については第5章で詳述する）。その考えに沿うと本研究において，内心の欲求をストレートに言葉に表わさなかったり，行動に移さなかったりすることによる内心と発言や行動とのギャップが大きかったことは，日本人の抑制的な自己呈示で説明できるといえる。もちろん，どの文化においても内心と言行の不一致は生じるであろうが，特に日本人の場合は自己卑下性が高く，その差が大きく表れていると推察できよう。ただし，この調査結果が日本人の控えめな特性を表しているとすることは，他の文化との比較データを必要とし，

ここでのデータのみでは判断はできないのは当然である。

　ところで，日本人の特徴とされる自己卑下性，控えめという態度は，本研究では社会や対人場面における自己呈示ストラテジーという面が強いという仮説で論を進めている。本来の自己卑下性をもつ場合ももちろんあるが，謙虚，控えめというイメージを印象操作するために"謙遜して言う"あるいは"言うのを控える"ということも多いと考えられる。もともと謙虚，謙遜の謙という字は，言うことをひかえるという語源をもつ。それは表向きに言うのを控えるという意味で，逆にいうと，内心ではその気持ちをもっているということを示していて，抑制的な自己呈示を意味しているといえよう。

　このような表向きの謙虚さは，日本文化ではよくみられるが，もちろんこのような自己呈示は日本独自のものではない。欧米文化にもみられ，社会心理学では自己呈示の一つの方法としての偽の謙虚性として研究されている。Baumeister & Ilko（1995）は実験で，自分の成功物語を書かせたが，記名の場合には，周りの人々の援助が言及され，他方匿名の場合は，そのような言及はなく，自分の能力により成功したことが書かれる事実を発見し，偽の謙虚性を実証している。つまり，表面的には感謝を述べ，謙遜した言い方をするが，内心では自己主張しているのである。これを本調査結果に適用すると，内心では自己主張的で，はっきりと欲求をもっているが，言語化せず，外面的にはそれらがないように振舞っているのであり，人間関係維持のための抑制的自己呈示を裏付けているデータといえよう。もちろん，その根底には，そのような自己卑下的な自己呈示が社会的に高く評価され，受け入れられていると考えているからである。ただし，Miller & Schlenker（1985）が指摘しているように，このような自己卑下性は，周りの人が当人の成功や有能さを知っているときのみ有効である。周囲の人が有能さを知らない場合，何も言わなければ謙虚とは思われず，無能と思われるのが，通常であろう。そのような状況では，抑制的自己呈示は人間関係管理上得策ではないのであまり多く利用されないであろう。その意味で定着型の居住形態や職場の終身雇用制など長期の人間関係が中心であった日本の社会においては，周りの人の能力を互いによく知っているので，ムービングソサエティといわれる米国などに比較して，この抑制的自己呈示がより有効であったと考えられる。このため，この方略が多く利用され，そ

れが一つの文化規範となったと推察できよう。アメリカの社会心理学の自己呈示の実証的研究からも，自分たちの正体を知られていたり，自分の能力を厳しく評価できたりするようなエキスパートの前では，人は，より控え目になり，自己高揚的な自己呈示を抑制するという実証的データが示されている（Arkin, Cooper, & Kolditz, 1980；Riess, Rosenfelt, Melburg, & Tedeschi, 1992；Weary, Hervey, Schwieger, Olson, Perloff, & Pritcherd, 1982）。また，人は良く知っている友人と一緒にいるときよりも，まだ良く知らない人あるいは異性の人と一緒にいるときの方が，自分を印象づけようと，意識的になり，控え目ではなくなり，より自己高揚的な自己呈示を行うという実証的データもある（Leary, Tchividjian, & Kraxberger, 1994；Tice, Butler, Muraven, & Stillwell, 1995）。

　このようなデータと従前の知見を合わせて考えると，日本人の特性として内心の欲求を言語化，行動化する際に，抑制的になるとされているが，それは日本人独自の特性と同時に，日本的状況要因によっても生じていると考えられる。人は文化規範を背景に自分が今置かれている状況において，控え目な印象を与えた方が適当か，主張的な印象を与えた方が適当かをモニターし，それに応じて，よりよい人間関係を維持のための自己呈示を行い，言語化，行動化を判断していると考えられる。日本人の控えめな自己呈示傾向はこれまでの日本的状況のなかでの日本人は言語化，行動化することを抑制した方が良いと判断して対人場面での自己呈示を行ってきたと考えるのが適当といえよう。

第5章

自己卑下的帰属と自己呈示の実証的研究

第1節 目的と研究史

1 研究目的

　本章の研究は，帰属プロセスにおける日本人の言葉による自己卑下的帰属傾向が印象操作のための自己呈示により生じると考え，そのことを内心と発言の不一致から実証的に明らかにすることを目的とする。西欧においては達成課題の成否の原因帰属（causal attribution）は自己中心性バイアス（egocentric bias）から自己高揚的に帰属される傾向にあるとされている（Zuckerman, 1979；Myers, 2005）。それに対し，日本においては達成課題の成否の原因帰属が自己高揚的に帰属されず（Markus & Kitayama, 1991；Heine & Lehman, 1995），むしろ自己卑下的に帰属される傾向にある（鹿内，1983；村本・山口，1997）とされる議論がある。この議論は，本来西欧の帰属研究者が普遍的であるとみなしてきた達成課題の成功・失敗の自己高揚的帰属が日本ではみられず，逆に自己卑下的帰属がみられるという点に焦点がある。ここで問題と考えられることは，日本人の帰属傾向は，西欧人の自己高揚的帰属傾向と正反対で，自己卑下的であるのかという疑問である。日本人のこのような自己卑下的傾向が言葉の上だけでなく心からの自己卑下であり，西欧人の自己高揚も同様に心からの自己高揚だとしたら，両者は正反対といわざるをえない。しかし，第1章で議論したように，人間関係に配慮した自己呈示という視点を考慮すると，日本人の自己卑下はむしろ自己呈示ストラテジーと考えられる。つ

まり，この議論においても内心はそれほど自己卑下的ではないが，発言においては人間関係における印象操作から自己卑下的な帰属を自己呈示するということが推察されるのである。本研究は，このような第1章での内心と言行の不一致についての自己呈示論的考察に基づき，日本人の対人場面での発言表現における自己卑下的帰属傾向は，人間関係維持管理の印象操作のための自己呈示であると考え，調査を実施し実証することを目的とする。

　Barnlund（1973）によれば，アメリカ人に比べ日本人の対人場面の会話は表面的であるとされている。たしかに日本人同士の会話では，お互いに相手に発している内容が内心とは異なり，内心と発言が不一致のまま会話が進められていくことが少なくないといえる。日本文化はタテマエとホンネの社会と称されているが，その具体的な現象の一つとして社会的場面で発せられる発言が内心と異なることが多いことが指摘されている（増原，1984；土居，1986）。外に発言される言語がタテマエ的内容であり，当人の本当の気持ち，ホンネとは違っているということである。もちろん，ホンネで話す，という場面もあるが，あえてあらためてホンネで話すと言われなければならないのは，それが特別の場合で，通常の社会生活ではホンネでは話さずにタテマエで話しているということの証しでもある。タテマエとホンネの社会といわれる所以は，言うこと（タテマエ）と内心（ホンネ）が異なること，時には正反対であることが容認される文化をもつ社会であるということである。ただし，日本文化のみがこのようなタテマエとホンネを使い分けるわけではなく，どんな文化においても対人関係は多かれ少なかれ，内心と発言の不一致がみられる。そのことは社会言語学のポライトネスやラポート・マネジメントの研究や，欧米の諸々の社会心理学の実験的研究のデータにより明らかである（Leech, 1983；Spencer-Oatey, 2000；齊藤，2003）。さて，なぜこのような内心と言行の不一致が生じるのかについて，本研究ではその要因の一つは，人間関係の維持管理を目的とした印象操作のためであるとしている。原因帰属についての欧米の社会心理学の研究によれば前述したように人は基本的には自己評価を高めるための自己高揚的帰属をするとされている。しかし，日本人を対象とした研究では反対に自己卑下的帰属がなされることが明らかにされている。人の基本的な帰属傾向について二つの文化の間の正反対の帰属傾向は注目に値する。特に自己高揚的

帰属を人間の普遍的な"基本的帰属錯誤（fundamental attribution error）の自己奉仕バイアス（self serving bias）"であるとする西欧の帰属研究者からみると日本人の自己卑下的帰属は理解が難しいであろう。しかし，そこにタテマエとホンネという視点を入れると自己卑下的傾向も了解可能となると考えられる。この視点からすると発言された帰属内容が内心からなのか，発言上の自己呈示なのかということを考慮することになる。西欧と日本の一見正反対のようにみえる帰属傾向は，帰属傾向が正反対なのではなく，日本人が原因帰属を発言するとき，日本文化に基づいた自己呈示機能が働き，発言上，自己卑下的帰属で自己を呈示していると考えることが可能なのである。確かに日本人は発言上自己高揚的言語表現は少なく，自己卑下的な言語表現で原因帰属することが多い。しかし，このことは内心での帰属傾向の違いではなく，自己呈示の問題であり，ある場面で，どのような言語表現が"適当な"自己呈示となるかはそれぞれの文化により異なるのである。言語表現上は自己卑下的であったとしてもそれがその文化の文脈上，実質的には自己高揚につながるという場合もある。その場合，逆説的ではあるが自己卑下的に自己を高揚することが考えられ，この場合の自己卑下的帰属の自己呈示は基本的な自己卑下的傾向を表しているのではないのである。日本人社会において多用されている言語的自己卑下的表現はこのような文化的背景をもっていると考えられる。つまり，言葉上の自己卑下は内心からのものでなく，印象操作のために，内心とは異なる内容の言語表現であると考えることができる（これと逆のことが西欧人の自己高揚的帰属傾向にもいえるかも知れない。自己高揚的帰属は普遍的でも基本的でもなく西欧文化における自己呈示として言語表現されているという推察が可能である）。この考え方はSchlenker（1980）やSchlenker ＆ Weigold（1990, 1992）が提示している，状況によって自己イメージの自己呈示を変えていくという自己アイデンティティ理論の，自己呈示の利得性という観点からも支持されるといえよう。また，社会言語学のポライトネス理論（Brown ＆ Levinson, 1987）からも支持されると思われる。面子理論では，話し手は聞き手の面子を傷つけないように発言することが強調されている。面子を傷つけないように，ということは，本研究でいえば，そのように印象操作をするということになる。それは，自分を卑下して発話することにつながっていくと考えること

ができよう。面子理論が西欧で生まれ，普遍的であると議論されていることを考えると，日本人の自己卑下的帰属の言語表現は，次元の異なるほど異質ではなく，むしろ，これも普遍的な印象操作のための自己呈示の一つのストラテジーから生じると考えたほうがいいように思える。ただし，その程度が文化により異なり，日本文化においては西欧文化とは大きく異なっているのではないかと推論できる。本章は，そのことを実証的に明らかにすることを目的としている。

　さて，本実証研究の帰属課題としては，大学入試の成否の原因帰属と恋愛の成否の原因帰属を取り上げている。日本の学生にとって大学入試は大事な出来事であり，その達成行動の成功・失敗場面の原因帰属について学生なら誰もが考え，また言葉にする機会も多い出来事であろう。大学入試の成功・失敗の帰属について帰属理論の基本的錯誤傾向の自己奉仕的バイアスからその帰属傾向を推論すれば，入試に成功した学生は自尊心が満たされるように，より内的つまり自分の能力や努力に帰属し，他者にもそれを誇示しようと自己高揚的に帰属すると予測される。また，逆に入試に失敗した場合は自尊心が傷つかないように失敗の原因を自分以外のことに求め，自己防衛のための外的要因帰属を行うであろうことが予測されよう。このような自己中心的な帰属は欧米の社会心理学的研究においては自尊心を維持するための人間の普遍的，基本的錯誤であるとされている。このような自己奉仕傾向は入試のように成功・失敗が明確な事態においてその方向性が端的に表れると考えられる。また，入試の成功や失敗はその原因について自分で考えるだけでなく，人と話す機会も少なくないと考えられる。このため入試の成功・失敗の帰属は，帰属傾向と同時に帰属の言葉による自己呈示を研究する題材として適当であると考えられる。ところで，大学生を含む若者にとって恋愛もまた大事な出来事の一つにあげられよう。入試とは全く異なった出来事のようではあるが，恋愛もまた成功・失敗のある達成課題である。そして，成功したり，失敗したりしたとき，その原因を自ら考え，また，人とも話す機会が多いと考えられる。そこで本研究では大学生を対象にした成功と失敗の原因帰属の課題として入試と恋愛を取り上げることにした。

　ところで，実際に日本において，大学入試に合格した学生に，その勝因を確

認すると,「運が良かったんです」という答えが返ってくることが多い。この返答はWeiner (1980) の達成の原因帰属マトリックスからみると,成功の原因を内的ではなく外的で不安定な要因,つまり,運に原因帰属していることになる。この帰属傾向は,帰属理論が予測する自己高揚的帰属ではなく,逆の自己卑下的帰属といえる。逆に入試に失敗した場合,「私の努力が足りなかったんです」と,その敗因を自らの努力不足に帰属して,自らを責める発言をする学生が多い。これは失敗の原因を内的に帰属しており,Weiner (1980) の帰属マトリックスからみると,ここでも明らかに自己高揚的ではなく自己防衛的でもなく,自己卑下的原因帰属といえる。このような日本人の達成場面における自己卑下的帰属発言については日常的に多く経験する。それだけでなく,社会心理学においても,実証的研究がなされており,欧米人は自己高揚的原因帰属をするのに対して,後に詳述するが,対照的に日本人は自己批判的傾向が強い原因帰属をし,自己高揚的ではなく,自己卑下的であるとされている (鹿内, 1978;北山・高木・松本, 1995)。しかし,前述したように,日本はタテマエとホンネの社会とされていることから考えると,これらの日常的会話の自己卑下的な発言による表現や,実証的調査への回答も,言葉の上に限られた自己卑下的表現であるということも考えられる。そのように考えるとこれらの経験やデータからすぐには西欧人が内心から自己高揚的であるのに対して日本人は内心から自己卑下的であるとはいえないことになろう。この自己卑下的言語表現が印象操作のための自己呈示であると考えれば,言葉で,あるいは書面で,自己卑下的表現をしたというデータからだけでは,必ずしも日本人が本心から自己卑下的であることを示唆しているとはいえないことになる。それは日本人が,人間関係上,自己卑下的な帰属を言葉にするという自己呈示のストラテジーをとっているということを示すだけである。しかも,もしそのような自己卑下的言葉を発することが相手や社会に対して自己印象をよくすると考えて自己卑下的発言をしているとすれば,他者評価を通して自己評価をあげることを期待していることになり,結局は,自己高揚につながる自己呈示であり,単に印象操作上の,自己高揚のための自己卑下であるということになる。

さて,日本人の自己卑下的原因帰属がこのような自己高揚を背景にもっている自己卑下なのか,内心も言葉通りで,内心から自己卑下的なのかは,これま

での研究では直接比較して扱っておらず，明確ではないといえよう。そこで本研究は，達成行動の成否の原因帰属を内心と発言に分けて直接的に比較することによって，内心と発言の不一致，その不一致を生む自己呈示機能を明らかにしていくことを目的とする。本研究の調査では，従来の原因帰属の調査法にこの点を工夫して独自の質問紙を作成し，原因帰属の内心と発言を区分して調査し，内心と言行の不一致を調べることとした。次に，調査方法を説明する前に，ここで，本研究の背景となっている原因帰属の先行研究史の流れを説明しておく。

2　原因帰属の研究史

　帰属研究は Heider & Simmel（1944）による実験と，Heider（1958）の著作 *The psychology of interpersonal relations* に基礎をおくが，帰属理論が社会心理学の主要なテーマとなったのは，Jones & Davis（1965）および Kelley（1967）以降である。また，本研究で直接扱っている成功・失敗の原因帰属の本格的研究は，Weiner（1980）の原因帰属の2×2マトリックスの提唱に始まるといっていいだろう。帰属研究が重要視されるのは，原因帰属プロセスが，人の心理と行動に大きな影響を与えると考えられるからである。人は社会生活のなかで，いろいろな出来事に遭遇し，その出来事の結果がその人の心理と行動に大きな影響を与える。たとえば，学生が大学を受験したとすると，その合否はその人の心理とその後の行動に大きな影響を与える。このため，出来事の結果は，当人の心理を理解する上で重要なことである。しかし，認知心理学的観点からみると，出来事の結果そのものももちろん当人の心理に大きな影響を与えるが，その結果を当人がどのように認知するかということも当人のその後の心理と行動に大きな影響を与えるとされる。つまり，大学入試の合否は，結果はもちろん重大だが，その結果をどのように認知するかも重大であり，合否という結果の原因を何に帰属するかが，当人の心理と行動に大きな影響を与えることになると考えるのである。不合格を努力不足だったと原因帰属する人は，反省し，努力してまた来年挑戦しようとするであろう。試験の問題が適当でないと考えた学生は，怒り，新聞に投書するかもしれない。このように出来

事の原因帰属は人の心理と行動を考えていくときの重要な心理プロセスと考えられる。

さて，帰属研究の主なテーマの一つに帰属錯誤の問題があり，帰属錯誤を生じさせる個人的な認知のバイアスが注目されている。もともと帰属理論は，Heider（1958）の *The psychology of interpersonal relations* のベースになっている常識心理学（naive psychology）に基づいているため，ごく普通の人々の認知傾向を基礎としている。本人が意識しているかどうかは別にして，当然，その認知傾向には自己中心性などさまざまなバイアスがかかっていると考えられている。

Fraser & Buchell（2001）は，一般的帰属錯誤として，基本的帰属錯誤，行為者-観察的帰属錯誤，偽コンセンサス帰属錯誤，究極的帰属錯誤，自己奉仕的バイアスをあげている。この帰属錯誤が生じる原因については，当初，Nisbett & Ross（1980）の自他に対する知識量の差によるという説明やStorms（1973）の自他の視点の相違による顕著性（salience）の違いなどにより，説明がなされていた。また，Taylor & Riess（1989）は認知的説明として社会的情報処理プロセスにおいて，人は常に自分が成功をすることを期待しているので，成功したときは，外的要因よりもその期待に沿って内的要因に帰属させる傾向をもっているとしている。これはKelley（1967）の共変の原理（covariation principle）により説明できる。当人が成功が一般的であると考えているとすると，成功は弁別性が低く，一貫性が高い。このため，内的に帰属されることになる。他方，失敗はまれであると考えていると，失敗は弁別性が高く，一貫性が低い。このため，外的に帰属されることになるといえよう。しかし，その後，このようなクールな認知的アプローチだけでは，帰属錯誤の問題全てが説明されないことが徐々に明らかにされ，一般的帰属錯誤においては自己奉仕的バイアスが注目されるようになってきた。自己奉仕的バイアスとは，別名，動機的バイアスとも呼ばれるようになり，クールな認知的アプローチに対し，動機や感情といったホットな心理的メカニズムを加味して，帰属錯誤をとらえていくアプローチとなった。自己奉仕的バイアスは，遂行の結果が成功であったり，良い結果の場合は，その原因を自分自身に帰因し，失敗したり，悪い結果の場合は，自分以外の人や状況にその原因を帰属させる傾向を指

す (Campbell & Sedikides, 1999)。この自己奉仕的バイアスの生起に関しては Greenberg, Pyszczynski, & Solomon (1982) は動機的説明として，人は自尊心の維持や自己高揚動機やまた他者への印象操作から，自己奉仕的バイアスを生じさせるとしている。Brown & Rogers (1991) は，この自己奉仕的バイアスは極めて普遍的でしかも強力であるとしている。しかし，社会心理学において比較文化的アプローチが盛んになって以来，この自己奉仕バイアスにも文化差があることが注目されてきている。特に日本を含むアジアにおいては，自己奉仕的バイアスは，欧米に比較して弱いとされている (Lee & Seligman, 1997)。その説明として，欧米が個人主義 (individualism) であるのに対してアジアは集団主義 (collectivism) であるため，個人よりも集団の成果や調和が強調されるからだとされている (Triandis, 1995)。そう考えると，アジアの一員である日本人の帰属傾向はそれほど自己奉仕的ではないことになる。逆に，集団主義的であるということからは，他者との関係をより重視することが推察され，その点をふまえると，帰属のプロセスにおいて，より対他者，対集団を強く意識した帰属がなされると考えられる。特に，その帰属内容を他者に話すとなると相手への印象操作を強く働かせた原因帰属がなされるといえよう。つまり，日本人が自分の成功・失敗の原因帰属を言語で表現するとき，その内容は，より人間関係を考慮した印象操作の自己呈示になるといえる。自己呈示は，他者への印象を強く意識するため，言語表現は所属する文化により影響を受けることになる。所属する文化においてどのような言語表現が実質的に人間関係を良好にし，かつ自尊心を高めることになるかを考えて，自己呈示の方向を決め，それに沿った原因帰属を行うことになろう。その方向は文化により異なるといえる。このような視点に立てば，後に述べる理由から日本においては言語表現上は自己卑下的原因帰属が行われることが不思議ではないことになる。いずれにしても，印象操作に重点がおかれると，当人の内心の帰属傾向と他者に対して発言される帰属傾向との間には差異が生じることになる。ここに原因帰属の内心と言行の不一致が生じる。本研究の主要なテーマはこのような内心における原因帰属傾向と発言における原因帰属傾向の差異を実証することであり，その差異が他者への印象操作としての自己呈示によるものであることを検討していくことである。

3　日本人の自己卑下的帰属傾向

　日本における帰属研究者は，前述したように早くから日本人の帰属傾向が欧米とは異なる点を指摘している。鹿内（1978）は Jones & Nisbett（1971）の仮説と日本での実験結果を比較し，日本人は，自分の行動結果に関して高い評価を避け，控えめな帰属を表明するとしている。北山・高木・松本（1995）は，日本人を実験参加者とした研究をレヴューして，日本人の帰属傾向は，自己奉仕的バイアスとは逆の方向にあり，それは自己批判的な帰属傾向であるとしている。Markus & Kitayama（1991）によれば，人は自己を肯定的に評価しようとするが，何が肯定的かは文化により異なるとし，欧米型の独立的自己の場合，ユニークさ，自己主張が評価されるため自己高揚的帰属傾向が生じるが，他方，相互依存的自己をもつアジア型では，協調性が評価されるため，他者を高揚し自己を卑下する帰属傾向が生じるとしている。村本・山口（1997）は，日本人は，自らについては自己卑下的帰属をするが，他方，自分が所属する自集団については集団奉仕的帰属を行うとしている。友人への帰属については遠藤（1997）や唐沢・池上・唐沢・大平（2001）において研究されており，前者は関係性高揚によるとしており，後者は自己向上としての自己批判によるとしているが，いずれもデータとしては他者高揚的帰属傾向が示されている。このようなデータを参考に，ここでは日本人は集団を通して自己高揚していると推察していく。

　齊藤・遠藤・荻野（2000）は日本人を対象に原因帰属の対象を自分自身の成功・失敗だけでなく，友人の成功・失敗についても調査を行っている。その結果，友人への帰属はきわめて他者高揚的であることが分かった。このように日本人は，友人という自分の仲間集団の一員に対してきわめて高揚的に帰属するが，それは内集団奉仕的帰属であると推察できる。この友人称賛は社会的アイデンティティ理論（social identity theory, Oakes & Turner, 1980）を適用すると，内集団高揚を通しての自己高揚であるともいえる。この理論は自分が同一視している他者や集団を他者称賛（高揚）することにより自分自身への評価を高めることが推定される（Miller, 1995；Mullen & Riordan, 1988）。この

点について遠藤（1997）は，「人は自己評価の源泉を一部所属集団（内集団）に求め，それへの同一化感情が強いほど，内集団を外集団よりも肯定的に評価し（Brewer, 1979），そこから間接的に自己肯定感を得ようとする（Tajfel, Billig, Bundy, & Flament, 1971）。一般に日本は集団主義が優勢であり，所属集団への帰属感が強いとされている。この点を考えるならば，日本人にとっては，社会的アイデンティティの方が個人的アイデンティティよりも重要性をもち，個人という単位での自己理解がそれほど意味をなさないだろう。それゆえ，個としての理解を取り上げるようなこれまでの自己高揚研究では支持的結果が見いだされなかったのではないかという見解が成り立つ。Johnson（1993）は，日本人は社会化される過程で，自己ナルシシズムや虚栄心を集団の誇りや集合的ナルシシズムへと移行させている，と主張している。この考えにたてば，日本は個としては自己高揚は示さないが，欧米人以上に強い所属集団高揚を示すと思われる」と指摘している。

　このような内集団ひいき性（ingroup favoritism）は，逆に，嫌いな人を対象に原因帰属した場合，他者蔑視的になることが推定される。内集団（in-group）外集団（out-group）という区分をすれば，嫌いな人は外集団の方に属するため，自己評価を高めるためには，外集団を低め，つまり，嫌いな人を蔑視し，それにより相対的に内集団を高め，内集団の一員である自分を高めようとすると考えられる。このような推論を支持するような実証的研究は既に齊藤・遠藤・荻野（2000）により，友人（内集団成員）に対する高揚的帰属と嫌いな人（外集団）に対する他者蔑視的帰属傾向が明らかにされている。しかし，その実証的研究からは，内集団に対する奉仕的帰属傾向と外集団に対する蔑視的帰属傾向を示すデータが，本人が内心からそのように原因帰属しているのか，それとも，印象操作のための自己呈示として調査用紙に回答しているのかは明確ではない。そこで，本研究では，内心と発言の原因帰属の調査を行い，内心と発言の差異を調べた。また，自分自身と同様に，自分の友人と嫌いな人の成功・失敗についても調べている。この研究では発言においては，相手が友人の場合，他者称賛により内集団として自己高揚を図り，聞き手に対する自分の印象を良くすることができるため，内心以上に他者称賛がなされることが自己呈示のストラテジーとして予測できる。他方，嫌いな人の場合，外集団

の評価を下げることにより，相対的に，自己高揚を図ることができるため，内心では嫌いな人に対して蔑視的に帰属することが予測される。しかし，発言においては，内心以上に，より蔑視的になるとは予測されない。それはそのような蔑視的帰属を発言する自分に対して，聞き手が印象を悪くすることが容易に予想できるからである。Leech（1983）のポライトネスの理論からも発話時の他者への配慮が予測され，このため，発言では，印象操作上，蔑視的帰属は抑制されると考えられる。つまり，嫌いな人に対しては，内心では，強く蔑視的帰属をするが，発言の際には，蔑視的ではあるが比較的抑制的に帰属すると予測されるのである。

4　達成課題の種類と帰属傾向

　原因帰属は達成課題に取り組んだ後，成功あるいは失敗したときに行われやすい。Weiner（1980）が達成課題を対象に原因帰属のマトリックスを提唱しているのはこの点によると考えられる。ただし，達成課題にもいろいろな種類や状況があり，それらにより帰属傾向は異なると考えられる。このため一つの達成課題において得られたデータから帰属傾向を達成課題全体に推定することは適当とはいえない。北山・高木・松本（1995）もこの点を指摘し，帰属研究の展望のなかで課題の性質を分けている。そこでは現実的課題と便宜的課題に分類している。現実的課題とは小学生の学業成績であり，便宜的課題とは，帰属実験のために課せられたアナグラム問題などである。この展望によると，便宜的課題の場合，成功したときは課題，運，状況に帰属されやすく，他方，現実的課題では能力と努力に帰属されやすいとしている。また失敗については両方とも努力と能力に帰属されやすいとしている。ただこの2種類の課題は現実的と便宜的の違いはあるがいずれも知的作業の達成課題という点では共通している。もし，課題により帰属傾向が異なるとするならば性質のより異なる達成課題においてどのような帰属がなされるかを調べる必要があろう。そこで，齊藤（未公表a）は，現実的課題として性質が非常に異なった三つの課題についての原因帰属の調査を行った。その三つの課題とは入試の成功・失敗，恋愛の成功・失敗，それに就職内定の成功・失敗である。いずれも学生にとっては大

きな達成課題であるといえる。その研究の結果，内的要因としては成功も失敗も入試では努力，恋愛は性格，就職は能力に帰属する傾向が高いというデータが示され，達成課題の性質により帰属要因が異なることが示唆された。そこで原因帰属における自己呈示に関する本研究においても，異なった課題を用意することが必要であると考えられる。課題の違いにより，自己呈示の仕方も異なり，内心，発言における帰属傾向に違いがみられることが予測されるのである。

　さて，本研究の方法として主要テーマが，日本人の自己卑下的原因帰属傾向が内心からそう考えて発言しているのか，他者への印象操作として自己呈示的に発言しているのかを調べることであるので，原因帰属調査表（齊藤・荻野，1997）の質問を内心，発言の二次元にして調査表を作成した。つまり内心の次元と，実験参加者が他者に対して出来事の原因について発言するときどのような内容の発言をするのかの次元である。この調査法により，両者を直接比較できるようにした。さらには調査対象を自分自身の出来事への原因帰属に加えて，同じ課題について友人を対象とした場合と嫌いな人を対象にした場合の3対象への原因帰属を行っている。この方法により発言時には内心とは異なり，自己呈示としてどのような原因帰属の変化がみられるかを直接的に知ることができ，内心と発言の不一致とその傾向を知ることができる。それにより自己呈示が，自己奉仕的バイアスや内集団奉仕的バイアス，外集団バイアスといかに関係してくるかを調べることができるといえる。そして，その差異の方向から日本人の人間関係における自己呈示の仕方が明らかになると考えた。ただし，内心の調査といってもここでは質問紙法で質問し，回答を調査者に示すことを求めているため，本当の意味の内心ではなく，回答者としての印象操作がなされた上での内心としての回答であるという限定はある。発言も同様，実際の発言ではなく，調査表による発言の調査という限定はある。それでも調査用紙の質問項目で内心と発言という回答区分を行うことにより，回答者はこの点を意識して回答すると考えられるため，回答はより内心に近い回答，また，より発言に近い回答が得られると予測できる。このような限定の上で本調査の仮説を次のように提示する。

仮説1　自分自身への帰属においては，内心はより自己高揚的傾向になり，発言はより自己卑下的傾向になる。

仮説2　友人への帰属においては，他者高揚的傾向が強いが，内心よりも発言のほうが，さらにこの傾向が強い。

仮説3　嫌いな人への帰属においては，他者蔑視的傾向が強いが，内心よりも発言のほうが，この傾向は抑制される。

仮説4　帰属する課題により帰属傾向は異なる。

第2節　方　法

1．実験参加者──首都圏の大学在籍の日本人大学生443名（男性226名，女性217名）。ただし，入試，恋愛の成功・失敗の経験の有無により各質問項目における回答可能な実験参加者は異なるので各項目により分析対象者数は異なる。また，各項目の帰属率の分配合計が100％にならない回答用紙は誤答として分析から除外した。

2．調査法──質問紙調査法を用いた。質問紙は次のような構成の独自の二層心理測定の調査表を作成した。

1) 課題：大学入学試験と恋愛。
2) 成否：各課題の成功と失敗。
3) 内心，発言：内心は自分の考え，発言は人に話す内容。
4) 帰属対象者：自分自身，友人，嫌いな人の三者。
5) 帰属要因：齊藤・荻野（1997），齊藤・遠藤・荻野（2000）に基づき，帰属要因は次の10項目とした。
a 素性，b 能力，c 性格，d 出身校，e 努力，f 対応，g 課題，h 状況，i 運，j 運命
5) 回答法：各項目ごとの100％分割法。
6) 質問：調査上の質問文の内容はおおよそ次のとおりである。「入試，恋愛など自分の生活のなかで起こっている出来事の成功と失敗について考えること，そして，その成功・失敗の原因，理由が何であったか（何である

か）を考え，それをa～jの理由のなかから選択すること，そのとき原因・理由は一つでも二つでもそれ以上でもよいこと，各項目内のトータルがそれぞれ100％になるようにすること，たとえば，二つだったら70％と30％といったように重みづけをして，それを数値（％）で記入すること，そのとき，自分の内心での考えを自分の考え（内心）の欄に記入し，その出来事について人に話すときの原因理由を人に話すとき（発言）の欄に記入すること，内心と発言の欄の数値は同じでも違っていてもいいことなどを教示する。次に，友人と嫌いな人を1人ずつ選び，その2人の成功失敗の原因について自分自身のときと同様に自分の考えを内心欄に，その出来事について人に話すときの割合を発言欄に回答すること」を教示する。

3．調査日時と手続き——2002年7月及び11月に実施。大学の授業において，上記質問紙を配布し，回答させ，回収した。

第3節　結　　果

1　大学入試の帰属傾向

　本研究は内心の帰属と発言の帰属の相違を自己呈示という観点から検討するが，日本人の現実的課題への原因帰属の傾向については齊藤・遠藤・荻野（2003）において，帰属課題により，また帰属対象者により大きく異なることが既に明示されている。そこで，本研究の結果においても，まず二つの課題に分け，入試と恋愛，各々の課題の結果を検討し，後に両者を比較していくことにする。最初に入試の成功・失敗の結果をみていく。

　入試の各原因帰属への配分率の平均値は，帰属対象者別に内心・発言別，入試成否別に表5-1〜表5-6と図5-1〜図5-6に示されている。以下，この結果をもとに上記の仮説を検証していく。統計的処理は自分自身，友人，嫌いな人が，入試に成功あるいは失敗した場合の，内心と発言別に各帰属要因の分割値に対してt検定を行った。その結果は表5-1〜表5-6に示されている。また，入試の場合，全体として，b．能力，e．努力，i．運の3要因に非常に多く帰

属しているのでこの3要因を取り上げ，この3要因と内心と発言の2要因の2×3の分散分析と多重比較を行った。その結果は章末の付表に示されている（196-198頁参照）。以下，結果を自分自身，友人，嫌いな人の順にみていく。

A 自分の原因帰属傾向

自分が入試に成功した場合は，表5-1，図5-1に示されるように，内心ではその原因を男女とも努力（24.9％）に最も多く帰属する傾向がみられた。このように自分の成功を内的要因へ帰属することは自己奉仕バイアス理論からみて，欧米の研究にみられる自己高揚的帰属と同一の傾向を示しているといえよう。次いで運（20.5％）と能力（15.9％）に多く帰属していた。一方，発言ではその原因を運に最も多く帰属する傾向がみられた（32.6％）。このように自分の成功を外的要因に帰属することは，自己奉仕バイアス理論からみて，欧米にはみられない自己卑下的帰属である。次いで努力に多く帰属していた（22.5％）。

本研究で最も焦点としているのは内心と発言での帰属傾向の比較である。両者を比較すると，内心では努力と能力が比較的多く，発言では運が比較的多いことが明らかになった。この場合，Weiner（1980）の分類に従えば，努力と能力は内的要因のための自己高揚的であり，運は外的要因のため自己卑下的であるので，内心においては自己高揚的帰属が多くなされ，発言においては自己卑下的帰属傾向が多くなされるということになる。この傾向は仮説1を支持しているといえよう。それは内心の自己高揚傾向が発言時に自己卑下的に変えられていると考えられるからである。発言の際，自己呈示機能により自己卑下的に変えられるという考えは，会話時におけるポライトネスの発言時の他者への配慮（Leech, 1983）からも支持されるといえよう。また，統計的にもこの差を三つの帰属要因で分散分析した結果（2×3の2要因分散分析），表5-1に示されるように能力，努力，運いずれにおいても1％レベルで有意な差がみられた。また，交互作用も1％レベルで有意な差が示されている。このことは能力，努力は内心で多く，運は発言で多いことが明示されたといえ，仮説1は支持され，内心と発言を比較すると，内心の自己高揚的帰属，発言時の自己卑下的帰属傾向が明らかになったといえる。ちなみに，男女差をみると，女性の方

第5章　自己卑下的帰属と自己呈示の実証的研究　163

表 5-1　自分の入試の成功の内心と発言の帰属率

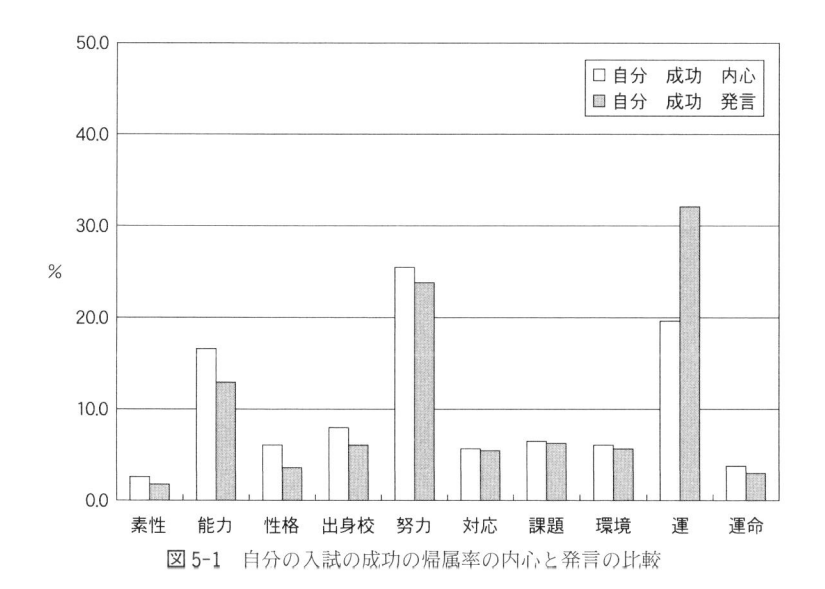

		内心		発言		内心-発言				
		M	SD	M	SD	M	SE	t	Prob>|t|	
a	素性	2.95	9.97	1.55	7.26	1.40	0.71	1.957	0.052	
b	能力	15.92	21.29	11.31	21.61	4.61	1.03	4.492	0.000	＊＊＊
c	性格	5.08	10.12	3.44	10.28	1.64	0.63	2.611	0.010	＊＊
d	出身校	6.79	14.77	4.96	13.99	1.83	0.66	2.772	0.006	＊＊
e	努力	24.91	25.75	22.47	27.05	2.45	1.31	1.874	0.062	
f	対応	5.66	11.88	5.06	12.17	0.60	0.69	0.864	0.389	
g	課題	7.30	15.91	7.40	17.37	−0.11	0.63	0.169	0.866	
h	環境	6.79	12.02	6.46	12.58	0.33	0.74	0.445	0.656	
i	運	20.50	23.35	32.64	31.84	−12.14	1.60	7.609	0.000	＊＊＊
j	運命	4.14	9.57	4.74	12.45	−0.60	0.65	0.914	0.362	

＊＊ $p<.01$　　＊＊＊ $p<.001$　　（n＝235）

図 5-1　自分の入試の成功の帰属率の内心と発言の比較

が運命への帰属が多く，また，特に発言時の運命への帰属が多い傾向がみられた。入試の成功における女性の外的要因への帰属傾向の高さが明らかになった。

次に自分が入試に失敗した場合は，表5-2，図5-2に示されるように，内心，発言ともその原因を努力に群を抜いて多く帰属する傾向が見られた（内心38.7％，発言38.9％）。このように自分の失敗を内的要因へ帰属することは明らかに自己卑下的帰属といえよう。このような内心と発言に差が少ない結果は自分が失敗した場合の帰属に関しては，仮説1が支持されているとはいえない。むしろ，この結果からは，日本人は失敗したときは内心からの自己卑下的な帰属傾向が高く，発言の際もそれをストレートに表しているということを示唆している。このことは従来の日本人の自己卑下的帰属傾向（鹿内，1978；北山・高木・松本，1995）を追証しているといえる。

B　友人の原因帰属

友人が入試に成功した場合は，表5-3，図5-3に示されるように，内心，発言ともその原因を努力に最も多く帰属する傾向が見られた（内心39.5％，発言42.7％）。次いで，内心，発言ともその原因を能力に多く帰属する傾向が見られた。この二つの帰属要因に群を抜いて多く帰属する傾向が見られ，運との比較においても内心，発言ともに統計的に1％レベルで有意な差がみられた。この2要因は，いずれも内的要因である。他者の成功を内的要因に帰属することは，他者高揚的帰属といえる。これは，自己奉仕的バイアス論からみると，このような他者高揚は理論に反することになる。しかし，第1章で推察したように，この点に社会的アイデンティティ理論を適用すると内集団ひいき性の表れとみてとれる。前述したように友人という内集団の一員を他者高揚することによりその集団内に含まれる自分を高揚する傾向であるとも推察できよう。この結果は，仮説2の前半部分を支持しているといえよう。また，表5-3に示されるように内心よりも発言のほうが努力への帰属が多く，統計的にも1％レベルで有意な差が示されており，仮説2の後半部分も支持されているといえよう。発言時に他者への配慮の自己呈示により，より他者高揚的帰属をする傾向が明らかにされたといえよう。逆にいうと発言と比較すると内心においては発

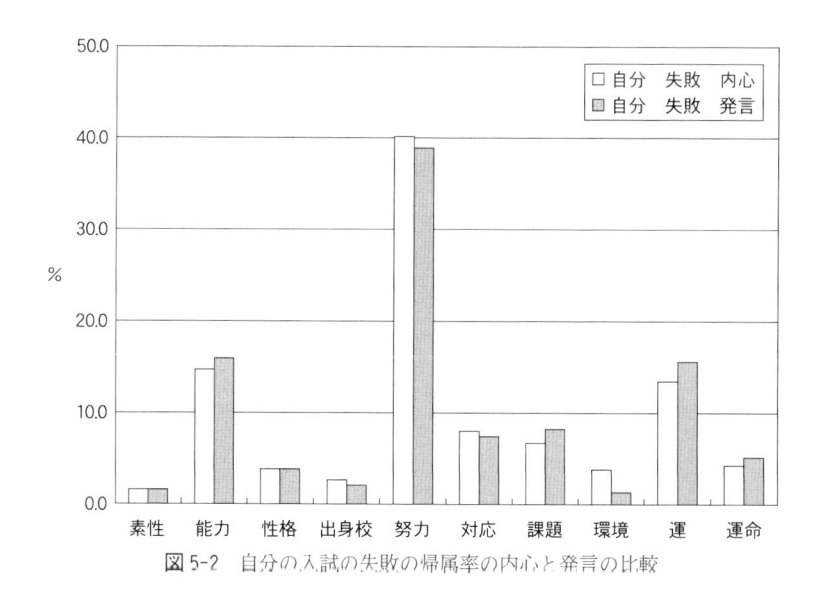

第5章　自己卑下的帰属と自己呈示の実証的研究　165

表5-2　自分の入試の失敗の内心と発言の帰属率

		内心		発言		内心-発言			
		M	SD	M	SD	M	SE	t	Prob>|t|
a	素性	2.62	11.23	1.69	6.75	0.93	0.79	1.178	0.241
b	能力	15.07	21.83	16.69	25.89	−1.62	1.38	1.168	0.245
c	性格	4.45	11.17	3.73	10.42	0.71	0.74	0.965	0.336
d	出身校	2.89	8.28	2.11	8.98	0.78	0.58	1.341	0.182
e	努力	38.67	32.85	38.93	34.30	−0.26	1.55	0.168	0.867
f	対応	8.28	17.75	7.21	17.81	1.07	0.72	1.495	0.137
g	課題	7.01	13.74	7.11	14.96	−0.10	0.87	0.112	0.911
h	環境	3.07	10.83	1.92	9.26	1.15	0.99	1.159	0.248
i	運	13.01	20.24	15.32	23.75	−2.32	1.50	1.550	0.123
j	運命	4.94	14.86	5.42	16.73	−0.48	0.86	0.562	0.575

(n=154)

図5-2　自分の入試の失敗の帰属率の内心と発言の比較

表 5-3　友人の入試の成功の内心と発言の帰属率

		内心		発言		内心-発言				
		M	SD	M	SD	M	SE	t	Prob>|t|	
a	素性	2.72	9.25	1.88	7.00	0.84	0.60	1.400	0.163	
b	能力	22.79	22.92	24.51	27.19	−1.73	1.34	1.288	0.199	
c	性格	4.78	12.11	5.00	12.82	−0.22	0.46	0.479	0.632	
d	出身校	4.89	14.15	3.21	10.85	1.68	0.67	2.505	0.013	*
e	努力	39.51	29.08	42.68	31.60	−3.16	1.46	2.173	0.031	*
f	対応	3.19	8.22	3.69	11.03	−0.51	0.63	0.804	0.422	
g	課題	6.44	15.63	4.49	13.06	1.95	0.69	2.828	0.005	**
h	環境	3.63	10.34	3.47	10.72	0.15	0.40	0.388	0.699	
i	運	10.07	16.63	9.47	18.73	0.60	1.00	0.600	0.549	
j	運命	2.04	9.66	1.64	8.91	0.40	0.67	0.591	0.555	

* $p<.05$　** $p<.01$　（n=226）

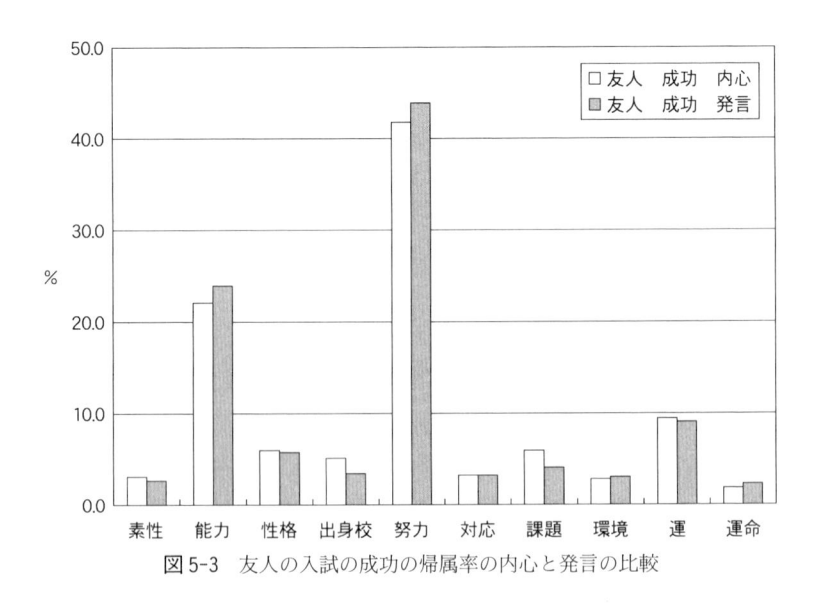

図 5-3　友人の入試の成功の帰属率の内心と発言の比較

言されているほどは友人の能力や努力を評価していないということを示しているといえよう。

友人が入試に失敗した場合は，表5-4，図5-4に示されるように，発言ではその原因を運に最も多く帰属する傾向が見られた（31.6%）。失敗を運に帰属することは他者高揚的帰属といえ，仮説2を支持している。他方，内心ではその原因を努力不足に最も多く帰属する傾向が見られた（33.2%）。他者の失敗を内的要因に帰属することは他者蔑視的帰属といえ，この結果は友人には他者高揚的帰属をするという仮説2を支持していない。友人に対して発言と比較すると内心ではより蔑視的帰属をしていることが示されている。このように内心と発言での帰属傾向を比較すると，内心では努力不足に多く帰属し，発言では運の悪さに多く帰属している。統計的にも努力，運それぞれの内心，発言の差および交互作用も1%レベルで有意な差が示されている。この場合，努力不足は他者蔑視的，運の悪さは他者高揚的であるといえるので，仮説2の後半部分は明確に支持されている。ここでも発言時に人間関係管理の自己呈示機能により，より他者高揚的帰属がなされていると推察される。また，このような内心と発言の帰属傾向の差異は，能力における帰属においても統計的に1%レベルで有意な差が示されており，この結果も仮説2の後半部分を支持している。

C 嫌いな人の帰属傾向

嫌いな人が入試に成功した場合は，表5-5，図5-5に示されるように，内心と発言ともにその原因を運に最も多く帰属する傾向が見られた（内心36.1%，発言30.0%）。表5-5に示されるように運対能力，運対努力の比較において内心，発言ともに，運が多く，統計的にも1%レベルで有意であることが示されている。このように他者の成功を外的要因に帰属することは他者蔑視的帰属であるといえる。この結果は仮説3の前半部分を支持しているといえよう。また，内心と発言を比較すると，能力，努力という内的要因については発言時の方が内心よりも多く帰属し，運については内心の方が発言よりも多く帰属している。これらの内心と発言の差は付表の分散分析表に示されるように各要因において統計的に1%レベルで有意な差が示され，交互作用も1%レベルでみられている。この結果は，仮説3の後半部分を支持しているといえる。発言時に

表 5-4　友人の入試の失敗の内心と発言の帰属率

		内心		発言		内心-発言				
		M	SD	M	SD	M	SE	t	Prob>|t|	
a	素性	1.84	6.78	1.04	5.39	0.80	0.53	1.507	0.134	
b	能力	15.14	21.88	7.42	17.02	7.72	1.36	5.688	0.000	＊＊＊
c	性格	5.69	15.49	5.33	16.86	0.36	0.83	0.432	0.667	
d	出身校	2.14	7.06	1.84	6.73	0.30	0.50	0.605	0.546	
e	努力	33.21	29.50	22.45	28.14	10.77	1.89	5.698	0.000	＊＊＊
f	対応	4.64	10.90	5.41	14.19	−0.77	0.90	0.852	0.395	
g	課題	11.98	20.12	15.69	25.66	−3.71	1.25	2.979	0.003	＊＊
h	環境	3.21	8.78	5.55	15.18	−2.34	1.03	2.277	0.024	＊
i	運	18.87	23.40	31.65	30.64	−12.77	1.94	6.597	0.000	＊＊＊
j	運命	3.27	12.70	3.63	12.96	−0.36	0.89	0.402	0.688	

＊ $p<.05$　　＊＊ $p<.01$　　＊＊＊ $p<.001$　　（n＝182）

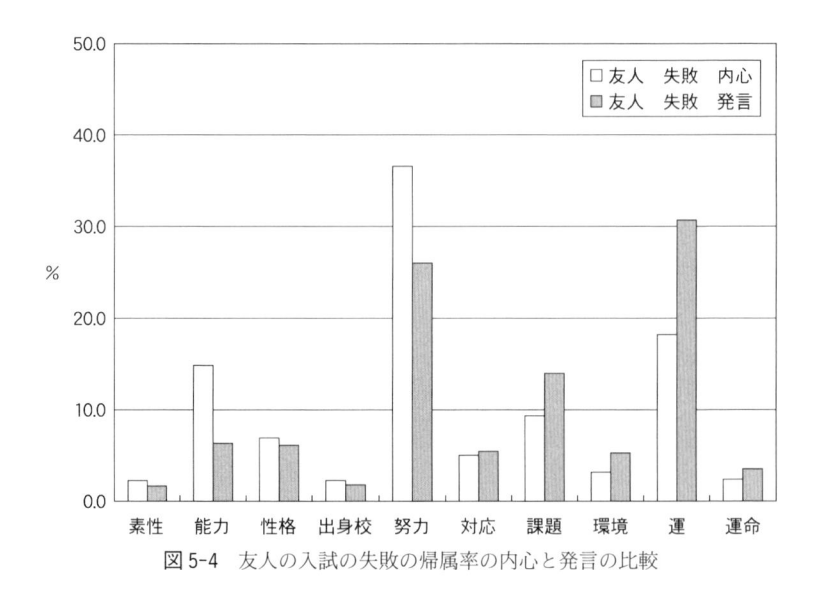

図 5-4　友人の入試の失敗の帰属率の内心と発言の比較

第5章　自己卑下的帰属と自己呈示の実証的研究　169

表 5-5　嫌いな人の入試の成功の内心と発言の帰属率

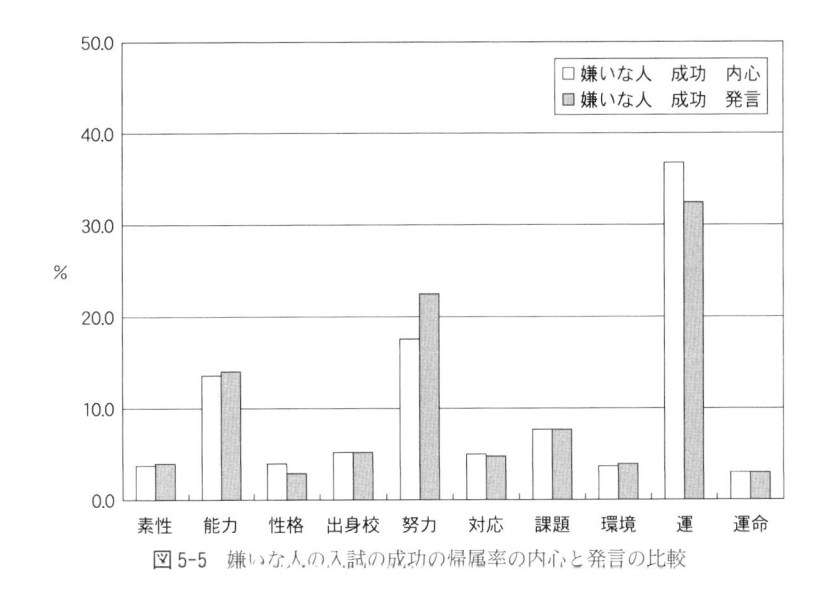

		内心		発言		内心-発言				
		M	SD	M	SD	M	SE	t	Prob>|t|	
a	素性	3.29	12.92	3.25	13.27	0.05	0.52	0.091	0.928	
b	能力	13.41	22.41	15.28	24.47	−1.87	1.42	1.316	0.190	
c	性格	4.05	13.36	3.70	13.15	0.36	0.67	0.532	0.596	
d	出身校	4.50	13.60	4.45	13.59	0.05	0.83	0.057	0.954	
e	努力	19.34	24.77	25.31	29.92	−5.97	1.66	3.596	0.000	***
f	対応	4.24	11.86	4.15	11.32	0.09	0.63	0.151	0.880	
g	課題	7.73	17.00	7.42	17.76	0.31	0.88	0.351	0.726	
h	環境	4.88	14.32	3.93	12.69	0.95	1.14	0.834	0.405	
i	運	36.09	35.56	29.98	33.92	6.11	2.08	2.939	0.004	**
j	運命	2.46	12.41	2.54	11.12	−0.07	0.57	0.125	0.900	

** $p<.01$　*** $p<.001$　（n＝211）

図 5-5　嫌いな人の入試の成功の帰属率の内心と発言の比較

相手への配慮の自己呈示機能により，内心よりも，よりポライトに発言し，より少ない蔑視的帰属がなされることが推察される。ちなみにこの点の性差をみると，発言では男性においては，内心同様に，運の良さに多く帰属する傾向が見られたが，女性では発言においては長期的努力に最も多く帰属する傾向が見られ，女性は発言で，よりポライトな発言をする傾向があることが示され，他者蔑視的帰属をより抑制している傾向がうかがえる（性差の数値は紙面の関係上，示されていない。以下，性差の言及については同様である）。

　嫌いな人が入試に失敗した場合は，表5-6，図5-6に示されるように，内心ではその原因を能力不足と努力不足の二つの要因に非常に多く帰属する傾向が見られた（能力29.4％，努力27.2％）。他者の失敗を内的要因に帰属することは他者蔑視的帰属といえよう。この結果は仮説3の前半部分を支持しているといえよう。発言においても，内心同様に能力不足と努力不足に多く帰属する傾向が見られたが，内心より少なくなっている。その分，発言では運の悪さに多く帰属する傾向が見られた。他者の失敗をこのようにより外的要因に帰属することは他者蔑視的帰属を抑制しているといえる。これらの結果は嫌いな人に対して他者蔑視的であるが，内心よりも発言において他者配慮の自己呈示が働き，よりポライトな発言となり，他者蔑視的帰属が抑制されることを示している。表5-6に示されるように能力・努力という内的要因においては内心の方が多く，運においては発言の方が多いことが，各要因とも統計的にも1％レベルで有意であることが示されており，交互作用も同様に有意な差が示されている。この結果は仮説3の後半部分を支持しているといえよう。入試の成否の原因帰属においては全体として発言時には内心に比較して，より自己卑下的，他者高揚的傾向がみられた。これは発言時に人間関係維持の自己呈示機能が働いていることを示唆しており，本研究の仮説が支持されたといえよう。

2　恋愛の帰属傾向

　恋愛の各原因帰属への配分率の平均値は，内心・発言別，帰属対象者別，恋愛成否別に表5-7～表5-12に示されている。以下，この結果をもとに上記の仮説を検討していく。統計的処理は自分自身，友人，嫌いな人が，恋愛に成功

第5章　自己卑下的帰属と自己呈示の実証的研究　171

表5-6　嫌いな人の入試の失敗の内心と発言の帰属率

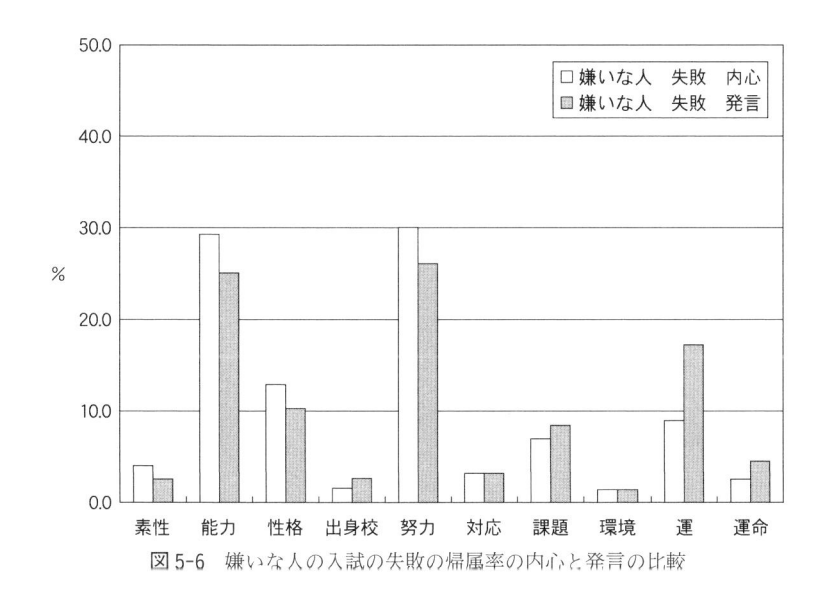

		内心		発言		内心-発言				
		M	SD	M	SD	M	SE	t	Prob>|t|	
a	素性	4.65	14.01	3.21	12.35	1.44	0.56	2.589	0.011	*
b	能力	29.44	31.12	23.73	31.22	5.71	1.90	3.003	0.003	**
c	性格	11.77	22.19	8.61	19.73	3.16	1.27	2.495	0.014	*
d	出身校	1.66	7.80	2.37	10.97	−0.71	0.62	1.154	0.250	
e	努力	27.18	30.84	23.40	29.30	3.77	2.09	1.805	0.073	
f	対応	3.37	9.43	3.25	9.29	0.12	0.40	0.310	0.757	
g	課題	7.52	16.74	9.75	21.85	−2.24	1.26	1.784	0.076	
h	環境	1.53	6.63	2.18	8.37	−0.64	0.53	1.204	0.230	
i	運	10.49	19.99	19.45	29.00	−8.96	2.32	3.858	0.000	***
j	運命	2.40	11.64	4.05	14.26	−1.65	0.64	2.574	0.011	*

＊ $p<.05$　　＊＊ $p<.01$　　＊＊＊ $p<.001$　　（n=163）

図5-6　嫌いな人の入試の失敗の帰属率の内心と発言の比較

あるいは失敗した場合の，内心と発言別に各帰属要因の分割値に対してt検定を行った。その結果は表5-7〜表5-12に示されている。また，恋愛の場合，全体としてc性格，i運の2要因に非常に多く帰属しているのでこの2要因を取り上げ，内心と発言の2要因の2×2の分散分析と多重比較を行った。その結果は章末の付表に示されている（196-198頁参照）。以下，結果を自分自身，友人，嫌いな人の順にみていく。

A 自分の帰属傾向

自分が恋愛に成功した場合は，表5-7，図5-7に示されるように，内心ではその原因を性格（26.7％）に最も多く帰属する傾向がみられた。このように自分の成功を内的要因へ帰属することは自己奉仕バイアス理論からみて，自己高揚的帰属といえよう。次いで運命（18.9％）と運（13.4％）に多く帰属していた。一方，発言ではその原因を運命に最も多く帰属する傾向がみられた（23.1％）。このように自分の成功を外的要因に帰属することは，自己奉仕バイアス理論からみて，自己卑下的帰属である。ただ，常識的には運への帰属は自己卑下的であるが運命への帰属を自己卑下的とするのには疑問があろう。しかし，性格への帰属と比較して控えめな発言であると考えられる。

ここで本研究で最も焦点としている内心と発言での帰属傾向を比較すると，内心では比較的性格が多く，発言では比較的運命や運が多いことが明らかになった。この差を2要因で分散分析した結果，表5-7に示されるように，内心と発言において，また帰属要因において，さらに，その交互作用において統計的に1％レベルで有意な差がみられた。性格は内心で多く，運は発言で多いことが明示された。この場合，性格は自己高揚的，運は自己卑下的であるので，比較すると内心においては自己高揚的帰属が多くなされ，発言においては自己卑下的帰属傾向が多くなされているということになる。この傾向は仮説1を支持しているといえよう。性差をみると，女性の方が運命への帰属が多く，また発言時において男性より周りの援助への帰属が多い傾向がみられた。

次に自分が恋愛に失敗した場合は，表5-8，図5-8に示されるように，内心，発言ともその原因を性格に群を抜いて最も多く帰属する傾向がみられた（内心32.6％，発言27.9％）。性格はWeiner（1980）の分類に従えば内的要

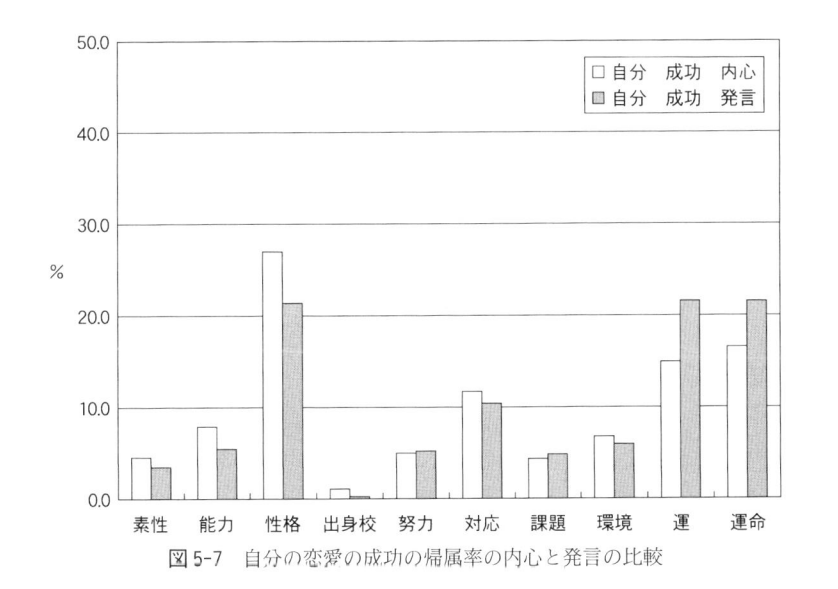

第5章　自己卑下的帰属と自己呈示の実証的研究　173

表 5-7　自分の恋愛の成功の内心と発言の帰属率

		内心		発言		内心-発言				
		M	SD	M	SD	M	SE	t	Prob>|t|	
a	素性	5.25	11.46	3.43	11.52	1.81	0.73	2.501	0.013	*
b	能力	7.23	17.00	4.44	14.01	2.79	0.95	2.956	0.004	**
c	性格	26.74	24.35	20.88	24.86	5.86	1.13	5.196	0.000	***
d	出身校	0.71	6.11	0.12	1.16	0.59	0.42	1.398	0.164	
e	努力	4.98	11.94	5.22	14.15	-0.25	0.69	0.357	0.721	
f	対応	11.08	17.00	10.25	18.35	0.83	0.93	0.901	0.369	
g	課題	5.39	12.99	5.71	15.07	-0.32	0.72	0.442	0.659	
h	環境	6.37	14.70	7.08	16.70	-0.71	0.77	0.921	0.358	
i	運	13.38	21.20	19.80	28.35	-6.42	1.49	4.302	0.000	***
j	運命	18.87	22.35	23.06	29.32	-4.19	1.57	2.675	0.008	**

＊　$p<.05$　　＊＊　$p<.01$　　＊＊＊　$p<.001$　　（n＝204）

図 5-7　自分の恋愛の成功の帰属率の内心と発言の比較

表 5-8　自分の恋愛の失敗の内心と発言の帰属率

		内心 M	内心 SD	発言 M	発言 SD	内心-発言 M	内心-発言 SE	t	Prob>|t|	
a	素性	6.00	15.25	4.98	14.87	1.03	0.59	1.731	0.085	
b	能力	9.17	18.02	7.25	17.77	1.92	0.96	2.007	0.046	*
c	性格	32.65	27.81	27.85	30.07	4.80	1.29	3.724	0.000	***
d	出身校	0.51	3.63	0.10	0.85	0.42	0.26	1.624	0.106	
e	努力	4.42	12.75	4.61	14.40	−0.19	0.70	0.274	0.784	
f	対応	14.13	21.15	14.25	24.76	−0.12	1.30	0.093	0.926	
g	課題	7.32	15.59	8.67	18.81	−1.35	0.87	1.560	0.120	
h	環境	5.41	14.23	5.77	15.64	−0.36	0.69	0.528	0.598	
i	運	8.31	16.09	10.46	19.86	−2.15	1.17	1.831	0.069	
j	運命	12.08	20.85	16.06	26.43	−3.99	1.42	2.803	0.006	**

* $p<.05$　** $p<.01$　*** $p<.001$　（n＝207）

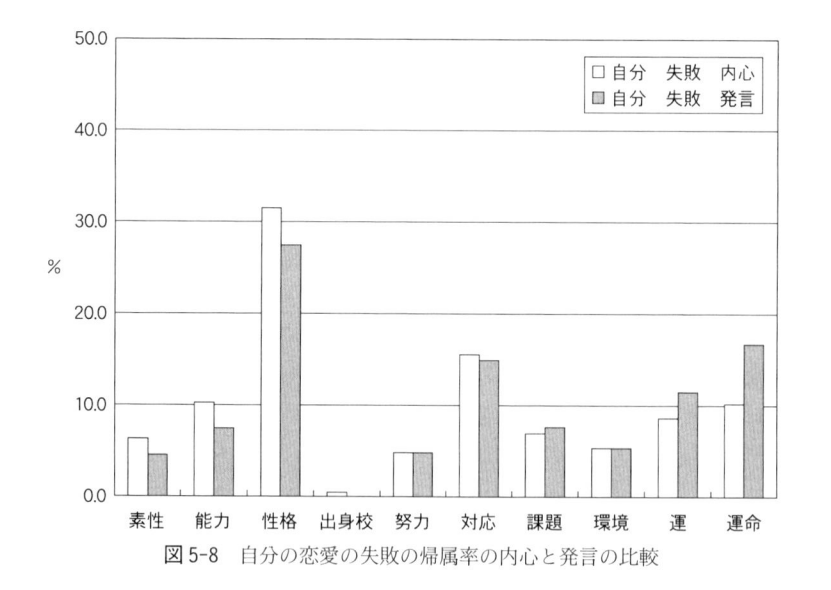

図 5-8　自分の恋愛の失敗の帰属率の内心と発言の比較

因である。内的という点では入試失敗の場合の努力不足と同じ傾向である。このように自分の失敗を内的要因へ帰属することは自己卑下的帰属といえよう。この結果からは，日本人が失敗したときは入試のような達成課題に限らず，恋愛を含め多くの達成課題に対して，自己卑下的な帰属傾向が高いという，従来の日本人の帰属傾向（鹿内，1978；北山・高木・松本，1995）も示唆しているといえる。しかし同じ内的要因への帰属でも性格と努力では，Weiner（1980）の帰属マトリックスでは変動性の次元で異なる。努力は変動要因であるのに対して，性格は固定的要因である。日本の帰属研究で日本人の特徴としてあげられている努力要因への帰属傾向はここでは示されていない。課題による帰属傾向の違いが明らかにされているといえよう。また内心と発言を比較してみると，性格及び運への帰属との交互作用は表 5-8 に示されるように内心では性格に，発言では運に帰属する傾向が統計的に 1％レベルで有意な差が示され，仮説 1 を支持する方向にあり，内心は比較的自己高揚的で，発言では比較的自己卑下的である傾向が示され，発言時において人間関係管理の自己呈示が働いていることをうかがわせる結果となっている。性差をみると，内心で男性は対応の悪さに原因を帰属する傾向が女性より高く，女性は男性より内心で運命に帰属する傾向が高くなっている。

B 友人の原因帰属

友人が恋愛に成功した場合は，表 5-9，図 5-9 に示されるように，内心，発言ともその原因を性格に群を抜いて最も多く帰属する傾向がみられた（内心 35.4％，発言 39.7％）。次いで，内心，発言ともその原因を能力に多く帰属する傾向がみられた。この二つの要因は運との比較においても内心，発言ともに統計的に 1％レベルで有意な差がみられた。性格は内的要因であり，他者の成功を内的要因に帰属することは，他者高揚的帰属といえる。これは，前述したように友人を内集団の一員とみなすと，社会的アイデンティティ理論から予測される内集団ひいき性の表れと推察される。また，仮説したように友人という内集団の一員を他者高揚することによりその集団に含まれる自分を高揚する傾向が示唆されているということも推察できよう。この結果は，仮説 2 の前半部分を支持しているといえよう。また，表 5-9 に示されるように分散分析の結果

表 5-9　友人の恋愛の成功の内心と発言の帰属率

		内心 M	内心 SD	発言 M	発言 SD	内心-発言 M	内心-発言 SE	t	Prob>|t|	
a	素性	8.62	17.08	6.01	14.68	2.60	0.95	2.752	0.006	**
b	能力	12.47	20.20	11.20	20.07	1.27	1.19	1.063	0.289	
c	性格	35.37	27.20	39.70	29.10	−4.33	1.57	2.759	0.006	**
d	出身校	0.28	2.53	0.07	0.76	0.21	0.18	1.153	0.250	
e	努力	6.45	13.56	7.17	16.82	−0.71	0.78	0.918	0.360	
f	対応	7.19	14.85	7.88	15.93	−0.69	0.85	0.811	0.418	
g	課題	4.15	9.55	3.55	9.60	0.60	0.58	1.039	0.300	
h	環境	4.38	10.93	4.45	12.34	−0.07	0.44	0.158	0.875	
i	運	10.71	20.29	7.95	16.18	2.76	1.18	2.339	0.020	*
j	運命	10.39	18.55	12.03	21.48	−1.64	1.11	1.473	0.142	

＊ $p<.05$　＊＊ $p<.01$　（n = 217）

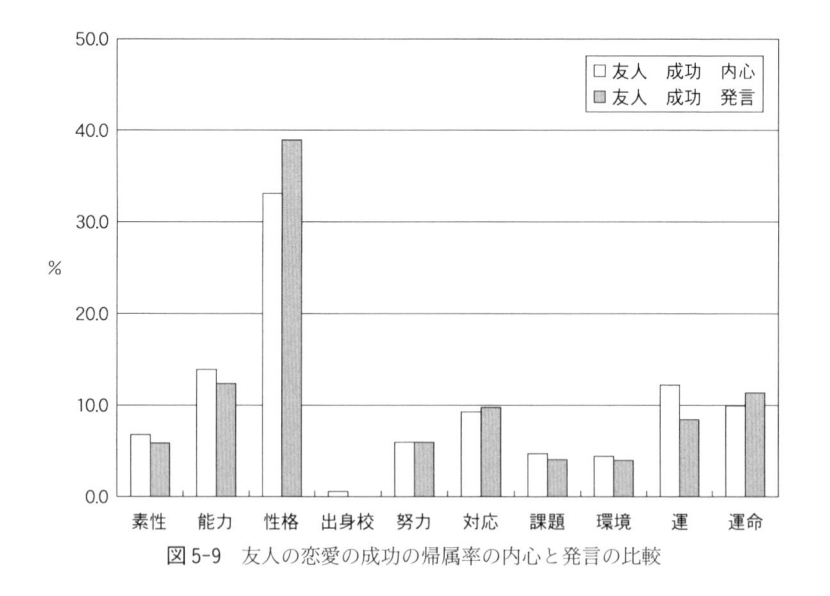

図 5-9　友人の恋愛の成功の帰属率の内心と発言の比較

から，内心よりも発言のほうが性格への帰属が多く，逆に，外的要因である運への帰属は内心より発言のほうが少なくなっており，この差は内心よりも発言の方がより他者高揚的になっていることを明らかにしている。統計的にも1％レベルで有意な差が示されており，仮説2の後半部分も支持されているといえよう。性差をみると，男性において，内心と発言の交互作用がより明確に表れていることが分かる。男性は友人の成功において，内心よりも発言においてより性格に帰属し，より少なく運に帰属している。このことは発言上は他者高揚的にもみえるが，女性との比較からみると，内心では他者評価をしていないことを示唆し，男性の恋愛成功者への否定的な帰属傾向が示唆されているといえよう。男性の複雑な心理は成功他者への帰属要因として，女性よりも対応の良さ（上手さ）を挙げていることからも伺える。

友人が恋愛に失敗した場合は，表5-10，図5-10に示されるように，内心ではその原因を性格に最も多く帰属する傾向がみられた（27.3％）。他者の失敗を内的要因に帰属することは他者蔑視的帰属といえ，この結果は友人には他者高揚的帰属をするという仮説2を支持していない。一方，発言ではその原因を内心ほど高くは性格に帰属せず，性格とともに，運にも同じくらい多く帰属する傾向がみられた（性格20.4％，運19.8％）。発言時，他者の失敗を内的な性格に帰属することを抑えて，外的要因である運に帰属することは印象操作としての自己呈示機能であり，他者高揚的帰属といえる。内心と発言での帰属傾向を比較すると，性格，運それぞれの内心，発言の差および交互作用は統計的に1％レベルで有意な差が示されている。この場合，性格は他者蔑視的，運は他者高揚的であるといえるので，仮説2の後半部分は明確に支持されているといえよう。また，運命への帰属も内心より発言に多く，仮説2後半部分を支持する傾向にある。

C　嫌いな人の帰属傾向

嫌いな人が恋愛に成功した場合は，表5-11，図5-11に示されるように，内心，発言ともにその原因を運に群を抜いて最も多く帰属する傾向がみられた（内心35.9％，発言29.0％）。表5-11に示されるように運対能力，運対努力の比較において，内心，発言ともに，運が多いことが統計的にも1％レベルで有

表 5-10　友人の恋愛の失敗の内心と発言の帰属率

		内心		発言		内心-発言				
		M	SD	M	SD	M	SE	t	Prob>|t|	
a	素性	5.15	15.03	2.32	7.99	2.83	0.88	3.229	0.001	**
b	能力	7.90	16.63	5.34	14.86	2.56	1.21	2.116	0.036	*
c	性格	27.32	28.66	20.44	27.23	6.88	1.72	4.002	0.000	***
d	出身校	1.05	8.37	0.00	0.00	1.05	0.58	1.794	0.074	
e	努力	4.32	12.35	2.85	9.51	1.46	0.68	2.162	0.032	*
f	対応	11.63	18.77	10.66	18.67	0.98	1.26	0.776	0.439	
g	課題	12.80	20.95	15.54	25.25	-2.73	1.31	2.084	0.038	*
h	環境	5.90	14.90	7.29	19.05	-1.39	0.99	1.402	0.163	
i	運	13.22	21.90	19.80	28.85	-6.59	1.57	4.203	0.000	***
j	運命	10.71	20.65	15.76	26.84	-5.05	1.42	3.563	0.001	***

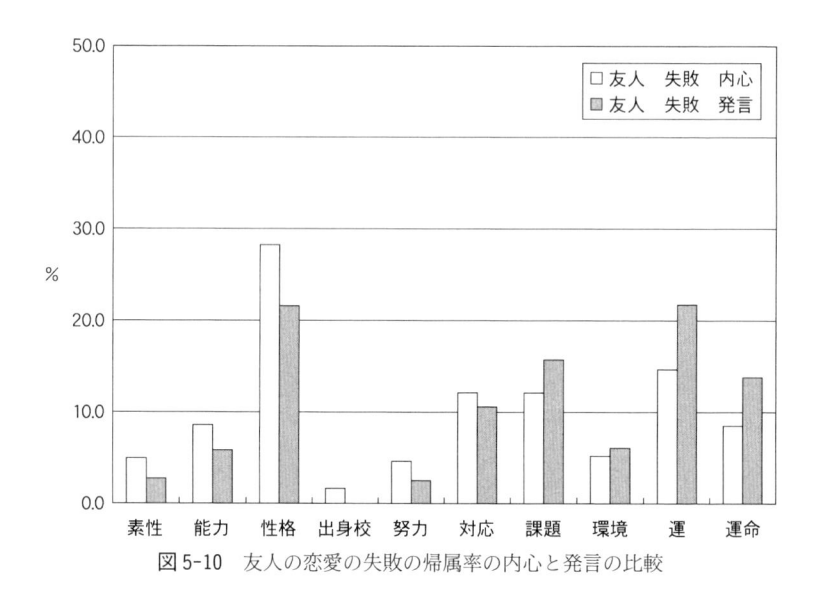

* $p<.05$　** $p<.01$　*** $p<.001$　（n＝205）

図 5-10　友人の恋愛の失敗の帰属率の内心と発言の比較

第5章　自己卑下的帰属と自己呈示の実証的研究　179

表 5-11　嫌いな人の恋愛の成功の内心と発言の帰属率

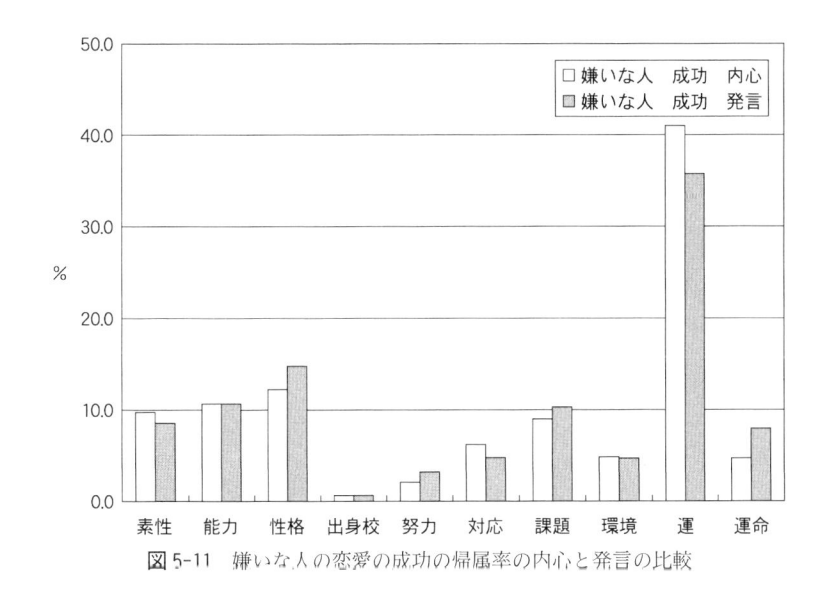

		内心		発言		内心-発言				
		M	SD	M	SD	M	SE	t	Prob>|t|	
a	素性	9.56	23.26	9.19	21.53	0.38	1.13	0.334	0.739	
b	能力	11.72	21.35	12.85	23.61	−1.13	1.32	0.861	0.391	
c	性格	11.69	19.96	16.45	25.42	−4.77	1.61	2.965	0.004	＊＊
d	出身校	0.73	5.03	0.76	5.82	−0.03	0.35	0.084	0.933	
e	努力	3.52	11.00	3.98	13.91	−0.47	0.83	0.561	0.576	
f	対応	6.57	14.96	6.16	16.48	0.41	1.07	0.381	0.704	
g	課題	9.42	18.15	10.41	20.69	−0.99	0.96	1.034	0.303	
h	環境	5.49	14.27	4.42	13.21	1.08	0.75	1.431	0.154	
i	運	35.90	37.79	28.98	34.68	6.92	2.15	3.218	0.002	＊＊
j	運命	5.41	15.38	6.80	18.03	−1.40	1.24	1.127	0.262	

＊＊ $p<.01$　　＊＊＊ $p<.001$　　（n = 172）

図 5-11　嫌いな人の恋愛の成功の帰属率の内心と発言の比較

意な差が示されている。このように他者の成功を外的要因に帰属することは他者蔑視的帰属であるといえる。この結果は仮説3の前半部分を支持しているといえよう。しかし，内心と発言を比較すると，内的要因の性格については内心に比べ発言時においてより多く帰属している。これらの内心と発言の差は表5-11に示されるように各要因において統計的に1%レベルで有意な差が示され，交互作用も1%レベルでみられている。恋愛の成功の運への帰属は他者蔑視的，性格への帰属は他者高揚的であるので，この結果は仮説3の後半部分を支持しているといえる。内心の他者蔑視的傾向が，発言時には比較的に抑制されることから，発言時の印象操作の自己呈示が働いていると推察される。性差をみると，運への帰属で大きな差が見られている。女性に比べ男性は嫌いな人の恋愛の成功を内心でも発言でも，より多く運の良さに帰属している。つまり，男性の方が嫌いな人に対してより蔑視的帰属をしていることが示唆されている。男性は発言においても性格よりも運への帰属がかなり多い，それに比較して女性では内心でも男性に比較して運への帰属は少ないが，発言では運よりも性格により多く帰属していて他者高揚的な帰属がなされている。女性の方が，嫌いな人に対しても内心で他者蔑視的帰属をしていないだけでなく，発言においても人間関係維持の他者高揚的自己呈示がよりなされていることが示唆されている。また，女性において嫌いな人の恋愛の成功の帰属が特に，発言においてその人の能力に帰属されている点が特徴としてみられた。

　嫌いな人が恋愛に失敗した場合は，表5-12，図5-12に示されるように，内心ではその原因を群を抜き最も多く性格に帰属する傾向がみられた（内心48.7%）。他者の失敗を内的要因に帰属することは他者蔑視的帰属といえよう。この結果は仮説3の前半部分を支持しているといえよう。また，発言においても，内心同様に性格に群を抜いて多く帰属する傾向がみられたが，内心に比較して少なくなっている（発言39.9%）。それに対して，発言では運に帰属する傾向がみられた。他者の失敗をこのように外的要因に帰属することは他者蔑視的帰属を抑制しているといえる。これらの結果は嫌いな人に対してはきわめて他者蔑視的ではあるが，内心に比較して発言においては他者蔑視的帰属が抑制されることを示しており，そこに人間関係維持の自己呈示機能が働いていることを示唆されるといえよう。表4-12に示されるように性格においては内心の

第5章 自己卑下的帰属と自己呈示の実証的研究　181

表 5-12　嫌いな人の恋愛の失敗の内心と発言の帰属率

		内心		発言		内心-発言				
		M	SD	M	SD	M	SE	t	Prob>|t|	
a	素性	10.46	22.55	10.03	23.34	0.43	1.02	0.419	0.676	
b	能力	10.57	18.91	8.51	18.13	2.06	0.93	2.224	0.028	＊
c	性格	48.65	34.89	39.94	35.00	8.71	2.17	4.022	0.000	＊＊＊
d	出身校	0.20	2.03	0.06	0.76	0.14	0.14	1.000	0.319	
e	努力	3.06	11.27	3.06	11.62	0.00	0.92	0.000	1.000	
f	対応	6.43	15.50	6.40	15.09	0.03	1.26	0.023	0.982	
g	課題	4.80	11.79	6.91	17.67	−2.11	1.20	1.765	0.079	
h	環境	2.86	10.82	3.12	9.14	−0.26	0.77	0.332	0.740	
i	運	8.97	19.86	14.94	26.57	−5.97	1.79	3.336	0.001	＊＊＊
j	運命	4.00	14.50	7.03	17.03	−3.03	1.27	2.380	0.018	＊

＊ $p<.05$　＊＊＊ $p<.001$　（n＝175）

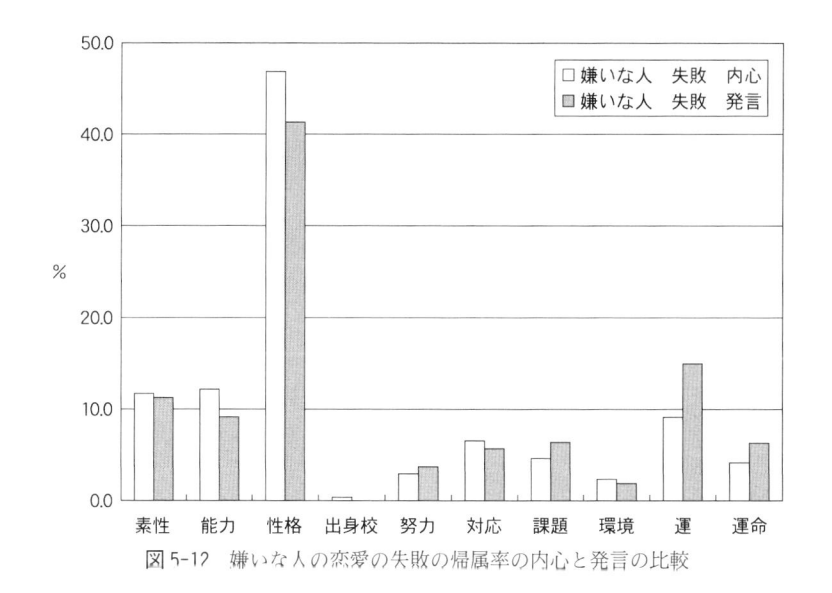

図 5-12　嫌いな人の恋愛の失敗の帰属率の内心と発言の比較

方が多く，運においては発言の方が多いことが，各要因とも統計的にも1%レベルで有意であることが示されており，交互作用も同様に有意な差が示されている。この結果は仮説3の後半部分を支持しているといえよう。性差についてみると，女性における内心と発言の差が大きいことが分かる。内心では失敗を他者蔑視的に性格に帰属し，発言では外的要因の運に帰属して，他者蔑視を抑制している。ここには嫌いな人に対したときに女性のほうがより明確に人間関係維持のための自己呈示を働かせることが示唆されていると推察できる。

3 課題による帰属傾向の相違

本研究では，達成課題として入試と恋愛をとり上げている。入試の成功と失敗，恋愛の成功と失敗，各々の内心と発言についての帰属傾向については既に検討してきた。ここでは課題の違いについて注目して，両者を比較して，帰属傾向の違いをみていくことにする。入試と恋愛の内心，発言の各々の帰属要因を検討したとき，調査した10帰属要因中，入試では，能力，努力，運への帰属が多く，恋愛では性格，運への帰属が多いことが前述したように明らかになった。そこでこの5帰属要因について，入試と恋愛における帰属の相違をみていくことにする。2課題の5要因の内心発言の帰属率を比較した結果を示した表5-13と表5-14に沿って仮説4を検討していく。

この表から分かるように成功と失敗の内心と発言時の自分，友人，嫌いな人の5要因の入試と恋愛の帰属傾向（全60ケース）の違いをみると，60ケース中49ケースの81.7%において統計的に有意な差がみられることが分かる。これは課題により，帰属傾向が非常に異なることを示しており，仮説4を支持しているといえる。このことは，たとえば日本では努力要因に帰属傾向が高いというようにある文化が帰属傾向について一定の普遍的な帰属傾向をもっていると仮説するとき，課題における普遍性について注意しなければいけないことを示唆している。対象者別にみていくと自分については成功においても，失敗においても内心，発言とも5要因20ケースすべてで入試と恋愛との帰属率の差には統計的に有意な差が見出されている。次に，友人についても，成功の内心・発言ともに運への帰属，失敗の発言時の能力への帰属の3ケースを除き，

表 5-13　恋愛と大学入試における内心と発言の平均帰属率（%）

			入　試		恋　愛	
			内心	発言	内心	発言
自分	成功	能力	15.9	11.3***	7.2	4.4**
		性格	5.1	3.4**	26.7	20.9***
		努力	24.9	22.5	5.0	5.2
		運	20.5	32.6***	13.4	19.8***
		運命	4.1	4.7	18.9	23.1**
	失敗	能力	15.1	16.7	9.2	7.2*
		性格	4.4	3.7	32.6	27.9***
		努力	38.7	38.9	4.4	4.6
		運	13.0	15.3	8.3	10.5
		運命	4.9	5.4	12.1	16.1**
友人	成功	能力	22.8	24.5	12.5	11.2
		性格	4.8	5.0	35.4	39.7**
		努力	39.5	42.7*	6.5	7.2
		運	10.1	9.5	10.7	7.9*
		運命	2.0	1.6	10.4	12.0
	失敗	能力	15.1	7.4***	7.9	5.3*
		性格	5.7	5.3	27.3	20.4***
		努力	33.2	22.4***	4.3	2.9*
		運	18.9	31.6***	13.2	19.8***
		運命	3.3	3.6	10.7	15.8***
嫌いな人	成功	能力	13.4	15.3	11.7	12.8
		性格	4.1	3.7	11.7	16.5**
		努力	19.3	25.3***	3.5	4.0
		運	36.1	30.0**	35.9	29.0**
		運命	2.5	2.5	5.4	6.8
	失敗	能力	29.4	23.7**	10.6	8.5*
		性格	11.8	8.6*	48.7	39.9***
		努力	27.2	23.4	3.1	3.1
		運	10.5	19.4***	9.0	14.9***
		運命	2.4	4.0*	4.0	7.0*

表 5-14 入試と恋愛の 5 要因の帰属率の比較

			入試と恋愛の比較			
			内心	t	発言	t
自分	成功	能力	8.7	4.676***	6.9	3.889***
		性格	−21.7	12.455***	−17.4	9.830***
		努力	19.9	10.151***	17.2	8.185***
		運	7.1	3.325**	12.8	4.433***
		運命	−14.7	9.180***	−18.3	8.719***
	失敗	能力	5.9	2.810**	9.4	4.106***
		性格	−28.2	11.887***	−24.1	9.532***
		努力	34.2	13.682***	34.3	12.945***
		運	4.7	2.456***	4.9	2.116***
		運命	−7.1	3.621***	−10.6	4.387***
友人	成功	能力	10.3	5.021***	13.3	5.845***
		性格	−30.6	15.393***	−34.7	16.350***
		努力	33.1	15.233***	35.5	14.676***
		運	−0.6	−0.368	1.5	0.912
		運命	−8.4	−5.981***	−10.4	6.698***
	失敗	能力	7.2	3.686***	2.1	1.281
		性格	−21.6	9.072***	−15.1	6.466***
		努力	28.9	12.818***	19.6	9.385***
		運	5.7	2.454***	11.8	3.915***
		運命	−7.4	4.204***	−12.1	5.549***
嫌いな人	成功	能力	1.7	0.753	2.4	0.984
		性格	−7.6	4.464***	−12.8	6.326***
		努力	15.8	7.772***	21.3	8.617***
		運	0.2	0.050	1.0	0.282
		運命	−2.9	2.072***	−4.3	2.839**
	失敗	能力	18.9	6.786***	15.2	5.524***
		性格	−36.9	11.502***	−31.3	10.039***
		努力	24.1	9.678***	20.3	8.499***
		運	1.5	0.701	4.5	1.490
		運命	−1.6	1.114	−3.0	1.738

他の 17 ケース（85.0％）において成功，失敗，内心，発言について統計的に有意な差が示されており，ここでも大半において課題における帰属傾向に違いがあることが明らかにされている。さらに，嫌いな人についてみるとここでは 20 ケース中 12 ケース（60.0％）で，入試と恋愛の帰属傾向に有意な差がみられているが，他の場合ほど差がみられていないことが示されている。そこで次に各ケースについて，入試と恋愛の帰属傾向の差異についてさらに詳しくみていくことにする。

A 自分の帰属傾向の比較

　入試と恋愛の自分の成功について帰属要因を比較してみると，入試においては内心は努力が一番多く発言では運が一番多い。しかし，内心では二番目に多いのは運，発言で二番目に多いのは努力で，内心でも発言でも努力と運が多い。努力は内的変動要因，運は外的変動要因である。つまり，入試の成功においては，帰属次元の変動性という点でみると変動要因への帰属が多いことが示されている。他方，恋愛においては，内心で一番多いのは性格，発言で一番多いのは運命である。そして恋愛でも内心で二番目に多いのは運命，発言で二番目に多いのは性格で，恋愛においては，性格と運命への帰属が多い。性格は内的固定要因で，運命は外的固定的要因である。つまり，恋愛においては，固定的要因への帰属が多いことが示されている。この結果は課題の相違により，帰属傾向に変動性次元ではっきりとした違いがあることを示しているといっていいだろう。さらに入試と恋愛の成功したときの内心と発言を細かく比較すると，入試においては内心に比べ発言時に外的要因の運により多く帰属して自己卑下的自己呈示をしているのに対して，恋愛においては内心時に比べ発言時において内的要因の性格への帰属を少なくして自己卑下的自己呈示する傾向があることが示されている。

　次に入試と恋愛の自分の失敗について帰属要因を比較してみると，ここでも異なった要因への帰属がなされており，内心・発言ともに入試では努力，恋愛では性格に圧倒的に多く帰属している。入試と恋愛の失敗における帰属傾向の大きな違いは，入試の場合，内心と発言で相違が少ないのに対して，恋愛でははっきり違いがみられる点である。恋愛においては発言時，内心よりも性格へ

の帰属が減り，運命への帰属が増えている。これは自己高揚的自己呈示である。恋愛の場合，自分の失敗に対して入試とは異なり欧米の研究で言及されている自己高揚的帰属傾向が示されていることが分かる。このことは日本人の発言時における自己卑下的自己呈示の傾向も，課題により異なることを示唆していることになる。

B　友人の帰属傾向の比較

　入試と恋愛の友人の成功について帰属要因を比較してみると，運への帰属以外，他の4要因において内心，発言ともに有意な差がみられている。入試においては能力と努力，恋愛については，性格と運命に多く帰属している。入試における友人の成功に対しては内心と発言の差がなく，能力と努力という友人の内的要因に帰属している。一方，恋愛においては，性格に最も多く帰属しているが，内心と発言には差がみられ，発言時の方がより性格に帰属しており他者高揚的自己呈示がみられた。

　次に友人の入試と恋愛の失敗について帰属要因を比較してみると，入試の発言以外の5要因の内心と発言すべてで帰属要因に統計的に1％レベルで有意な差がみられた。入試は恋愛よりも能力と努力と運に，恋愛は入試よりも性格と運命により多く帰属されている。また，発言時には他者蔑視を抑制し，より他者高揚になるように帰属を変化させており，印象操作の自己呈示をしていることが推察される。

C　嫌いな人の帰属傾向の比較

　嫌いな人の入試と恋愛の成功について帰属要因を比較してみると，能力と運とに差がなく，入試においては努力，恋愛においては性格と運命により多く帰属している。しかし表5-13と表5-14から分かるように嫌いな人の場合，成功を運に最も多く帰属しており，他者蔑視的である。発言時には他者蔑視が抑えられ，多少，少なくなるがそれでも運に最も多く帰属している。

　次に，嫌いな人の入試と恋愛の失敗について帰属要因を比較してみると，内的要因への帰属傾向には差があり，入試は能力不足と努力不足に，恋愛は性格の悪さに多く帰属している。これは嫌いな人の失敗については課題に関係なく

当人の内的要因への帰属が強くなされているためと推察される。嫌いな人への蔑視的帰属傾向の一つの表れといえよう。ただし発言時には，蔑視的帰属は内心に比べ，比較的抑制されている。これらは本研究のテーマである発言時の印象操作のための自己呈示がみられるという議論を支持している実証的データといえよう。

第4節　考　察

　帰属錯誤の初期の研究においては，原因帰属プロセスで自己高揚動機から自己奉仕的バイアスが生じるとされてきた（Lord, 1997）。しかし，その後，帰属傾向の比較文化心理学的研究の知見から帰属の自己奉仕的バイアスには文化相対性（cultural relativity）がみられ，必ずしも自己高揚的帰属傾向が普遍的であるとはいえないとされている（伊藤，1998；唐沢・池上・唐沢・大平，2001）。個人主義を素地とする西欧文化においては，社会生活全般において自己高揚することが強く動機づけられているために，帰属プロセスにおいても自己奉仕的バイアスが強く働き，自分の成功は内的要因に帰属し，自分の失敗は外的要因に帰属し，他方，他者の成功は外的要因に帰属し，他者の失敗は内的要因に帰属する傾向があるとされている。これにより，人は自らの自尊心の維持と高揚をはかっているとされている。

　他方，日本人においては，前述したように原因帰属において，自己高揚とは対照的な自己卑下傾向がみられるとされている。このため，文化により帰属傾向は異なり，西洋文化では自己高揚的な帰属がなされ，日本を含むアジア文化では自己卑下的帰属がなされる傾向があるとされる。しかし，そう結論したとき，西欧人の自己高揚は自尊心の維持から説明できるが，アジア人の自己卑下的帰属はなぜ起こるのか，という疑問が生じる。文化において程度の差はあるであろうが，人が自らの自尊心の維持を図ることは欧米人に限らず（欧米人ほどではないとしても），日本を含むアジア人も同じで，普遍的に自己高揚動機をもつと考える方が無理がないと思われる。そこから日本人も基本的には内心では自己高揚的帰属傾向をもつと考えるのが妥当かと思われる。しかし，日本のような和を貴ぶ集団主義社会においては，それを直接に本人自らが発言する

と周りの人から批難され，自己高揚できるどころか逆に悪い印象を与えることになりかねない。これでは自己呈示のための高揚的発言は本来の自己高揚的目的を果たすことができないことになる。このため，周囲から受け入れられるように，むしろ自己卑下的な発言をすることになると推察できる。自己卑下的発言は，周囲から受け入れられやすく，発言者の印象が良くなる。そのことは，周囲の評価が高くなり結果的に自己高揚になる。このため，日本人は印象操作の自己呈示のストラテジーとして，言語表現の際に自己高揚的発言を避け，逆に，自己卑下的発言をすることになるといえる。

このように考えると，日本人も自己高揚的であるが，人間関係に対する文化の違いから，表面上，印象操作のために，自己卑下的に発言しているといえる。この場合，日本人は内心では自己高揚的でありながら，発言において自己卑下的になるというダブルスタンダードを有することになる。ただ，議論の一方には，人は確かに自己高揚的であることが生存上必要かもしれないが，だからといってそれほど極端な高揚は必要はない。もともと人間はアジアのデータが示しているように自己高揚バイアスはほどほどで，時に自己卑下的でもあるとも考えられる。周囲との和を貴ぶ日本人は，発言において自己卑下的な自己呈示をすることは予測できるが，それだけでなく，内心でも極端に自己高揚的ではないことも予測できる。むしろ，欧米人の方が個人主義的文化背景から自己奉仕バイアスが高く，また他者との競争意識から発言時において印象操作として非常に高い自己高揚的な自己呈示をしているとも考えられる。このような相対立する議論について本研究では，日本人の言葉による自己卑下的帰属は印象操作に基づく自己呈示ストラテジーの一つであるという立場からそれを直接証明するために実証的研究を行った。以下，本研究で行った実証的データをもとにさらに議論を進めていく。

北山・高木・松本（1995）は，「成功を運や課題に帰するという自己批判傾向は，便宜的実験課題を用いた研究では強いものの，現実場面の成功を調べた研究ではみられない。むしろ，努力が重視されている」とし，課題内容による帰属傾向の違いを指摘している。その上で，日本人の帰属傾向を「総じて成功，失敗とかにかかわらず，努力への帰因が顕著である」としている。実際，古城（1980）によれば，大学生は，試験の成績を成功・失敗にかかわらず努力

要因に帰因しているとしている。そして現実の達成課題においては，自己卑下的帰属傾向はみられないというのが北山・高木・松本（1995）の指摘である。

しかし，齊藤・遠藤・荻野（2000）では，この知見とは相反する結果が示されている。日本の大学生にとってきわめて現実的達成課題であった大学入試の結果について，明確に自己卑下傾向が確認されたのである。その調査結果は大学入試の成功の原因として，運がよかったことに最も多く原因を帰属し，失敗の原因として，自分の努力不足に最も多く帰属していることが明らかにされた。この調査結果は日本人は現実の達成課題に対しても自己卑下傾向を示していることを明らかにしている。しかし，その調査結果は，被験者の内心からの自己卑下傾向を示しているのか，調査者に対する，あるいは社会に対する自分の印象を考慮に入れ，自己卑下的に自己呈示しているのかは明確ではない。そこで本研究では，そこに示された日本人の自己卑下傾向が，印象操作の自己呈示による発言なのか，内心からそのように思っていることなのかを直接調査することにより明らかにしようとしたのである。その結果は既にデータに示されたように，大学入試の成功の原因帰属を，内心では努力要因と能力要因に比較的多く帰属していた。この二つの要因はいずれも内的要因であり，これは自己高揚的帰属を示しているといえる。

この結果は日本人は自己卑下的帰属をする傾向があるという従来の研究知見と結果を異にしている。内心の帰属傾向は，前述したように，西欧の従来の帰属研究の帰属錯誤と同じ自己奉仕的傾向を示しているといえよう。この結果は，日本人は内心では比較的自己高揚的であり，極端に自己卑下的ではないことを示しているといえる。では，従来の研究に疑問がもたれるかというとそうではないことが本研究における発言のデータの帰属傾向で明らかにされている。発言では，内心と異なり，運への帰属が最も多く，これは外的不安定要因で，自らの成功をこのような要因に帰属する発言は自己卑下的であるといえる。このように内心では比較的に自己高揚的帰属をし，発言では比較的に自己卑下的帰属をするという，交互する傾向が明示されたのである。それがなぜ生じるかについては既に言及してあるように，印象操作のための自己呈示によるものと考えられる。

社会言語学のポライトネスの研究（Leech, 1983）が指摘するように，対人

場面で対話をするときはどんな人でも聞き手など周りの人への自分の印象を考慮した上で話の内容を決めていく。話し手は状況をモニタリングして，その場に最も適当な自己呈示をする。ただし，そのとき，どの程度相手のことを考慮して自らの印象操作をするかは個人のセルフ・モニタリング傾向とその背景にある文化により異なるといえよう。

　Snyder（1987）によってセルフ・モニタリング度が極めて高い社会とされている日本においては，この対人配慮が西洋社会に比較してかなり高いと考えられる。そのように考えると日本における対人場面での自己呈示の際，相手に対する印象をより強く意識して，相手の評価を考慮する自己呈示をより操作的に行うことは容易に推察される。そのことは日本社会の対人場面での会話では相対的に自分を低める自己卑下的な発言が多く見られ，それが良く評価されるという日常体験からも確認されよう。たとえば日本社会では，たとえ成功者であっても，その成功を自慢げに人に話すと鼻持ちならぬ人という低い評価をされるのが通常である。他方，その成功をたまたま運が良かったためとか，"皆さんのおかげです"というように自分以外の要因によると謙遜して話すと，周囲の人はそれを言葉どおり受け取るのではなく，逆に，奥ゆかしく謙虚な人であると判断し，"なかなかのできた人"であるという高い評価を与えることになる。日本人の多くはそのことを知っているため，成功した場合，たとえ，内心では成功を自己高揚的に内的要因に帰属していたとしても，発言では自己卑下的な要因に帰属して話すことになると推察できる。このように考えると，この場合の自己卑下的言語表現は，表現されたままの自己卑下ではなく，周囲の自分への評価を高めるための印象操作としての自己呈示であるとの推察が可能となる。あるいは，本心からの自己卑下ではなく自分の評価が低くなることから自分を守るための自己防衛的自己呈示といえる。本研究の結果には，内心では日本人も自分の成功に対しては比較的自己高揚的であり，発言における自己卑下的表現は自己高揚のためのからめ手であり，印象操作による自己呈示に基づいているという傾向をうかがわせる結果が示されているといえよう。

　ただし，本研究の結果では，日本人は比較的言語表現上は自己卑下的であるが，内心では比較的に自己卑下的ではないという傾向があると同時に，日本人の内心での自己卑下傾向も示されている。大学入試の失敗の原因帰属について

は内心，発言ともに最も多く自らの長期的努力に帰属している傾向が示されている。つまり，自分の努力不足により失敗したと内心で思っており，また，人に話すときも努力不足に最も多く原因帰属させて話をしている。この結果は，従来の西欧での帰属研究において主張されている帰属傾向とは明らかに異なっている。従来の研究では，失敗した場合の帰属傾向は，失敗からの自尊心の低下を防衛するために自己奉仕的バイアスが生じて，失敗の原因を外的な要因に帰属する傾向にあるとされている。今回の調査結果ではこの従来の欧米の研究傾向とは対照的な結果が示されている。

　このことは齊藤・遠藤・荻野（2000）において既に確認されているが，本研究では，内心，発言のいずれににおいても自己卑下的に帰属する傾向が最も多いことが明らかにされ，日本人は自分の失敗を印象操作としてではなく本心から内的要因に強く帰属する傾向が明らかにされている。ただし，努力不足への帰属は変動要因であることから，変えることが可能であると考えられ，ネガティブな固定要因への帰属とは異なり，深刻な自己卑下とはいえないともいえる。日本における失敗の内的要因への帰属について，北山・唐澤（1995）や唐沢・池上・唐沢・大平（2001）は，単なる自己卑下，自己批判ではなく，それが自己向上に結びつくような帰属傾向であるとしている。このことは帰属が内的で安定的な能力要因ではなく，内的でも不安定的で変動可能な努力要因であり，自分で将来改善できる要因に帰属していることからうかがえるとし，次のように指摘している。「欧米人は自己の望ましい属性（能力，才能）を肯定的に評価しようと動機づけられているのに対して，日本人はまず自己批判的に自己の望ましくない属性を見いだし，これをなくするよう，実際の行動でそれに努めるように動機づけられている。つまり，欧米人の自己実現は自己高揚によっているのに対して，日本人のそれは，望ましくない属性を日常的努力を通じて解消していこうとする行為のパターン（自己向上）によっていると考えられる」（北山・唐澤，1995）。本研究の入試の失敗の帰属データから見ると，内心でも発言でもこのことが追証されていると考えられる。ただし，恋愛においては，成功も失敗も，内的にも外的にも努力への帰属は少なく，北山・唐澤（1995）がいう日本人の自己向上パターンは限定された領域での行為パターンではないかと推察される。

さて，本研究では自分自身への帰属だけでなく，他者（友人と嫌いな人）への帰属も調査している。これにより，相互依存的自己をもつアジア文化圏における他者高揚，つまり，他者称賛帰属を通しての自己高揚をはかるという自尊心維持のストラテジーについて検討することが可能になる。その結果，データに示された通り，友人の入試の成功は内心，発言ともに努力と能力といういずれも内的要因に帰属されており，友人を称賛する帰属がはっきりと示された。日本人の親友に対して極めて高い評価を与えることは遠藤（1997, 2001）の研究においても見られており，遠藤（2000）はこれを関係性高揚として議論を進めている。ここでは前述したように，社会的アイデンティティによる内集団ひいき性の表れであると推察し，このような友人に対する他者高揚の動機的側面は内集団のメンバーを高く評価することにより，メンバーである自分を高く評価するという自己高揚的動機による自己呈示ストラテジーがあると考えていく。この場合，内心よりも発言の方が他者称賛の帰属傾向はより多くなると予測される。友人という内集団を維持し，この内集団を高揚するために友人を称賛する必要がある。このため，内心では友人への批判が少なからずあったとしてもそのような帰属は発言では抑制し，言葉ではより他者称賛的自己呈示を行うのである。それによって聞き手はその友人への評価を高めることになる。聞き手の友人への評価は友人との内集団である自分自身への評価を高め，その結果，自己高揚を図ることができることになる。

このような間接的な自己高揚が一般に行われていることは栄光浴（basking in reflected glory）の例から示唆されよう。栄光浴とは，優れた他者と自分を同一視することで，他者のもつ高い評価を自分のものとし，自己評価を維持あるいは高揚する心理メカニズムを指す（Cialdini, Borden, Thorne, Walker, Freeman, & Sloan, 1976）。また，間接的な自己高揚と自尊心との関係については Brown, Collins, & Schmidt（1998）が自尊心の低い人の自己高揚方略としてとりあげている。そこでは自尊心の高い人は直接的な自己高揚を行うが，自尊心の低い人は間接的な自己高揚をするとしている。そこでいう直接的自己高揚とは自分自身のことと結びつけた自己高揚を指し，間接的自己高揚とは他者との結びつきを通しての自己高揚を指している。つまり，間接的自己高揚とは集団の他のメンバーとの関係を考慮した自尊心高揚のストラテジーであると

している。本調査の友人への極めて高い称賛的帰属のデータから見て，この Brown, Collins, & Schmidt（1998）が示す間接的自己高揚ストラテジーが日本人において多くとられているのではないかと示唆される。また，Baumgardner, Kauffman, & Levy（1989）は自尊心の高い人は個人的に肯定的な自己概念を維持し，高揚しようとするが，自尊心の低い人は公的な自己呈示や対人関係において自尊心を維持しようとするとしている。これらの研究は他者称賛を通して自己高揚を行うというメカニズムがあることを示唆している。このような研究知見は本調査の結果において友人称賛が，内心よりも言葉においてより称賛的であったことと符合し，日本人も友人称賛を通しての自己高揚を試みていることを示唆している。

　他方，嫌いな人の成功は，内心では外的不安定要因である運に最も多く帰属されている。これは内集団メンバーの成功のときとは逆に内集団ひいき性の逆，外集団蔑視性から現れると推察できる。外集団のメンバーを高く評価することは相対的に自集団を低く評価することになり，自集団のメンバーである自分の評価を下げることになる。このため，たとえ成功しても称賛的帰属は行わずに自己評価を維持しようとし，蔑視的帰属をする（嫌いな人は正確には"集団"ではないが，外集団的に扱われると想定している）。そのことによって，外集団の評価を下げ，相対的に自集団の評価を上げる。これにより自集団の評価が上がるとその集団メンバーである自分の評価もあがり，間接的に自己高揚を図ることができるようになる。本研究の結果にも明確にその傾向が見られていた。ただし，嫌いな人への帰属には友人への称賛の際と異なる点が見られた。それは友人称賛の場合，発言するときは内集団高揚の印象操作のため，内心よりも発言においてより内的な要因に帰属する傾向が見られた。しかし，嫌いな人に対する蔑視的帰属傾向は結果に示されているように，発言のときは内心ほど外的要因には帰属せず，蔑視的傾向は抑制されていることが示されている。自己高揚という点から単純に考えると発言時には相手への印象操作のためにより蔑視的な帰属をするとも考えられるが，結果は逆になっている。そこには前述したように聞き手に対する印象が考慮されているのではないかと推測される。蔑視的発言は聞き手に対してはあまりいい印象を与えないであろうと考えれば，発言するときは内心で思っているときよりも蔑視的傾向を抑制すると

考えられる。聞き手のもつ印象をより重視し，聞き手からの評価を重視するとすれば，発言の際は蔑視を抑制することも，聞き手に対する印象操作のための自己呈示を示していると推察できる。

　従来の欧米の研究では，達成課題の原因帰属は自己高揚動機に基づいて比較的ストレートな自己高揚的な帰属がなされるとされてきたが，日本のような人間関係に繊細な社会においては，単純に自分を高揚させるような発言は，他の人からの高い評価は得られず，それどころか，かえって評価を低められてしまいかねない。このような懸念から，発言においてはむしろ自己卑下的表現をし，それにより周りの人から配慮のある人という高い評価を得て，それを通して自己評価を高めるという間接的な自己高揚をする自己呈示が画されると推察される。これが日本人の自己卑下的発言を生むことになるといえよう。本研究で実証されたように，自分が成功したときは内心では自己高揚的な帰属をしていても発言時においては自己卑下的な帰属を行うことになる。このため，言葉だけで判断すると日本人は自己卑下的であると映ることになる。他方で内集団の友人に対してきわめて称賛的な帰属を言葉にして，友人集団という内集団の高揚を図る。他者称賛は自己称賛と異なり，周りの人から非難されることは少ない。むしろ人をほめるということでポジティブに評価されよう。そのハロー効果から集団に含まれるメンバーの評価が高まり，それを通じてメンバーの一人である自分の評価を高めることになるのである。友人に対する称賛的帰属が印象操作によるものであるという考えは，内心思っているよりも発言するときのほうが，より他者高揚的になるという本研究の実証データで明らかにされたといえよう。また，嫌いな人という外集団に対しては蔑視的帰属をすることにより，相対的に自集団の評価を上げ，自己高揚していくという自尊心維持の自己呈示ストラテジーをとっていることも推察される。ただし，発言するときは聞き手の印象操作も考慮に入れるため，他者蔑視傾向は内心の蔑視傾向よりは抑制されることになる。これも周りの人の自分に対する印象を考慮しての自己呈示といえよう。このような考察は本調査のデータに加えて，Schlenker (1980) が示している"状況によって自己イメージの自己呈示を変えていく"という自己アイデンティティ理論の自己呈示の利得性という観点からも支持されるといえよう。

今後はこれらの傾向をさらに比較文化的に研究し，他文化においてどのような帰属傾向がみられるかを知り，言葉による自己呈示の研究と日本文化の特徴をさらに深く研究することが必要であると考えられる。

[付　表：第5章の分散分析表]

表 5-15 a　自分の入試の成功の 3 要因の帰属率の分散分析表

要因	df	ASS	MS	FV	P>F
個人差(S)	234	109386.20	467.46		
要因(A) 本音・内心・言語	1	1012.78	1012.78	10.02	**
B①才能能力	1	2495.51	2495.51	24.69	**
B②努力	1	703.46	703.46	6.96	**
B③運	1	17318.32	17318.32	171.34	**
S×A	234	23651.72	101.08		
要因(B) 帰属要因	2	43511.43	21755.71	15.63	**
A①内心	2	9509.63	4754.82	3.42	*
A②発言	2	53506.29	26753.14	19.22	**
S×B	468	651285.91	1391.64		
A×B	2	19504.50	9752.25	37.37	**
S×A×B	468	122145.50	260.99		
全体	1409	970498.03			

**p<.01　***p<.001

表 5-15 b　自分の入試の成功の 3 帰属要因と内心・発言の交互作用の検定

	a 内心	b 発言	a/b
A　能力	15.9	11.3	**
B　努力	24.9	22.5	
C　運	20.5	32.6	**

**p<.01

表 5-16 a　自分の入試の失敗の 3 要因の帰属率の分散分析表

要因	df	ASS	MS	FV	P>F
個人差(S)	153	81884.17	535.19		
要因(A) 本音・内心・言語	1	451.64	451.64	6.15	*
B①才能能力	1	201.30	201.30	2.74	
B②努力	1	5.19	5.19	0.07	
B③運	1	413.80	413.80	5.63	*
S×A	153	11236.36	73.44		
要因(B) 帰属要因	2	116526.88	58263.44	34.91	**
A①内心	2	62609.06	31304.53	18.76	**
A②発言	2	54086.47	27043.24	16.21	**
S×B	306	510643.46	1668.77		
A×B	2	168.65	84.33	0.39	
S×A×B	306	65918.35	215.42		
全体	923	786829.51			

*p<.05　**p<.01

表 5-16 b　自分の入試の失敗の 3 帰属要因と内心・発言の交互作用の検定

	a 内心	b 発言	a/b
A　能力	15.1	16.7	
B　努力	38.7	38.9	
C　運	13.0	15.3	*

*p<.05

表 5-17 a　友人の入試の成功の 3 要因の帰属率の分散分析表

要因	df	ASS	MS	FV	P>F
個人差(S)	225	101547.64	451.32		
要因(A) 本音・内心・言語	1	693.88	693.88	13.04	**
B①才能能力	1	336.50	336.50	6.32	*
B②努力	1	1131.03	1131.03	21.25	**
B③運	1	40.3240.32	0.76		
S×A	225	11972.79	53.21		
要因(B) 帰属要因	2	222754.02	111377.01	81.58	**
A①内心	2	98588.57	49294.28	36.10	**
A②発言	2	124979.43	62489.71	45.77	**
S×B	450	614387.65	1365.31		
A×B	2	813.97	406.99	1.62	
S×A×B	450	112744.36	250.54		
全体	1355	1064914.31			

*p<.05　**p<.01

表 5-17 b　友人の入試の成功の 3 帰属要因と内心・発言の交互作用の検定

	a 内心	b 発言	a/b
A　能力	22.8	24.5	*
B　努力	39.5	42.7	**
C　運	10.1	9.5	

*p<.05　**p<.01

表 5-18 a　友人の入試の失敗の 3 要因の帰属率の分散分析表

要因	df	ASS	MS	FV	P>F
個人差(S)	181	92918.22	513.36		
要因(A) 本音・内心・言語	1	990.48	990.48	10.30	**
B①才能能力	1	5423.15	5423.15	56.38	**
B②努力	1	10553.85	10553.85	109.72	**
B③運	1	14850.62	14850.62	154.40	**
S×A	181	17409.52	96.19		
要因(B) 帰属要因	2	57768.27	28884.13	22.49	**
A①内心	2	33147.62	16573.81	12.90	**
A②発言	2	54457.78	27228.89	21.20	**
S×B	362	465023.40	1284.60		
A×B	2	29837.13	14918.57	40.44	**
S×A×B	362	133537.87	368.89		
全体	1091	797484.89			

*p<.01

表 5-18 b　友人の入試の失敗の 3 帰属要因と内心・発言の交互作用の検定

	a 内心	b 発言	a/b
A　能力	15.1	7.4	**
B　努力	33.2	22.4	**
C　運	18.9	31.6	**

*p<.01

第5章 自己卑下的帰属と自己呈示の実証的研究　197

表 5-19 a　嫌いな人の入試の成功の 3 要因の帰属率の分散分析表

要因	df	ASS	MS	FV	P>F
個人差(S)	210	120116.82	571.98		
要因(A) 本音・内心・言語	1	105.23	105.23	1.21	
B①才能能力	1	369.73	369.73	4.26	*
B②努力	1	3762.09	3762.09	43.31	**
B③運	1	3943.36	3943.36	45.40	**
S×A	210	18240.60	86.86		
要因(B) 帰属要因	2	74191.82	37095.91	21.25	**
A①内心	2	58380.65	29190.32	16.72	**
A②発言	2	23781.12	11890.56	6.81	**
S×B	420	733258.18	1745.85		
A×B	2	7969.94	3984.97	9.12	**
S×A×B	420	183546.72	437.02		
全体	1265	1137429.32			

*p<.05　**p<.01

表 5-20 a　嫌いな人の入試の失敗の 3 要因の帰属率の分散分析表

要因	df	ASS	MS	FV	P>F
個人差(S)	162	94709.17	584.62		
要因(A) 本音・内心・言語	1	7.39	7.39	0.06	
B①才能能力	1	2653.07	2653.07	23.23	**
B②努力	1	1160.20	1160.20	10.16	**
B③運	1	6538.65	6538.65	57.24	**
S×A	162	18505.11	114.23		
要因(B) 帰属要因	2	26415.40	13207.70	7.96	**
A①内心	2	34907.09	17453.55	10.52	**
A②発言	2	1852.84	926.42	0.56	
S×B	324	537686.60	1659.53		
A×B	2	10344.53	5172.26	10.61	**
S×A×B	324	158005.47	487.67		
全体	977	845673.67			

*p<.01

表 5-19 b　嫌いな人の入試の成功の 3 帰属要因と内心・発言の交互作用の検定

		a 内心	b 発言	a/b
A	能力	13.4	15.3	*
B	努力	19.3	25.3	**
C	運	36.1	30.0	**

*p<.05　**p<.01

表 5-20 b　嫌いな人の入試の失敗の 3 帰属要因と内心・発言の交互作用の検定

		a 内心	b 発言	a/b
A	能力	29.4	23.7	**
B	努力	27.2	23.4	**
C	運	10.5	19.4	**

**p<.01

表 5-21 a　自分の恋愛の成功の 2 要因の帰属率の分散分析表

要因	df	ASS	MS	FV	P>F	
個人差(S)	203	149,147.89	734.72			
要因(A) 内心/発言	1	16.21	16.21	0.13	0.7191	
B①性格	1	3,500.06	3,500.06	28.01		**
B②運	1	4,206.13	4,206.13	33.66		**
S×A	203	25,365.04	124.95			
要因(B) 帰属	1	10,628.71	10,628.71	7.74	0.0059	**
A①内心	1	18,200.06	18,200.06	13.26		**
A②発言	1	118.63	118.63	0.09		
S×B	203	278,652.54	1,372.67			
A×B	1	7,689.98	7,689.98	33.15	0.0001	
S×A×B	203	47,091.27	231.98			

*p<.05　**p<.01　***p<.001

表 5-22 a　自分の恋愛の失敗の 2 要因の帰属率の分散分析表

要因	df	ASS	MS	FV	P>F	
個人差(S)	206	167,043.10	810.89			
要因(A) 内心/発言	1	362.69	362.69	3.11	0.0795	
B①性格	1	2,381.76	2,381.76	20.40		**
B②運	1	478.32	478.32	4.10		*
S×A	206	24,053.31	116.76			
要因(B) 帰属	1	90,114.79	90,114.79	74.74	0.0001	**
A①内心	1	61,307.84	61,307.84	50.85		**
A②発言	1	31,304.35	31,304.35	25.96		**
S×B	206	248,376.21	1,205.71			
A×B	1	2,497.40	2,497.40	12.63	0.0005	**
S×A×B	206	40,718.60	197.66			

**p<.01　***p<.001

表 5-21 b　自分の恋愛の成功の 2 帰属要因と内心・発言の交互作用の検定

		a	b		
		性格	運		
A	内心	26.7402	13.3823529	13.35784	**
B	発言	20.88235	19.8039216	1.078374	
		5.857843	−6.4215687		
		**	**		

**p<.01

表 5-22 b　自分の恋愛の失敗の 2 帰属要因と内心・発言の交互作用の検定

		a	b		
		性格	運		
A	内心	32.647343	8.3091787	24.33816	**
B	発言	27.8502415	10.458937	17.3913	**
		4.7971015	−2.149759		
		**	*		

*p<.05　**p<.01

表 5-23 a 友人の恋愛の成功の 2 要因の帰属率の分散分析表

要因	df	ASS	MS	FV	P>F	
個人差(S)	216	146,331.62	677.46			
要因(A) 内心/発言	1	133.18	133.18	0.97	0.3252	
B①性格	1	2,035.94	2,035.94	14.87		**
B②運	1	829.49	829.49	6.06		*
S×A	216	29,579.32	136.94			
要因(B) 帰属	1	172,600.92	172,600.92	148.33	0.0001	**
A①内心	1	65,950.46	65,950.46	56.68		**
A②発言	1	109,382.72	109,382.72	94.00		**
S×B	216	251,336.58	1,163.60			
A×B	1	2,732.26	2,732.26	9.68	0.0021	**
S×A×B	216	60,955.24	282.20			

*p<.05 **p<.01

表 5-24 a 友人の恋愛の失敗の 2 要因の帰属率の分散分析表

要因	df	ASS	MS	FV	P>F	
個人差(S)	204	182,068.78	892.49			
要因(A) 内心/発言	1	4.39	4.39	0.03	0.8615	
B①性格	1	4,849.02	4,849.02	33.68		**
B②運	1	4,445.12	4,445.12	30.87		**
S×A	204	29,370.61	143.97			
要因(B) 帰属	1	11,122.44	11,122.44	7.79	0.0057	**
A①内心	1	20,370.98	20,370.98	14.27		**
A②発言	1	41.22	41.22	0.03		
S×B	204	291,227.56	1,427.59			
A×B	1	9,289.76	9,289.76	22.63	0.0001	**
S×A×B	204	83,735.24	410.47			

**p<.01

表 5-23 b 友人の恋愛の成功の 2 帰属要因と内心・発言の交互作用の検定

		a	b		
		性格	運		
A	内心	35.3687	10.714286	24.6543779	**
B	発言	39.7005	7.9493088	31.751152	**
		−4.3318	2.7649769		
		**	*		

*p<.05 **p<.01

表 5-24 b 友人の恋愛の失敗の 2 帰属要因と内心・発言の交互作用の検定

		a	b		
		性格	運		
A	内心	27.317073	13.2195122	14.09756	**
B	発言	20.439024	19.804878	0.634146	
		6.8780488	−6.5853658		
		**	**		

**p<.01

表 5-25 a 嫌いな人の恋愛の成功の 2 要因の帰属率の分散分析表

要因	df	ASS	MS	FV	P>F	
個人差(S)	171	161,544.48	944.70			
要因(A) 内心/発言	1	198.98	198.98	0.95	0.3312	
B①性格	1	1,954.65	1,954.65	9.33		**
B②運	1	4,116.57	4,116.57	19.64		**
S×A	171	35,838.52	209.58			
要因(B) 帰属	1	58,055.81	58,055.81	27.50	0.0001	**
A①内心	1	50,427.98	50,427.98	23.89		**
A②発言	1	13,500.07	13,500.07	6.40		*
S×B	171	360,956.69	2,110.86			
A×B	1	5,872.24	5,872.24	14.32	0.0002	**
S×A×B	171	70,140.26	410.18			

*p<.05 **p<.01

表 5-26 a 嫌いな人の恋愛の失敗の 2 要因の帰属率の分散分析表

要因	df	ASS	MS	FV	P>F	
個人差(S)	174	160,486.94	922.34			
要因(A) 内心/発言	1	329.14	329.14	1.54	0.2169	
B①性格	1	6,644.64	6,644.64	31.00		**
B②運	1	3,120.07	3,120.07	14.56		**
S×A	174	37,295.86	214.34			
要因(B) 帰属	1	182,995.89	182,995.89	94.85	0.0001	**
A①内心	1	137,768.96	137,768.96	71.41		**
A②発言	1	54,662.50	54,662.50	28.33		**
S×B	174	335,705.11	1,929.34			
A×B	1	9,435.57	9,435.57	19.79	0.0001	**
S×A×B	174	82,964.43	476.81			

**p<.01

表 5-25 b 嫌いな人の恋愛の成功の 2 帰属要因と内心・発言の交互作用の検定

		a	b		
		性格	運		
A	内心	11.68605	35.901163	24.2151163	**
B	発言	16.45349	28.982558	12.5290697	*
		−4.76744	6.9186047		
		**	**		

*p<.05 **p<.01

表 5-26 b 嫌いな人の恋愛の失敗の 2 帰属要因と内心・発言の交互作用の検定

		a	b		
		性格	運		
A	内心	48.6514286	8.9714286	39.68	**
B	発言	39.9371429	14.9428571	24.994286	**
		8.7142857	−5.9714285		
		**	**		

**p<.01

第 6 章

恋愛における外見への帰属と自己呈示の実証的研究

第 1 節　目的と研究史

　前章においては，日本人における入試と恋愛の原因帰属を，成功・失敗，内心・発言に分け，帰属傾向の実証的研究を行った。さらに，それらの調査結果を踏まえて，入試と恋愛という課題の違いがどのような異なる帰属傾向をもたらすかを検討した。その結果，入試では努力，恋愛では性格の要因への帰属が高いことが明らかにされた。帰属要因の努力と性格は，Weiner（1980）の分類に従うとどちらも内的要因である。しかし努力は内的変動要因であり，性格は内的固定要因である。したがって，入試は変動要因への帰属が高く，恋愛は固定要因への帰属傾向が高いということができる。北山・高木・松本（1995）は，日本人特有の帰属傾向として努力要因の重視傾向を指摘しているが，前章の調査で恋愛課題においてはこの傾向はみられないことが明らかにされた。そこでは入試と恋愛という異なった課題の帰属傾向について調査し，その結果，同じ内的要因でも Weiner（1980）の分類に沿うと入試は変動要因の努力要因への帰属が高く，恋愛は固定要因の性格要因への帰属傾向が高いという結果が明らかにされた。

　そこで本章では，特に恋愛の帰属要因として重視されている内的固定要因に着目し，帰属要因に身体的魅力を外見・容姿項目として追加して，恋愛の成功・失敗についての帰属傾向の特徴を再検討することとした。これまでの研究結果から日本人は恋愛においては，より固定的要因への帰属傾向が高くなっていることが明らかにされていることから外見・容姿への帰属も高くなることが

予測される。

　まず，恋愛における身体的魅力の影響について従来の研究を概観することとする。恋愛のはじめは出会いから始まるが，対人場面で未知の他者と会った場合，人は相手のどのような点に注目し，相手を知ろうとするであろうか。このことについて Beach & Wertheimer（1962）は初期の対人認知の内容を検討しているが，その第一に身体的認知をあげ，相手の顔やスタイル，体型などに注目して相手を知ろうとする，としている。このように外見や容姿は，対人認知の第一歩であり，それが第一印象を形成するのに大きな影響を支えるといえる。このことは特に恋愛関係において重視されるといえよう。Murstein（1972）は，男女の出会いから恋愛，結婚に至るまでのプロセスを研究し，親密化には三つの段階があるとして，独自のSVR理論を提唱している。SVR理論の3段階とは，次の通りである。

　　第1段階　刺激ステージ（stimulus stage）
　　第2段階　価値ステージ（value stage）
　　第3段階　役割ステージ（role stage）

　第1段階の刺激ステージとは，出会いの瞬間であるが，刺激とは，主には，外見や容姿のことで，はじめて会ったときは刺激が，二人の関係を発展させるかどうかを決める最も重要な要因としている。この場合の刺激とは顔，スタイル，服装，表情，しぐさなど身体的，行動的特徴などである。本章ではこの第1段階の刺激ステージに注目する。このステージで外見を重視することは当然，本人も意識していると思われるので，恋愛の成功・失敗の原因帰属を考えたとき，外見や容姿に重点をおいて帰属するのではないかと考えられるのである。ちなみに，ＳＶＲ理論においては第2段階になると，価値観の類似性が最も重要な要因となるとしている。同じ趣味，同じスポーツの好み，社会的意見の一致，特に生活に対する態度が共通しているかどうかが問題となる。性格が成否の帰属原因となるのはこの段階からといえよう。Murstein（1972）は価値観が類似していて，この第2段階が充足されると，第3段階となり，2人の役割関係が重要な要因となり，相互の相補的な関係により，関係や生活がス

ムーズに進む。2人の間で生じる問題について役割関係が互いに満足されると，真に親密な関係が結べるとしている。

さて，従前の研究によれば，恋人に望む要件として身体的魅力を重視するのは，男性と女性を比べると男性の方であるという研究結果が多い。たとえば，恋人を求める求人募集の広告欄の内容を分析した研究（Cicerello & Sheehan, 1995；Koestner & Wheeler, 1988；Rajecki, Bledsoe, & Rasmussen, 1991）によると，女性は地位が高く，収入が多く，学歴が高い男性を求めるのに対して，男性は若くて美しい女性を求めており，逆に，自己宣伝としては，男性は地位や収入を掲示し，女性は若さや美しさを掲示していることが明らかにされた。また，Fletcher, Tither, O'Loughlin, Friesen, & Overall（2003）は，女性は，ハンサムだが冷たい男性よりもハンサムではないが温かい男性の方を好むことを明らかにしている。さらに多くの研究により，身体的に魅力的な女性は魅力的でない女性よりも実際にデートの回数が多いのに対して，魅力的な男性は魅力的でない男性とデートの回数において差がないことが明らかにされている（Berscheid, Dion, Walster, & Walster, 1971；Kressel & Adionolfi, 1975；Reis, Nezlek, & Wheeler, 1980；Reis, Wheeler, Speigel, Kernis, Nezlek, & Perri, 1982；Walster, Aronson, Abrahams, & Rottman, 1966）。また，女性は男性に地位の資産を求め，男性は女性に身体的魅力を求め（Li, Bailey, Kenrick, & Linsenmeier, 2002），女性は男性について身体的特性より知的特性に魅力を感じるのに対して，男性は女性について知的特性よりも身体的特性に魅力を感じると答えていることが明らかにされている（Feingold, 1990；Sprecher, Aron, Hatfield, Coetese, Potapova, & Levitskaya, 1994）。

このような従来の研究から恋愛の成功の第一歩となる大きな要因の一つに外見，容姿があげられることは明らかであるが，特に男性が恋人を求めるときは，大きな要因になることが示されているといえる。松井・山本（1985）は，男性の女性に対する出会い初期の魅力の主たる決定因は外見的魅力であるとしている。では，女性にとっては男性の身体的魅力は恋愛相手の決定に大きな要因にならないのであろうか。結婚を考えた場合，前述した研究からは女性は，男性の地位や資産や知的能力をより重視するとされているが，しかし，結婚を前提としない若い青年の恋愛となると，身体的魅力が恋人選択により大きな影

響を及ぼすと考えられる。あるいは，女性は男性と違い，身体的魅力を求めるとは言葉にしないが，実際には男性同様に，あるいはそれ以上に外見や容姿で恋人選択をしている可能性もある。ここに，内心と発言による自己呈示に差異がみられるかもしれない。本章はこの点を明確にするために，外見の帰属について内心と発言とを区分した二層心理測定法により実証的研究をすることを目的としている。女性が言葉では恋人選択に外見や容姿を重視するとは言わないが，実際には重視していることはWalster（1966）のコンピュータ・デート実験で強く示唆されている。

　この実験の実験参加者はミネソタ大学の新入生の男性と女性である。新入生歓迎週間の終りの金曜日の夜にイベントとしてダンスパーティを予定した。これが実験の会場である。パーティは新入生の初対面同士がカップルになるブラインド・パーティであるとし，広告には"コンピュータ・ダンス"と銘打って，あらかじめ情報を記入しておくと"あなたにぴったりの人に会える"ようにコンピュータによって相手が決められるとある。参加希望者は事前にパーティ券を1ドルで買い，そのときコンピュータに情報を入れる個人データのための各種の質問に回答していた。

　この予約過程でパーティ券を売る人，質問紙を渡す人など4人の実験者側の人が新入生に会うが，この4人は実験協力者であり，各新入生を見たとき，その学生の身体的魅力度を測定し記録しておいた。尺度は「全く魅力がない」から「非常に魅力的」までの1〜8点の9点評定尺度法である。しかし，ダンスパーティでの実際の相手は，個人データを無視して，男性の方が女性より背が高いという条件以外は全くランダムに割り当てられた。ダンスパーティは午後8時〜10時半まで行われた。10時半になると男性は切符の半券を返すための小部屋にいくが，そこでその日の相手の印象について実験者から聞かれた。女性はパーティ会場に残り，同様に相手の印象等について実験者から聞かれた。質問紙による質問内容は，（a）相手にどのくらい好意を感じるか，（b）身体的魅力や個人的魅力をどのくらい感じるか，（c）今後，相手の人とデートしたいかなどである。パーティでカップルを組んだ2人がその後，実際にデートしているかどうかを調べるため，パーティから4〜6カ月後にフォロー・アップ調査を行った。この実験の独立変数は，予約過程で4人の実験協力者が判定し

た各人の身体的魅力度である。実験の結果，男性は身体的に魅力のある女性により好意をもち，デートしたいとしている。これは，上記の研究結果と同様である。しかし，上記の研究結果と多少異なり，女性も男性同様に身体的に魅力のある男性により好意をもち，デートしたいと答えている。現実に目の前にいる身体的魅力の高い人に男性も女性も魅了されるようである。さらに実験の結果，魅力的な男性ほど，自分のダンスの女性パートナーを身体的にも人間的にも魅力的でないとみており，好意度も低く，デートしたいと思わないことが明らかにされた。この傾向は女性も同様であった。

この研究では，恋人を選択するとき自分と魅力が同程度の人を選択しやすいであろうという仮説が立てられ，実験がなされたが，結果は仮説と異なっていた。身体的魅力の高い人がどの場合でも好意をもたれ，デートにも誘われた。自分の魅力度にあまり関係なく，相手が魅力的であれば好意をもち，デートをしたいと思うことが明らかにされている。この研究結果は，恋愛の初期において外見や容姿が重視される傾向は男性だけでなく女性にもみられ，一般に思われているよりも，女性も男性の身体的魅力によって好意やデートを決定していることが明らかにされたといえよう。

本章では，前述したような従来の研究から恋愛の成功・失敗の大きな要因となると考えられる身体的魅力（外見や容姿）について，内心と言葉による自己呈示との相違，その性差についてみていくことにする。帰属要因としては身体的魅力は，性格と同様，内的要因である。また，ファッションや化粧，ダイエットなどにより変えることは可能であるが，変動的というよりも，本人のもつ持続的で固定的要因と考えられる。このため，恋愛の成功・失敗の原因帰属においては，性格への原因帰属とほぼ同時の傾向がみられると考えられる。ただ，身体的魅力については，他者評価により敏感であるため（Swann, Bosson, & Pelham, 2000），自他の恋愛の失敗の帰属において，複雑な心理が働き，より慎重な帰属傾向がみられるかもしれないと予想される。

仮説は第5章の結果を踏まえて，以下の通りである。

仮説1　恋愛の成功・失敗の原因帰属においては，より固定的要因への帰属が示され，内的要因において性格と共に外見への帰属傾向が

示される。

仮説2　自己の恋愛の成功・失敗の原因帰属においては，発言時は内心よりも，より自己卑下的傾向が示される。特に外見にはその傾向が示される。

仮説3　親しい友人の原因帰属においては，自己帰属よりも，より他者高揚的傾向が示される。

　また，発言時はその傾向がより高く示される。特に外見にはその傾向が示される。

仮説4　嫌いな人の恋愛の成功・失敗の原因帰属においては，自己帰属より，より他者蔑視的傾向が示される。ただし，発言時はその傾向は抑制される。特に外見にはその傾向がみられる。

仮説5　恋愛の失敗の帰属においては，外見は発言の際は減少傾向が示される。

仮説6　恋愛の成功・失敗の帰属において性格と外見の帰属には性差が示され，男性の方が外見により多く，女性の方が性格により多く帰属する傾向が示される。この傾向は発言においてより強く示される。

第2節　方　　法

　実験参加者——首都圏の大学在籍の日本人大学生156名（男性78名，女性78名）。各項目の帰属率の分配合計が100%にならない回答用紙は誤答として分析から除外し，有効回答から，男女で回答数が異なる分をランダムに選んで除外し，男女同数とした。

　調査法——第5章の質問紙に帰属原因として，外見・容姿を追加した質問紙を作成し，その質問紙による調査法を用いた。質問紙は次のような構成の独自の二層心理測定法から調査表を作成した。

1）課題：恋愛
2）成否：恋愛の成功と失敗。
3）帰属対象者：自分自身，友人，嫌いな人の三者。
4）内心，発言：内心は自分の考え，発言は当人以外の人に話すときと当人

に話すときを区別し，二通りの回答を求めた。ただし，対象が自分自身の場合の発言は，当人以外の人に話す場合のみである。
5）帰属要因：第5章の調査で用いた齊藤・荻野（1997），齊藤・遠藤・荻野（2000）に基づく，帰属要因に外見・容姿の項目を加え，次の11項目とした。
　a 素性，b 能力，c 外見・容姿，d 性格，e 出身校，f 努力，g 対応，h 課題，i 状況，j 運，k 運命
6）回答法：項目ごとの100％分割法。

質問——調査上の質問文の内容はおおよそ次のとおりである。自分の恋愛の成功と失敗について考えること，そして，その成功・失敗の原因，理由が何であったか（何であるか）を考え，それをa～kの理由のなかから選択すること，そのとき原因理由は一つでも二つでもそれ以上でもよいこと，各項目内のトータルがそれぞれ100％になるようにすること，たとえば，二つだったら70％と30％といったように重みづけをして，それを数値（％）で記入すること，そのとき，自分の内心での考えを自分の考え（内心）の欄に記入し，その出来事について人に話すときの原因・理由を人に話すとき（発言）の欄に記入すること，内心と発言の欄の数値は同じでも違っていてもいいことなどを教示する。次に，友人と嫌いな人を1人ずつ選び，その2人の成功・失敗の原因について自分自身のときと同様に自分の考えを内心欄に，その出来事について人に話すときの割合を発言欄に回答すること，そのとき，話す相手が当人の場合は当人，当人以外の人に話すときは，当人以外の人の欄にそれぞれの数値を記入することなどを教示した。

調査日時と手続き——2004年11月〜12月に実施。大学の授業において，上記質問紙を配布し，回答させ，回収した。

第3節　結　　果

恋愛の成功・失敗の原因についての各帰属要因への配分率の平均値は，内心・発言別，帰属対象者別，恋愛成否別に実験参加者全体が表6-1〜表6-3と

図6-1a〜図6-3eに示されている。以下，この結果をもとに上記の仮説を検討していく。統計的処理は外見を含んだ今回の恋愛の場合，全体の帰属傾向を概観すると，c外見，d性格，g対応，i運の4要因に多く帰属していることが分かったので，内的固定的要因として外見と性格，内的変動的要因として対応，外的変動的要因として運の4要因を取り上げることにした。統計的分析は，はじめに，内心と発言別に，自分自身，友人，嫌いな人が，恋愛に成功あるいは失敗した場合のそれぞれについて，帰属要因を実験参加者内変数，性別を実験参加者間因子とする4×2の分散分析を行った。この結果，どの場合においても帰属要因間に0.1%レベルの差があることが確かめられたので，4要因間の多重比較をBonferroniの用法を用いて行った。この多重比較の結果は表6-7a〜cに示されている（226-228頁参照）。次に，各帰属要因別かつ対象別に，成功・失敗の2要因と内心と発言の2要因（または当人以外を含む3要因）を実験参加者内変数とし，性別を実験参加者間因子とする2×2（または3）×2の分散分析を行った。この結果は，表6-8aと表6-8b（229頁参照）に示した。以下，各仮説について，平均値と，統計的分析の結果を踏まえて，自分自身，友人，嫌いな人の順にみていく。4要因の性別の平均値は表6-4〜表6-6に示されている。

1　自分の帰属傾向

　自分が恋愛に成功した場合は，表6-1と図6-1a〜図6-1dに示されるように，内心ではその原因を性格（32.9%）に最も多く帰属しており，自分の成功を内的要因へ帰属する傾向が明らかにされた。性格と他の帰属要因との差は，帰属要因間の多重比較（5%水準で検定）の結果，成功の場合には，他のどの帰属要因と比較しても有意差があり，性格への帰属が多いことが認められた。他方，失敗の場合は，性格の比率が下がり，外見の比率が上がって，両者の間に有意差は認められなかったが，他の2要因（対応，運）との間には有意差が見られた。また，発言の場合にも，性格に原因を最も多く帰属する傾向（30.1%）が見られた。帰属要因間の多重比較の結果，性格への帰属の高さは，他のすべての帰属要因との間に有意差が認められた。このことから自分の成功

の帰属においては仮説1は支持されたといえよう。この傾向は自己奉仕的バイアス理論からみて，自己奉仕の方向にあり，自己高揚的帰属といえ，自分が成功した場合，欧米と同様に帰属理論に示される自尊的傾向が示されているといえよう。つまり恋愛の成功においては，従前から指摘されているような日本人特有の自己卑下的帰属傾向が示されるのではなく，むしろ自己高揚的傾向が示されたといえよう。

　さて，自分が成功した場合の内心での原因帰属で二番目に多いのは外見（15.0％）であった。外見は内的固定的要因なので，上記の性格と同様に自己高揚的といえる。ただし，検定の結果，性格のように他要因との間に統計的に有意な差は示されていない。一方，自分が成功した場合の発言では原因帰属で二番目に多いのは運（16.1％）であり，外見は三番目であった。内心，発言いずれの場合も外見と運の間に有意な差は認められなかった。しかし，帰属要因別に行った分散分析では，運の場合，内心・発言の主効果には1％水準の有意差が認められ，運は内心よりも発言のほうが高いことが分かった。このように自分の成功を外的要因の運に帰属することは，自己奉仕バイアス理論からみて，自己卑下的帰属傾向といえる。この傾向が成功時の発言のときに示されるということは，日本人特有といわれる自己卑下的傾向が発言時により多く呈示されていることを示している。この結果は，本書の一貫した論旨である日本人の自己卑下は人間関係を考慮した印象操作のための自己呈示によるものであることを強く示唆している。

　このような内心と発言での帰属傾向の違いは，性格，外見それぞれについて行った分散分析でも内的要因の性格と，外見で有意な差が認められ，内心の方が内的帰属が発言よりも高いことが実証されたといえる。これに対して，先に述べたように，外的要因の運は内心より発言で，より多いことが明示されている。この場合，内的要因は，自己高揚的で，外的要因は，自己卑下的であるので，相対的にみると内心においては自己高揚的帰属が多くなされ，発言においては自己卑下的帰属傾向が多くなされているということになる。つまり，本書の論点である，自己卑下は内心からではなく，発言時に自己呈示されているということが実証されたといえよう。この傾向は仮説2の前半部分を支持しているといえる。性差については後に言及する。

表6-1　自分の恋愛の成功と失敗における帰属傾向（%）

帰属要因	成功				失敗			
	内心		発言		内心		発言	
	平均	SD	平均	SD	平均	SD	平均	SD
a 素性	1.4	6.8	1.2	5.6	1.4	5.5	1.3	6.0
b 能力	4.3	8.5	3.9	8.9	4.3	10.1	3.0	8.1
c 外見	15.0	19.4	11.5	17.5	21.3	22.8	17.6	23.3
d 性格	32.9	22.9	30.1	26.8	27.7	26.2	25.9	26.5
e 卒校	0.9	4.6	0.7	4.7	0.7	4.6	0.7	4.3
f 努力	9.7	17.0	8.5	16.8	5.3	11.8	5.7	12.6
g 対応	8.3	12.0	9.7	15.6	14.9	18.8	14.6	20.4
h 相手	2.8	7.6	3.3	9.8	3.9	9.3	6.5	15.1
i 環境	4.5	9.1	5.0	11.5	6.4	13.7	6.3	13.7
j 運	10.9	18.7	16.1	24.1	9.2	18.1	10.6	19.6
k 運命	9.4	17.1	10.1	18.8	5.0	11.1	7.7	16.4

　次に自分が恋愛に失敗した場合，表6-1と図6-1a～図6-1dに示されるように，内心，発言ともその原因を性格（内心27.7%，発言25.9%）に最も多く帰属し，次いで外見（内心21.3%，発言17.6%）に多く帰属する傾向が見られた。性格と外見はWeiner（1980）の分類に従えば内的固定的要因である。このように自分の失敗を内的固定的要因へ帰属することは明らかに自己卑下的帰属といえる。帰属要因間の分散分析の結果を踏まえて行った多重比較（5%水準）の結果は，性格，外見ともに運との間に有意な差が認められた。この結果は，日本人は失敗したときは自己卑下的な帰属傾向が高いといわれている，従前の日本人の帰属傾向（鹿内，1978；北山・高木・松本，1995）を支持しているといえる。また内心への帰属が高いことから，失敗した場合は，単に印象操作のための自己呈示によるものだけではなく，内心も自己卑下的であることが示唆されている。ただし，第5章で指摘したように，従前の研究では，日本人は内的変動要因である努力（不足）への帰属が多いとされてきた。性格や外見への帰属は同じ内的要因への帰属でも努力とは，Weiner（1980）の帰属マトリックスの次元は異なる。本データでは，第5章の結果と同様に日本人の特徴としてあげられている努力要因への帰属傾向は示されてない。このこと

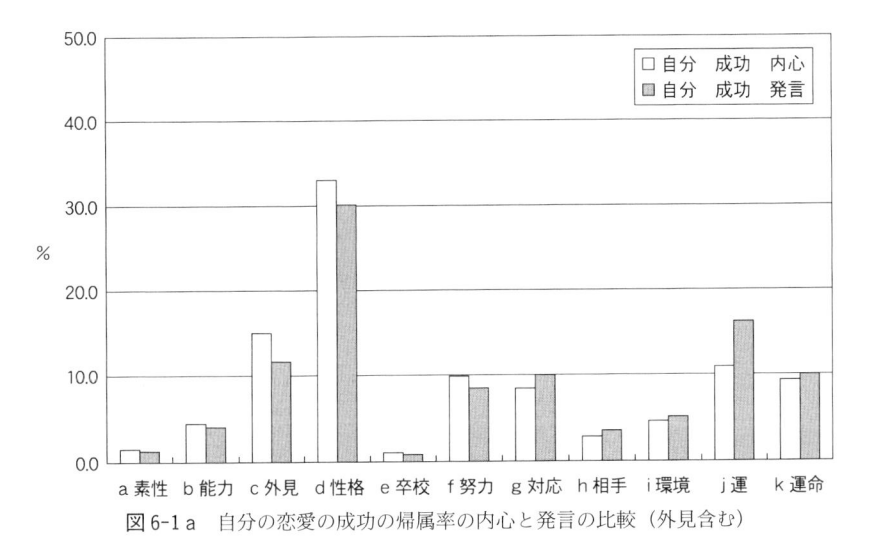

第6章 恋愛における外見への帰属と自己呈示の実証的研究　209

図6-1a　自分の恋愛の成功の帰属率の内心と発言の比較（外見含む）

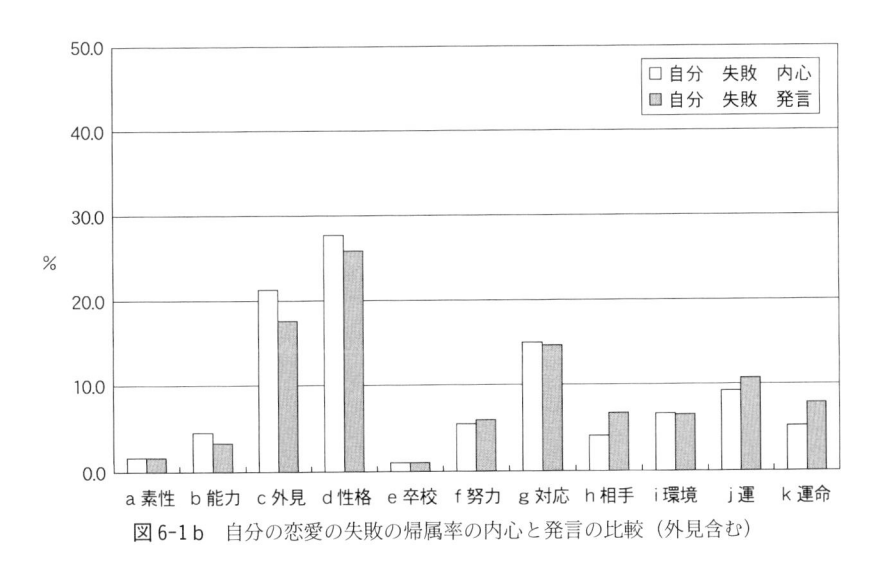

図6-1b　自分の恋愛の失敗の帰属率の内心と発言の比較（外見含む）

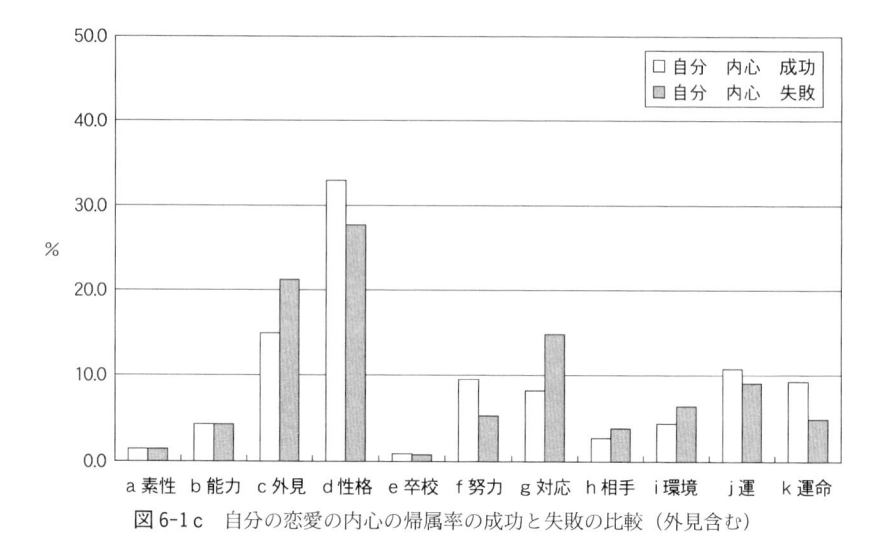

図 6-1 c　自分の恋愛の内心の帰属率の成功と失敗の比較（外見含む）

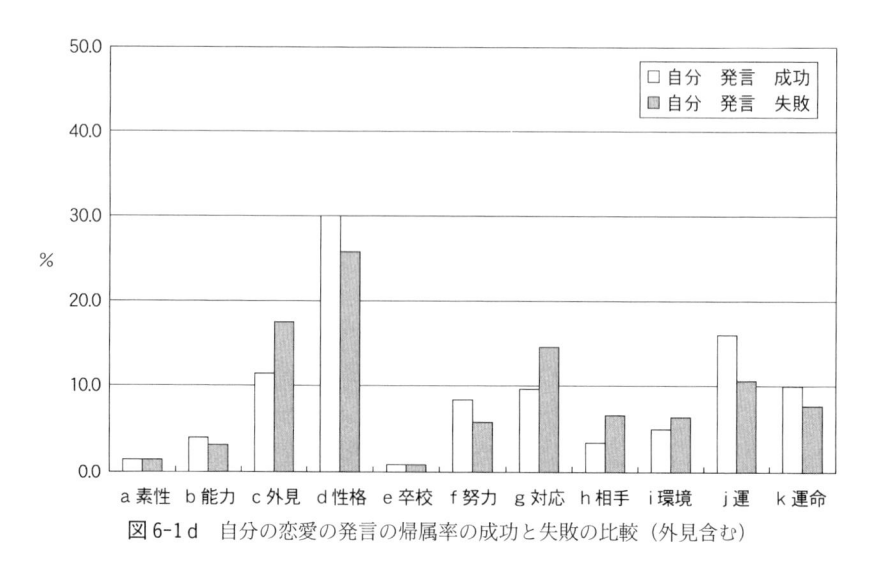

図 6-1 d　自分の恋愛の発言の帰属率の成功と失敗の比較（外見含む）

は日本人はすべての問題について努力要因に帰属するのではなく，課題によって帰属傾向の違うことを明らかにしているといえよう。努力要因への帰属は本研究では表6-1～表6-3に示されるようにきわめて少なく，分散分析の対象から除外している。さて，恋愛の失敗の原因帰属について内心と発言を比較してみると，内心，発言いずれも，性格と外見に多く帰属していることが分かる。このように，失敗時にも内心も含め内的固定的要因に帰属が集中するのは，心からの自己卑下的帰属と考えられ，このような場合においては，日本人の特徴といわれてきた自己批判的，自己卑下的傾向が内面的にも多く存在することを支持する結果を示しているといえよう。

　ところで，内的固定的要因への帰属が多くみられると書いたが，同じ内的固定的要因でも内心と発言の間を比較すると，表6-1に示されるように性格と外見の間に差異がみられた。自分の恋愛の成功・失敗を性格・外見と内心・発言との関連からみると，成功した場合は，内心では性格により多く帰属し外見との間に有意な差が認められるが，失敗した場合は，内心では性格への帰属が減少し，外見への帰属が増大している。それでも性格の方が多いが，性格と外見との差が小さくなり，両者の間に有意な差が認められない。帰属要因別に行った分散分析の結果は，性格，外見ともに成功と失敗の間には有意な差が認められた。この結果は，性格と外見を個別にみると，性格は成功のときにより多く帰属され，自己高揚的帰属がなされているが，外見は失敗のときにより多く帰属され自己卑下的帰属がなされていることを示している。ただ，外見は内的固定的要因なので，この傾向を単純に自己卑下的と言うこともできるが，それでは，性格への帰属傾向との違いが説明できない。自分の失敗を自分の外見に帰属させることは単に自己卑下と言うよりも自己卑下をしながら，外見という自分ではどうにもできない要因に帰属させることにより自己説得し，失敗を納得するという心理的合理化をしているとも解釈できる。外見への帰属は後のケースでも言及するが他の要因よりも複雑な心理を反映していると考えられ，ここでは軽々に結論を出すべきではなく，今後の研究の対象と言えよう。これにより仮説2の後半はさらなる検討が必要といえよう。

表6-2 友人の恋愛の成功と失敗における帰属傾向（％）

帰属要因	成功						失敗					
	内心		発言				内心		発言			
			当人外へ		当人へ				当人外へ		当人へ	
	平均	SD	平均	SD	平均	SD	平均	SD	平均	SD	平均	SD
a 素性	1.5	5.9	1.2	5.2	0.9	4.6	1.1	4.9	1.9	7.0	1.2	4.4
b 能力	5.7	11.7	5.6	12.4	6.4	12.3	3.5	9.5	3.5	9.5	2.4	6.2
c 外見	22.1	22.6	20.8	20.7	16.9	20.6	13.6	19.7	11.7	19.2	6.7	14.6
d 性格	32.0	22.6	33.5	25.4	36.1	27.7	26.3	26.0	26.0	26.1	23.2	27.0
e 卒校	1.0	4.8	0.9	5.3	0.9	5.2	0.4	3.3	0.1	0.8	0.2	1.8
f 努力	8.5	16.7	7.4	14.7	8.9	16.4	8.1	14.1	7.0	12.6	7.1	12.7
g 対応	8.3	12.0	9.4	13.6	10.6	17.6	15.2	20.7	14.2	20.1	15.0	21.5
h 相手	2.6	7.8	1.9	5.5	2.1	6.4	7.6	16.5	8.9	17.8	9.8	18.6
i 環境	7.3	12.8	6.7	11.8	5.4	11.8	7.6	14.0	6.6	12.2	8.3	14.8
j 運	5.9	10.3	6.8	13.7	4.7	11.0	9.4	17.0	12.8	22.7	16.7	25.7
k 運命	5.2	11.8	5.9	13.6	7.5	15.9	7.2	16.0	7.3	16.0	9.5	19.0

2　友人の帰属傾向

　友人が恋愛に成功した場合は，表6-2，図6-2 a〜図6-2 eに示されている。ここでは，内心，発言ともその原因を性格（内心32.0％，発言当人外へ33.5％，当人へ36.1％）に最も多く帰属し，次いで外見（内心22.1％，発言当人外へ20.8％，当人へ16.9％）に多く帰属する傾向が見られた。多重比較の結果，性格と外見の間に有意差があり，この2要因と運や対応との間にも統計的に有意な差が認められた。性格と外見は内的固定的要因であり，他者の成功を内的要因に帰属することは他者高揚的帰属といえる。この結果は，友人を内集団の一員とみなすと，社会的アイデンティティ理論から予測される内集団ひいき性の表れと推察される。また，友人という内集団の一員を他者高揚することにより，その集団に含まれる自分を高揚する傾向が示唆されているとも推察できよう。この結果は，仮説3の前半部分を支持している。第5章においては性格への帰属は内心よりも発言のほうが多く，他者高揚的になっていたが，

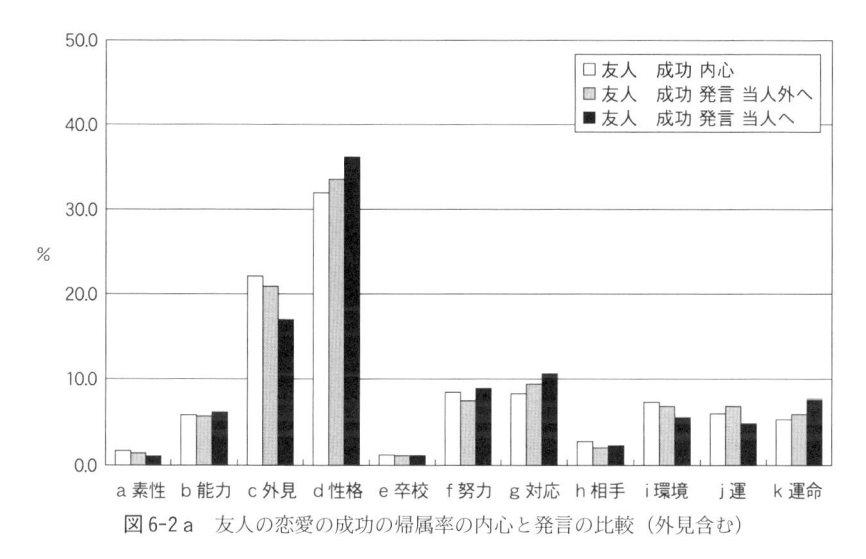

第 6 章　恋愛における外見への帰属と自己呈示の実証的研究　213

図 6-2 a　友人の恋愛の成功の帰属率の内心と発言の比較（外見含む）

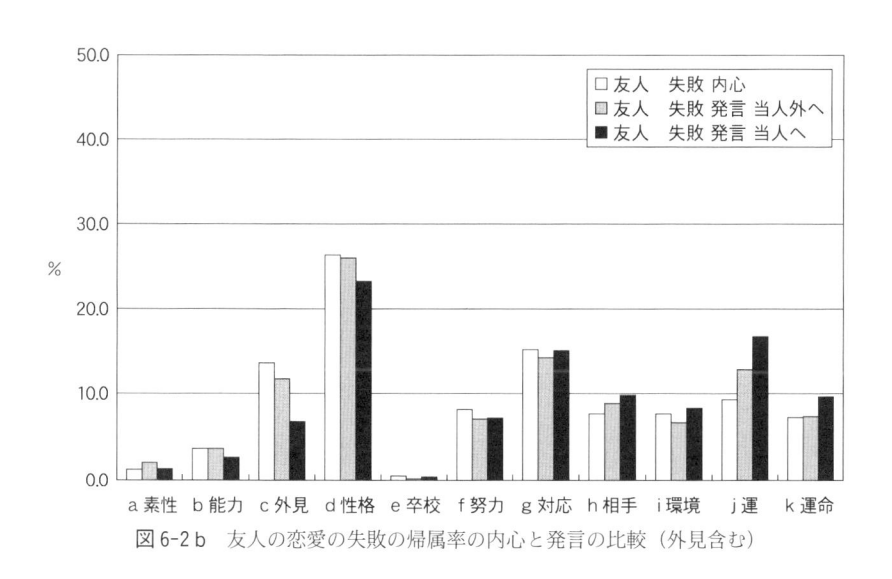

図 6-2 b　友人の恋愛の失敗の帰属率の内心と発言の比較（外見含む）

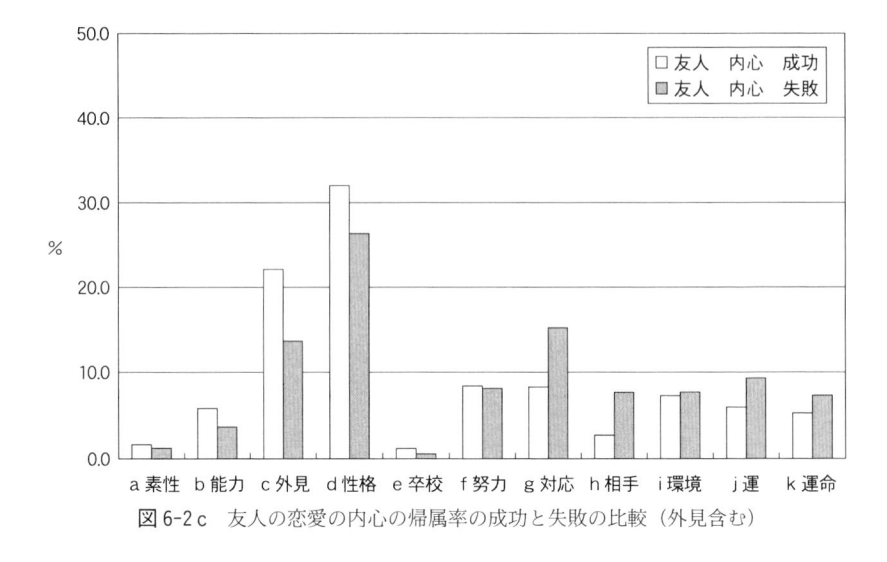

図 6-2 c　友人の恋愛の内心の帰属率の成功と失敗の比較（外見含む）

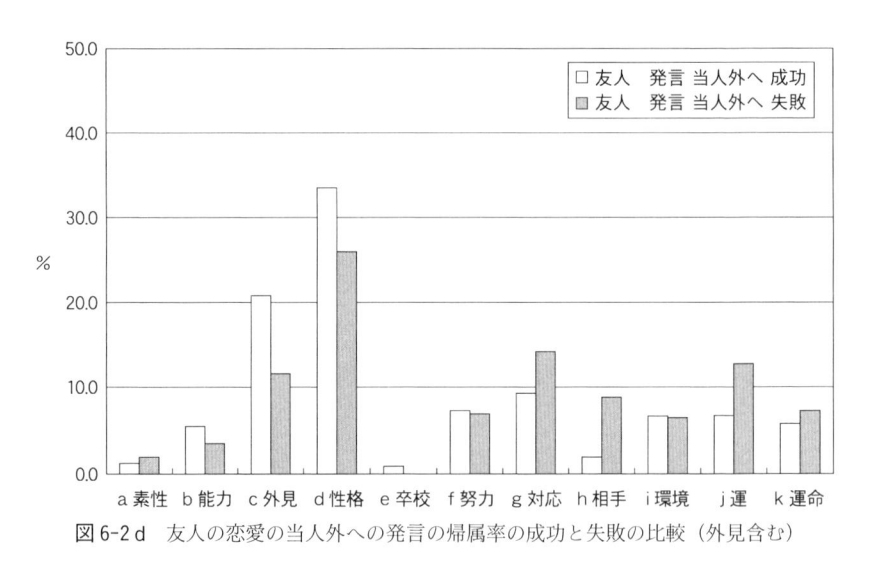

図 6-2 d　友人の恋愛の当人外への発言の帰属率の成功と失敗の比較（外見含む）

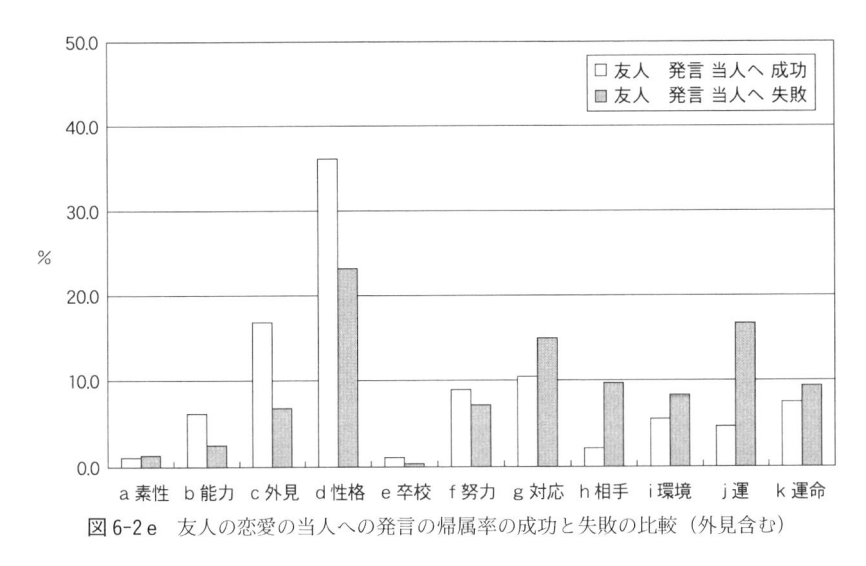

第6章　恋愛における外見への帰属と自己呈示の実証的研究　215

図6-2e　友人の恋愛の当人への発言の帰属率の成功と失敗の比較（外見含む）

今回は要因別に行った分析の結果，性格への帰属は，内心と発言間に同じ傾向はみられたが両者とも多いため，統計的には有意な差が認められなかった。それに対して，同じ内的固定的要因であっても外見への帰属は0.1%レベルの差が認められ，内心より発言，特に当人に話すときに，内心や当人外と話すときよりも，外見への帰属が少なくなることが分かった。この結果は仮説4の後半部分の外見についての仮説を支持していない。当人に対して外見が理由で恋愛が成功したと言うことを抑制することは，相手の外見的魅力を評価しないことの表れともいえるが，ただ，そのように単純に考えるよりも外見ではなく，性格で成功したことを明示することにより，相手の人間性を評価することになり，それが質的により高い他者高揚を示しているともいえる。外見への評価は，友人の場合も複雑であることをうかがわせる。この傾向は今後，十分に検討しなければならない課題である。Tesser & Paulhas（1983）の提唱する自己評価維持モデルの比較メカニズムが働いているのではないかとも推察される。

　友人が恋愛に失敗した場合は表6-2，図6-2bに示されるように，内心ではその原因を性格に最も多く帰属する傾向が見られ（26.3%），他者の失敗を内

的要因に帰属するこの傾向は他者蔑視的帰属といえ，この結果は友人には他者高揚的帰属をするという仮説3を支持していないように思われる。しかし，失敗の場合の性格への帰属を成功のときと比較すると，帰属率は内心，当人以外，当人への発言いずれにおいても低く，成功と失敗の間の帰属の差，要因別に行った分散分析の結果で0.1%レベルで有意な差がみられている。このことからは，友人に対する帰属傾向は他者高揚的であるといえる。成功よりも失敗において帰属率が低いというこの傾向は外見についても同じことが言える。しかし，興味深いことは，外見では性格の場合と異なり，友人が失敗したときの内心と発言の間に有意な差が認められている。特に当人を目の前にすると，外見への帰属は大きく減少している。恋愛に失敗した当人に対するこの傾向は他者蔑視を強く抑制しているといえ，友人との人間関係維持の自己呈示がなされているということが示唆される。

　友人の場合をまとめると成功と失敗の帰属は，前述したように成功では内心も発言も一番多いのは性格であり，二番に多いのは外見である。両者の間にも，またこれら2要因と他の帰属要因間にも統計的に有意な差が認められた。多重比較の結果は，内心，当人外への発言及び当人への発言において，性格と他の要因（外見，対応，運）との間にはすべて統計的に有意差が認められる。失敗では成功時に比べて性格，外見への帰属が減少し，対応，運への帰属が増加している。要因別に行った分散分析の結果は，4要因ともに成功・失敗要因に統計的に有意な差が認められ，性格，外見は成功において多く，対応，運は失敗において多いことが示された。その結果，内心と当人外への発言の場合，性格を除く3要因間の差が減少し，3要因間に有意な差が認められない。さらに，当人への発言においては，運への帰属が高まる一方，外見への帰属が減少し，対応と運への帰属が外見よりも統計的に有意に高いことが示された。失敗時において内的変動的要因の対応や外的変動要因の運への帰属が増加していること，特にこれらが当人への発言時に多いことは，他者の失敗を変動要因に帰属していることであり，それは他者蔑視的ではないといえる。自己呈示からみると友人の失敗に対しては他者蔑視を抑制し，他者高揚的自己呈示をしているといえる。このことから，友人当人を目の前にしたときは，仮説3の後半部分は支持されているといえよう。

表 6-3 嫌いな人の恋愛の成功と失敗における帰属傾向（%）

帰属要因	成功						失敗					
	内心		発言				内心		発言			
			当人外へ		当人へ				当人外へ		当人へ	
	平均	SD	平均	SD	平均	SD	平均	SD	平均	SD	平均	SD
a 素性	3.2	11.1	2.3	9.4	0.8	3.4	1.0	4.5	0.9	4.7	0.5	2.4
b 能力	6.2	12.6	6.6	14.1	7.6	15.5	4.1	12.0	4.4	12.3	3.1	10.0
c 外見	23.7	26.1	20.5	23.6	22.4	27.3	19.1	24.3	17.3	24.3	7.4	16.1
d 性格	14.5	21.3	17.1	24.3	22.4	27.4	48.9	33.0	45.4	33.4	21.7	28.3
e 卒校	0.2	1.2	0.3	3.3	0.1	1.1	0.8	5.3	0.5	4.2	0.6	3.6
f 努力	4.6	11.4	4.5	10.7	5.9	13.1	3.7	9.5	4.3	10.4	5.6	13.4
g 対応	8.4	16.7	8.8	16.4	10.3	18.9	7.1	11.4	7.3	12.1	9.8	16.3
h 相手	4.0	12.1	4.4	14.3	2.9	11.0	2.9	10.2	4.0	12.0	6.1	16.2
i 環境	5.0	13.0	6.6	17.7	5.1	14.1	2.6	7.6	3.0	8.7	7.8	17.4
j 運	24.1	31.5	24.4	33.1	13.4	25.1	4.8	12.2	8.0	19.8	25.1	32.1
k 運命	6.1	16.6	4.5	15.1	9.1	22.7	5.1	16.0	4.8	16.0	12.5	26.1

3 嫌いな人の帰属傾向

　嫌いな人が恋愛に成功した場合は表 6-3，図 6-3 a～図 6-3 e に示されるように，内心と当人外への発言はともに原因を運（内心 24.1%，当人外 24.4%）と外見（内心 23.7%，当人外 20.5%）とに多く帰属する傾向が見られた。嫌いな人の成功へのこの帰属傾向は，自分や友人の成功帰属には見られない傾向である。内心の場合と当人以外への発言の場合それぞれについて行った帰属要因間の多重比較の結果は，運への帰属が性格よりも統計的に有意に多いことが示された。このように他者の成功を外的要因に帰属することは他者蔑視的帰属であるといえる。当人への発言では，成功したときの運への帰属が減少している。このことは内心は他者蔑視的傾向であるが，当人を前にしての発言時にはそれを抑制することを示しており，このことから発言時に印象操作の自己呈示が働いていると推察される。相手の心象を害さないようにと，また，話している相手の自分への評価をも考慮に入れて，他者蔑視を抑制しているといえで

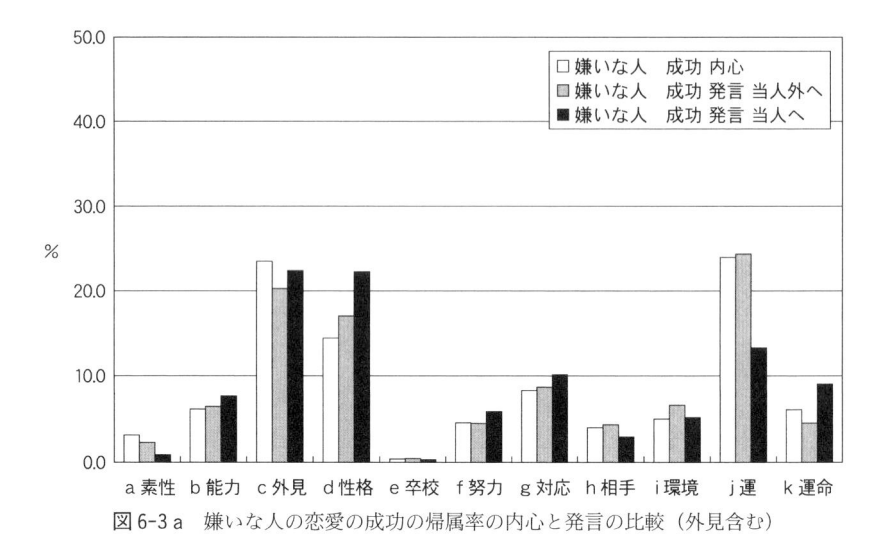

図6-3a 嫌いな人の恋愛の成功の帰属率の内心と発言の比較（外見含む）

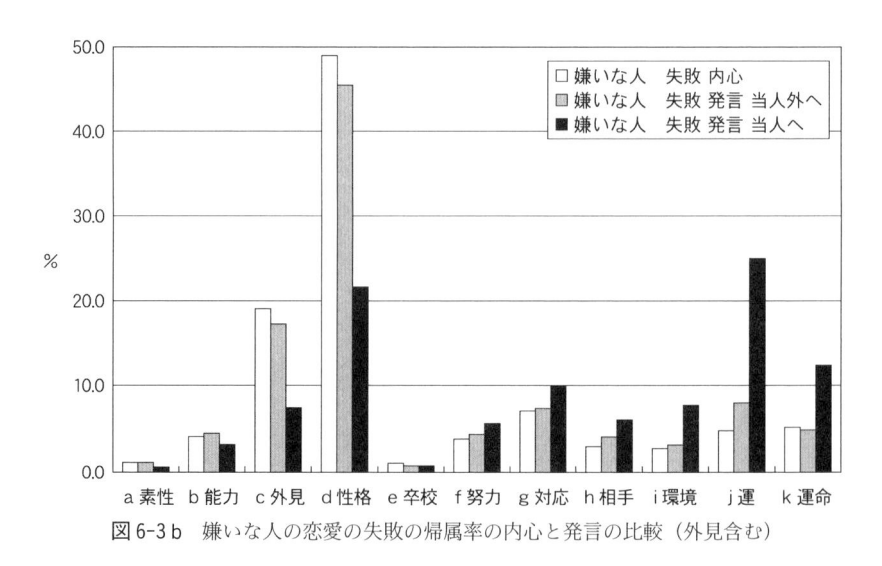

図6-3b 嫌いな人の恋愛の失敗の帰属率の内心と発言の比較（外見含む）

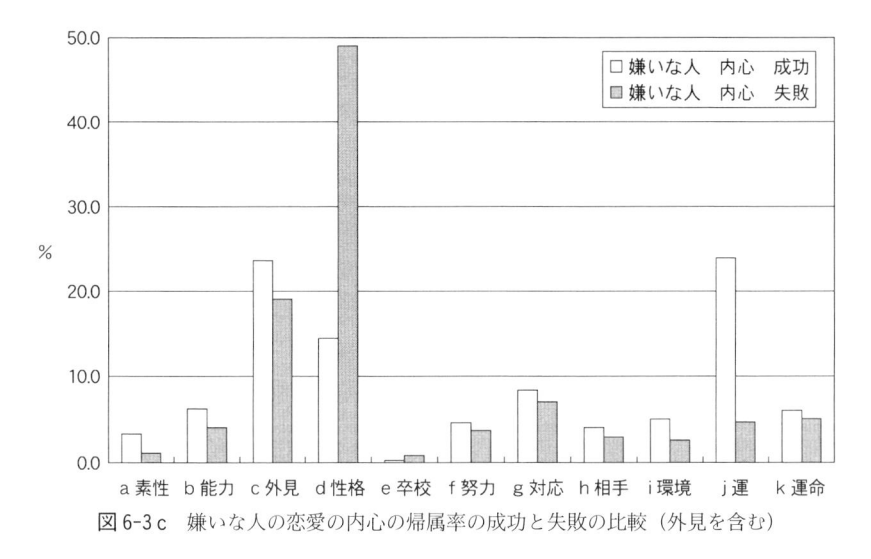

第6章 恋愛における外見への帰属と自己呈示の実証的研究　219

図6-3 c　嫌いな人の恋愛の内心の帰属率の成功と失敗の比較（外見を含む）

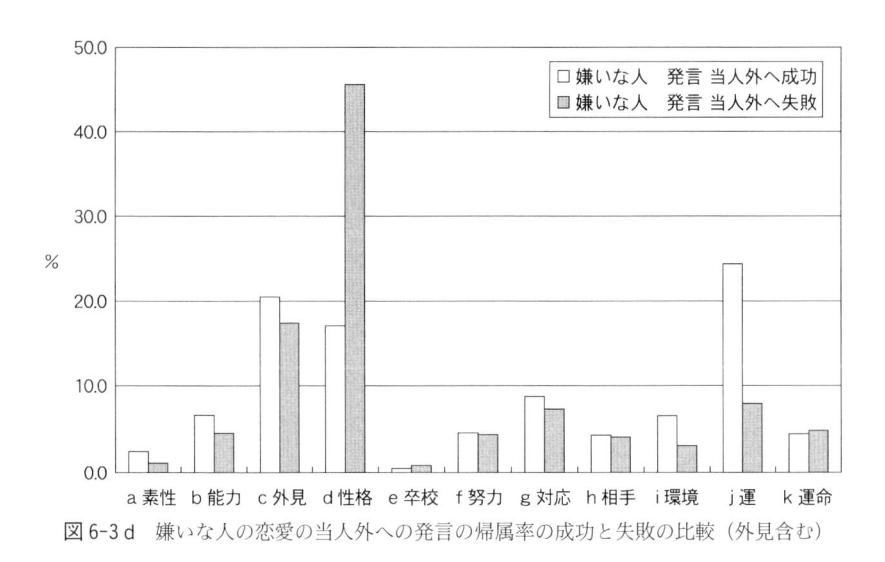

図6-3 d　嫌いな人の恋愛の当人外への発言の帰属率の成功と失敗の比較（外見含む）

図6-3e　嫌いな人の恋愛の当人への発言の帰属率の成功と失敗の比較（外見含む）

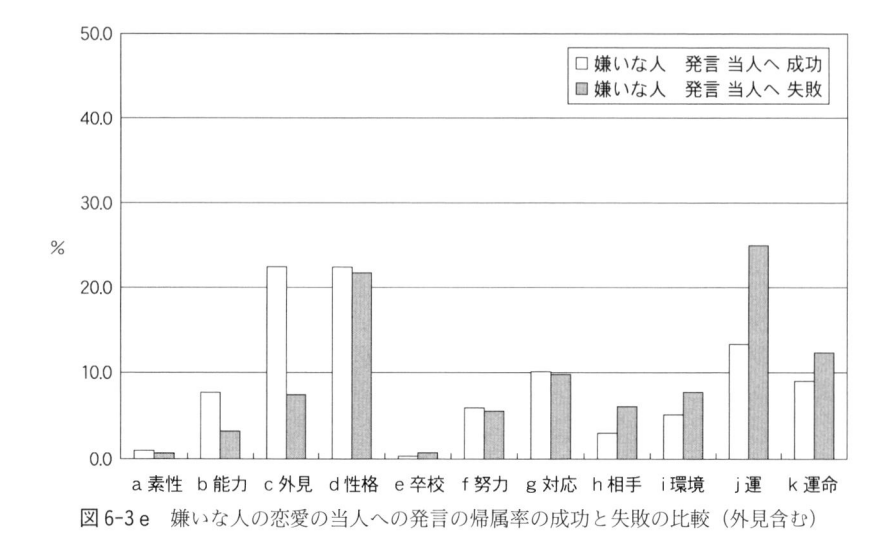

あろう。

　さらに注目されるのは，嫌いな人に対しては同じ内的固定的要因でも性格と外見への帰属は異なった傾向を示していることである。嫌いな人が成功した場合，外見への帰属は内心では性格よりも多く，統計的にも有意な差が認められている。成功した場合，外見は運と同程度に帰属が多く，これは自分自身や友人では見られない傾向である。このことは，恋愛における成功の原因に言及するとき，外見が複雑な要因であることを示唆しているといえる。外見が良いから成功したと考えるとき，あるいはそのように他者に言うとき，それは外見的魅力を指すが，それが他者高揚的であると同時にその人の内面を無視するという点で，蔑視的要素も含んでいるともいえるのである。外見への帰属はこの点，注意を要するといえよう。当人以外への発言でも，運同様に多く帰属されているが，当人に対したとき，運は内心や当人以外に比べ減少しているのに対して，外見は減少していない。この点にも外見の二面性が示唆されているといえよう。

　嫌いな人が恋愛に失敗した場合は，成功したときとは異なり，内心，当人外への発言は性格への帰属が他のどのケースよりも多く，統計的にも有意な差が

認められている。二番目に帰属が多いのは，外見への帰属である。恋愛に失敗したときの性格や外見への帰属は他者蔑視的であるので，この結果は仮説4の前半部分を明確に支持しているといえる。多重比較の結果では，性格と外見の間，さらに外見と他の帰属要因の間に統計的に有意な差が認められた。しかし，当人への発言になると逆に運への帰属が多くなり，性格や外見への帰属傾向は減少している。嫌いな人の場合でも当人を目の前にした場合，蔑視的発言は抑制されることが示されている。嫌いな人が恋愛に成功のときと同様に，当人に対して発言するときは蔑視的な内的要因への帰属が少なくなり，外的要因の運への帰属が多くなっている。他者の失敗をこのように外的要因に帰属することは他者高揚的であり，たとえ嫌いな人でも当人を目の前にしては，他者蔑視的帰属を抑制し，他者高揚的自己呈示を行っていると考えられる。嫌いな人が失敗したときの外見への帰属に特にこの傾向が顕著にみられている。外見について行った分散分析の結果，内心と当人への発言の要因に0.1%レベルの差を認めている。嫌いな人に対しては内心あるいは当人以外の人の発言の際にはきわめて他者蔑視的ではあるが，それに比較して当人に対しての発言においては他者蔑視的帰属が抑制されることが示されている。そこには，嫌いな人に対しても良い人間関係維持しよう，印象を良くしようという印象管理の自己呈示動機が働いていることが示唆されているといえよう。この結果は仮説4の後半部分を支持しているといえよう。

4　帰属傾向の性差

　前述したように恋愛については先行研究により性差があることが知られている。そこでここでは本研究の結果について特に性差に焦点を合わせてみていくことにする。各帰属要因の性別の平均値は，表6-4～表6-6に示されている。以下，自分自身，友人，嫌いな人の順に成功・失敗，内心・発言別に帰属要因の外見，性格，対応，運の4要因の各ケースの分散分析の結果をもとに，性差のみられたケースを個別にみていくことにする。

　まず，自分自身の成功の内心における性差についてみると，男性の方がより多く外見に帰属し，女性の方がより多く性格に帰属する傾向があることが分

表 6-4 自分の恋愛の成功と失敗における帰属傾向（性別平均%）

帰属要因	成功				失敗			
	内心		発言		内心		発言	
	男	女	男	女	男	女	男	女
c 外見	18.2	11.9	14.4	8.6	24.1	18.5	21.1	14.1
d 性格	29.4	36.5	24.7	35.4	25.7	29.7	22.1	29.7
g 対応	9.7	6.9	10.6	8.8	17.5	12.3	15.2	14.0
j 運	11.9	9.9	20.1	12.2	7.2	11.2	13.3	8.0

表 6-5 友人の恋愛の成功と失敗における帰属傾向（性別平均%）

帰属要因	成功						失敗					
	内心		発言				内心		発言			
			当人外へ		当人へ				当人外へ		当人へ	
	男	女	男	女	男	女	男	女	男	女	男	女
c 外見	25.6	18.5	22.1	19.6	18.1	15.7	16.4	10.8	13.5	9.9	8.6	4.8
d 性格	28.5	35.5	29.7	37.3	31.5	40.7	22.9	29.8	23.7	28.4	19.7	26.7
g 対応	8.9	7.8	10.1	8.7	14.3	6.8	16.2	14.2	15.1	13.4	17.3	12.8
j 運	6.9	4.9	9.5	4.0	6.0	3.3	11.0	7.7	15.7	9.9	21.6	11.9

表 6-6 嫌いな人の恋愛の成功と失敗における帰属傾向（性別平均%）

帰属要因	成功						失敗					
	内心		発言				内心		発言			
			当人外へ		当人へ				当人外へ		当人へ	
	男	女	男	女	男	女	男	女	男	女	男	女
c 外見	24.8	22.6	20.1	20.9	25.3	19.6	22.7	15.5	19.3	15.4	8.1	6.7
d 性格	11.2	17.9	15.6	18.7	17.8	27.0	48.6	49.2	46.3	44.5	25.5	17.9
g 対応	10.0	6.8	9.3	8.3	11.3	9.3	7.2	6.9	7.7	6.9	9.7	9.9
j 運	29.4	18.9	29.2	19.7	17.7	9.0	5.6	4.0	10.3	5.7	26.5	23.6

かった。これはこの傾向は従前の研究結果と同様の傾向であり，仮説5を支持している。

　次に，自分自身の成功の発言における性差についてみると，女性の方が内心と同様に，性格により多く帰属している。他方，運については男性の方がより多く帰属している。運は自己卑下的で，外的変動要因であることを考えるとこの性差は日本で伝統的に言われているような女性は自己呈示上，自己卑下的に発言するという傾向とは一致しない。ただし，女性の場合，恋愛については男性の運よりも運命に帰属する傾向があり，それがこの結果に影響を与えていると考えることもできる。そのことは，前章の結果や表6-2と表6-3から推測できる。

　また，自分自身の恋愛の失敗の発言における性差についてみると，ここでも女性の方が性格に，男性の方が外見に多く帰属し，仮説5を支持している。加えて，成功の発言と同様に，男性の方が運により多く帰属している。

　さて，友人の成功の内心における性差をみると，自分自身の成功と同様に，男性は外見により多く帰属している。一方，女性は性格により多く帰属している。

　次に，友人の成功の発言における性差をみると内心と同様に女性は当人にも当人以外にも，性格により多く帰属している。また，男性は当人以外の人に話すとき女性より運により多く帰属している。他方，当人に話すとき男性は，女性より対応により多く帰属している。男性の方が恋愛について戦略的に考えていることをうかがわせる結果である。

　また，友人の失敗の発言における性差をみると，当人に対したとき，女性の方が性格に，男性の方が対応と運に，より多く帰属している。失敗した当人を目の前にしたとき，男女の発言に多くの面で違いがみられることが示唆されている。

　ここで，嫌いな人の成功の内心における性差をみると，これまでと同様に，女性は性格により多く帰属し，男性は運により多く帰属している。

　次に，嫌いな人の成功の発言における性差をみると，内心同様に女性は外見より性格により多く帰属し，男性は性格より外見により多く帰属している。

　また，嫌いな人の失敗の内心において男性は女性よりも外見により多くを帰

属している。

　嫌いな人の失敗の当人への発言においては女性は男性よりも外見に帰属することに抑制的である。

　以上の結果から概して言えるのは，男女を比較すると，男性は外見と対応と運により多く帰属し，女性は性格により多く帰属しているといえよう。

第4節　考　　察

　本章が5章の研究と異なる特徴は，恋愛の帰属要因に外見・容姿に加えたことと発言対象を区分したことである。自己呈示の研究アプローチとして，発言対象による内心と発言の相違に焦点を当てることは重要であり，発言の際，発言相手の相違により自己呈示の仕方は大きく変わることが予測できる。そこで，本研究では発言の際の発言相手を当人以外に発言するときと，当人に発言するときとを区分した。自分の恋愛の成功・失敗について話すときは，当事者は自分なので発言相手に当該者はいないが，友人や嫌いな人の恋愛の成功・失敗について話すときは，話す相手が当の友人あるいは嫌いな人である場合とそれ以外の場合があり，各々に話すときの自己呈示はかなり違うと考えられよう。本人の前では言いにくいこと，本人の前では言うが他の人には言わないことなど日常的に考えても各々に対するときの発言による自己呈示の仕方は違うことが容易に想像できる。そこで本研究の調査では，質問紙調査表において友人と嫌いな人の恋愛の成功・失敗の場合には，全項目において発言相手が当人以外の場合と当人の場合を区分して答えさせており，比較をすることができる。ここでは，結果を踏まえて，あらためて，両者の比較を友人，嫌いな人の順に考察していくことにする。

　まず，友人が恋愛に成功した場合についてみると，前述したように，性格と外見という内的固定的要因に多く帰属している。このことは友人当人を前にして言葉による他者高揚的な呈示がなされていることが示されている。この2つの発言時の帰属を比較すると，外見への帰属は友人当人と話すときよりも，当人以外の人に友人のことを話すときにより多く帰属されており，一方，性格への帰属の場合，内心の場合と比較して当人に発言するときにより多く帰属

されていた。

　次に，友人が恋愛に失敗した場合についてみると，当人への発言と当人以外への発言の比較において，前述したように当人に話すときは，当人以外の人に話すときよりも，性格，外見という内的固定的要因に原因を帰属させていない。逆に外的要因である運へは，当人以外の人に話すときよりも，当人に話すときの方がより多く帰属している。この結果，友人の恋愛の失敗の帰属傾向は，当人以外への発言よりも，当人に話をするときに，内的固定的要因を低め，外的変動的要因を高めるという傾向が明らかで，他者高揚的であり友人との人間関係を良好に維持しようとする言葉による自己呈示の表れであるといえよう。

　また，嫌いな人が恋愛に成功した場合についてみると，当人以外への発言と当人への発言を比較してみると，外見では両者にあまり差はなく，性格については，当人に対して，当人以外の人に対して話すときよりも，より多く帰属している。また，運については逆に当人へよりも，当人以外の人に話すとき，より多く帰属している。このことは，嫌いな人の成功に対して当人以外の人と話すときは，内的要因を抑え，外的要因をより多く呈示しており，それは蔑視的帰属傾向があることを示唆している。しかし，当人を前にすると逆の傾向がみられ，外的要因を抑え，内的要因により多く帰属させている。当人に話すときは，嫌いな人といえども蔑視的発言はせず，嫌いな人ともその場の人間関係を維持し，悪化させることを回避しようとする言葉による自己呈示がなされていることが示唆されているといえよう。

　また，嫌いな人が恋愛に失敗した場合についてみると，ここでも主な帰属先は，性格，外見，運であるが，なかでも性格が群を抜いて多いことが明確にされた。明らかにこれは蔑視的傾向である。ただ，当人以外への発言と当人への発言を比較してみると，性格と外見は，当人以外の発言に比べ，当人への発言のときは，帰属が大きく減少している。これに対して，運は，当人への発言のときは当人以外の人の発言に比べ，非常に多くなっている。当人への発言のみを比較すると，運への帰属が最も多くなっているのである。このように失敗を内的固定的要因よりも，外的変動的要因に帰属することは，他者高揚的帰属といえる。人は，嫌いな人の失敗要因を当人以外の人に話すとき，蔑視的帰属を

表6-7a　多重比較 ＜内心＞

自分自身が成功した場合

	平均	1 外見	2 性格	3 対応	4 運
1 外見	15.0		*	*	
2 性格	32.9			*	*
3 対応	8.3				
4 運	10.9				

自分自身が失敗した場合

	平均	1 外見	2 性格	3 対応	4 運
1 外見	21.3				*
2 性格	27.6		*		*
3 対応	14.9				
4 運	9.2				

友人が成功した場合

	平均	1 外見	2 性格	3 対応	4 運
1 外見	22.1		*	*	*
2 性格	32.0			*	*
3 対応	8.3				
4 運	5.9				

友人が失敗した場合

	平均	1 外見	2 性格	3 対応	4 運
1 外見	13.6		*		
2 性格	26.3			*	*
3 対応	15.2				
4 運	9.4				

嫌いな人が成功した場合

	平均	1 外見	2 性格	3 対応	4 運
1 外見	23.7		*	*	
2 性格	14.5				*
3 対応	8.4				*
4 運	24.1				

嫌いな人が失敗した場合

	平均	1 外見	2 性格	3 対応	4 運
1 外見	19.1		*	*	*
2 性格	48.9			*	*
3 対応	7.1				
4 運	4.8				

$p<0.05$

表6-7b 多重比較 ＜発言当人外＞

自分自身が成功した場合

	平均	1 外見	2 性格	3 対応	4 運
1 外見	11.5		*		
2 性格	30.1			*	*
3 対応	9.7				*
4 運	16.1				

自分自身が失敗した場合

	平均	1 外見	2 性格	3 対応	4 運
1 外見	17.6		*		
2 性格	25.9			*	*
3 対応	14.0				
4 運	10.6				

友人が成功した場合

	平均	1 外見	2 性格	3 対応	4 運
1 外見	20.7		*	*	*
2 性格	33.5			*	*
3 対応	9.4				
4 運	6.8				

友人が失敗した場合

	平均	1 外見	2 性格	3 対応	4 運
1 外見	11.7		*		
2 性格	26.0			*	*
3 対応	14.2				
4 運	12.8				

嫌いな人が成功した場合

	平均	1 外見	2 性格	3 対応	4 運
1 外見	20.5			*	
2 性格	17.1			*	
3 対応	8.8				*
4 運	24.4				

嫌いな人が失敗した場合

	平均	1 外見	2 性格	3 対応	4 運
1 外見	17.3		*	*	*
2 性格	45.4			*	*
3 対応	7.3				
4 運	8.0				

$p<0.05$

表6-7c 多重比較 ＜発言，当人に＞

友人が成功した場合

	平均	1 外見	2 性格	3 対応	4 運
1 外見	16.9		＊		＊
2 性格	36.1			＊	＊
3 対応	10.6				＊
4 運	4.7				

友人が失敗した場合

	平均	1 外見	2 性格	3 対応	4 運
1 外見	6.7		＊	＊	＊
2 性格	23.2			＊	
3 対応	15.0				
4 運	16.7				

嫌いな人が成功した場合

	平均	1 外見	2 性格	3 対応	4 運
1 外見	22.4			＊	＊
2 性格	22.4			＊	＊
3 対応	10.3				
4 運	13.4				

嫌いな人が失敗した場合

	平均	1 外見	2 性格	3 対応	4 運
1 外見	7.4		＊		＊
2 性格	21.7			＊	
3 対応	9.8				＊
4 運	25.1				

$p<0.05$

呈示するが，当人に話すときは，高揚的帰属を呈示することが明らかになった。このことは，嫌いな人が失敗した場合も，当人を前にすると蔑視的発言はせず，嫌いな人とも，その場の人間関係を維持し，悪化させることを回避しようとする言葉による自己呈示がなされていることが示されているといえよう。

　本書は，内心と発言の違いを自己呈示という視点から検証することを目的の一つとしているが，ここでは，発言する相手の違いによる自己呈示の方略の相違が明らかにされている。自己呈示が自己高揚的動機と自己防衛的動機から生じていることは第1章と第2章で論述したが，それは自分を取りまく人間関係

第 6 章　恋愛における外見への帰属と自己呈示の実証的研究　229

表6-8 a　対象別，内心・発言別，成功・失敗別に行った分散分析（帰属要因×性）の結果における有意確率

対象	内心／発言	成功／失敗	帰属要因		帰属要因×性		性	
自分自身	内心	成功	0.000	＊＊＊	0.023	＊	0.349	
		失敗	0.000	＊＊＊	0.102		0.552	
	発言（他者へ）	成功	0.000	＊＊＊	0.002	＊＊	0.277	
		失敗	0.000	＊＊＊	0.045		0.194	
友人	内心	成功	0.000	＊＊＊	0.012	＊	0.429	
		失敗	0.000	＊＊＊	0.079		0.359	
	発言（他者へ）	成功	0.000	＊＊＊	0.033	＊	0.604	
		失敗	0.000	＊＊＊	0.247		0.170	
	発言（当人へ）	成功	0.000	＊＊＊	0.006	＊＊	0.117	
		失敗	0.000	＊＊＊	0.023		0.020	
嫌いな人	内心	成功	0.000	＊＊＊	0.046	＊	0.043	＊
		失敗	0.000	＊＊＊	0.497		0.042	＊
	発言（他者へ）	成功	0.000	＊＊＊	0.194		0.164	
		失敗	0.000	＊＊＊	0.911		0.010	＊＊
	発言（当人へ）	成功	0.000	＊＊＊	0.023	＊	0.138	＊
		失敗	0.000	＊＊＊	0.596		0.025	

＊＊＊ $p<.001$　＊＊ $p<.01$　＊ $p<.05$

表6-8 b　対象別，帰属要因別に行った分散分析（成功/失敗×内心/発言×性）の結果における有意確率

		成功失敗		成失×性	内心発言		内発×性	成失×内発		成失×内発×性	性	
自分	外見	0.001	＊＊＊	0.959	0.000	＊＊＊	0.844	0.896		0.612	0.013	＊
	性格	0.013	＊	0.447	0.037	＊	0.124	0.526		0.959	0.025	＊
	対応	0.000	＊＊＊	0.749	0.449		0.130	0.231		0.283	0.180	
	運	0.037	＊	0.207	0.002		0.000 ＊＊＊	0.028	＊	0.320	0.243	
友人	外見	0.000	＊＊＊	0.924	0.000	＊＊＊	0.172	0.681		0.747	0.051	
	性格	0.000	＊＊＊	0.704	0.845		0.667	0.001	＊＊＊	0.769	0.019	＊
	対応	0.000	＊＊＊	0.830	0.398		0.011 ＊	0.278		0.433	0.150	
	運	0.000	＊＊＊	0.358	0.001	＊＊＊	0.079	0.000	＊＊＊	0.092	0.012	＊
嫌いな人	外見	0.000	＊＊＊	0.629	0.000	＊＊＊	0.419	0.000	＊＊＊	0.122	0.217	
	性格	0.000	＊＊＊	0.036 ＊	0.000	＊＊＊	0.525	0.000	＊＊＊	0.164	0.564	
	対応	0.309		0.423	0.063		0.604	0.860		0.270	0.503	
	運	0.000	＊＊＊	0.073	0.002	＊＊	0.882	0.000	＊＊＊	0.870	0.020	＊

＊＊＊ $p<.001$　＊＊ $p<.01$　＊ $p<.05$

を維持，あるいは高めようという人間関係的な動機をもとにしている。そこでは，友人や嫌いな人に対面し，話すときは，自分の内心の帰属を呈示をするというよりも，その場の人間関係のなかでの自分の立場をよりよくするための自己呈示としての帰属内容を言葉にし，自己呈示することになるのである。このため，話す相手との関係からその呈示方略も当然違ってくる。友人の失敗について友人に直接話す場合は周りの人に対して話していたように友人蔑視を口にするのではなく，友人を高揚するような自己呈示を言葉にすることになるのである。また嫌いな人の恋愛の成功について話すときも，嫌いな人とこのような話をする機会は少ないと思われるが，当人に話すときは帰属は性格と外見という内的固定的要因に帰属され，より高揚的帰属を呈示することが示された。ただし，性格よりも外見に多く帰属されていた。この傾向の解釈は注意を要すると思われる。外見への言及は内的固定的帰属で一般的には他者高揚的であるとされるが，恋愛で嫌いな人への帰属の場合，そうともいいきれないことが考えられる。嫌いな人が恋愛に成功した場合，内心と当人外へは運と外見に原因を帰属している。この場合は運は蔑視的であるが，外見は二面性をもっていると推察される。というのは，自分や友人の成功に対してみられたような性格への帰属が多くないことから外見への帰属は高揚的というよりも"顔が良いから成功した"という言い方で，性格がいいから成功したとは異なり，考え方によっては人格を否定した蔑視的帰属ともとらえられるからである。ところが当人に話すときに蔑視的である運への帰属は減少するが，外見への帰属は減少していない。ここでは当人に対して高揚的な呈示として外見が呈示されていると考えることもできる。嫌いな人に対して内面を称賛し，他者高揚することは躊躇されるかもしれないが，同じ内的要因でも外見の方が言い易いため，当面の他者高揚として，外見が言葉による自己呈示として利用されていると考えることもできる。当人を前にして蔑視的呈示を抑制する傾向は嫌いな人が恋愛に失敗したときは特に明確に表され，内心では失敗の原因を性格と外見に帰属し，当人以外の人に話すときもそのように話し，きわめて他者蔑視的帰属を行っているが，当人に話すときは性格や外見への言及を抑え，運が悪かったことに多く帰属し，蔑視的発言を避けているのである。これにより，自分はその人を蔑視するような人間ではなく，むしろ評価している人間であることを伝え，他者高揚

的自己呈示し，友好的な印象づけを行い，その場の人間関係をよりよい方向に維持しようとする傾向が実証的に明らかにされたといえよう。この外見についての言葉による自己呈示の二面性については，さらに研究が必要と思われる。

第7章
自己呈示としての謝罪の実証的研究

第1節　目的と研究史

　日本人は対人場面で謝罪する傾向が高いといわれているが，本章の研究は，そのような日本人の謝罪発言が印象操作のための自己呈示によることが多いことを実証することを目的とする。確かに，日本人の日常生活においては，「すいません」「ごめんなさい」と謝罪の言葉が多用されている。しかし，このような言葉での謝罪がそのまま心からの謝罪を表しているとは限らない。日本人は謝罪の言葉が多いことは確かだが，それは相手に対する印象操作のための自己呈示であり，内心では謝罪していないかも知れない。日本の対人関係において謝罪の言葉が必要以上に多用されているということは，逆にそれが言葉の上だけの表面上の謝罪であることを暗に示唆しているようにも思える。本研究では日本人の謝罪の言葉が印象操作のための自己呈示により発言されていることが多いことを，内心と発言を区分した投影法を応用した調査法を用いて実証的に研究していくことを目的とする。

　さて，謝罪は第1章で述べたように弁明の一つのタイプである（Schlenker, 1980）。弁明はいくつかの次元で分類されるが，その分類次元の一つが責任の受容と拒否である。この次元は，マイナスの出来事の生起に対して，基本的に自分が起因者であり責任があることを言明するか，あるいは基本的には自分には責任がないことを言明するかである。後者の責任否定の弁明には，否認，正当化，弁解の3種類がある。これら責任否定をする三つの弁明の相違は，否定の力点の置き方が異なっており，それにより弁明の仕方が異なってくる。それは自分の関与を否定する場合と，マイナスの出来事自体を否定する場合と，自分の責任を否定する場合の3種類である。マイナスの出来事への関与

を否定するのが否認（例えば，「自分はやっていない」）という弁明である。自らの関与は認めるが，その結果がマイナスの出来事ではないことを主張するのが正当化（例えば「自分の取った行為は正しいものである」）という弁明である。マイナスの出来事と自らの関与は認めるが，自分には責任はないとするのが弁解である（例えば，「確かに迷惑をかけたが，それは自分のせいではない」）。これらの責任否定の弁明とは反対に，謝罪は，マイナスの出来事の発生を認め，それに対する自らの関与を認め，自分の責任も認める弁明である。弁明において責任の受容と拒否の次元が重要視されるのは，マイナスの出来事に対して責任があるとみなされると，相手からあるいは社会から非難されたり，排除されたり，罰をうけたり，あるいは，賠償を請求される恐れが大きく，自分にとって不利益となるからであり，逆に弁明により周りから責任がないとみなされると，相手からあるいは社会から受容され，理解され，さらには同情さえされることになり，自分にとって利益になるからである。このためマイナスの出来事に対して，責任を受容するか，否定するかはその人の個人的利害と社会的立場に大きな影響を与える。このような論理で考えていくと，人はマイナスの出来事が生じたとき，自分には責任がないことを強調する責任否定的弁明を行うと推論できる。しかし，ここに弁明的自己呈示のパラドックスがある。この点について，大渕・鈴木（1999）は「人々は，負事象について他者から非難されたり，罰せられたりすることを避けたいと考え（Scott & Lyman, 1968；Schoenbach, 1990；Tedeschi & Riess, 1981），このため，責任否定的弁明を使用すると予想される（Tedeschi & Norman, 1985；Snyder & Higgins, 1988；Weiner, 1995）。しかし，実際に調べてみると，その予想とは反対に，このような状況で最もよく用いられる弁明は，責任受容的弁明，即ち，謝罪であった（Barnlund & Yoshioka, 1990；Gonzales, Manning, & Haugen, 1992；Itoi, Ohbuchi, & Fukuno, 1996）。また，奇妙なことに，謝罪こそが非難や罰を避ける最も有効な方法であると人々が信じていることも見出された（Gonzales, 1992；McLaughlin, Cody, & O'Hair, 1983；Ohbuchi, Kameda, & Agarie, 1989；Schoenbach, 1990；Takaku, 1998；Weiner, Graham, Peter, & Zmuidinas, 1991）。Holtgraves（1997）やWeiner（1995）は，不道徳の印象を払拭したり，被害者の感情を和らげることを期待

して行為者があえて責任受容を表明することがあると指摘した。Itoi, Ohbuchi, & Fukuno（1996）の実験的研究は，日米いずれの弁明者にとっても，最も強い関心は罰の回避ではなく被害者の感情宥和であることを示した。これらの知見や解釈は，弁明が単に責任回避を目指すものではなく，もっと多様な動機や関心によって決定されるものであることを示唆している」と指摘している。

　大渕・鈴木（1999）はこのように，謝罪は多様な動機や関心によって決定されると指摘しているが，本書のテーマである自己呈示の観点からみると，その主要動機のひとつに印象操作の動機があるといえる。しかし，そう考えると，それではなおさらのこと，自己責任を否定して自己高揚あるいは自己防衛する否定的弁明の自己呈示がとられてしかるべきであろうと推論できる。ただ，それはあまりに短絡的視野での考えである。相手との人間関係を考えた場合，どのような弁明がより良い印象を相手に与え，より良い人間関係が構築されるかを考えてマイナス事象への弁明的自己呈示を選択していくとまったく逆の自己呈示がとられることにもなる。対人戦略上，否定的弁明が最も有効という結論になれば，謝罪的言明をすることになるのである。例えば，Fukuno & Ohbuchi（1998）や Ohbuchi, Kameda, & Agarie（1989）において，加害者が責任を認めると被害者の不快感情が和らぎ，また，周囲の人々が謝罪した人に対して好意的印象をもつことが見出されている。このように相手に与える自分の印象を十分に考慮した上での弁明的自己呈示の選択がなされるとなると，一番効果的な弁明は相手の立場を優位にするような弁明，自ら責任を引き受けるような弁明，つまり言葉による謝罪的自己呈示を選択する可能性が高くなると予想できる。弁明は，単なる行為者の感情や信念の表明ではなく他者に対する印象を考慮して，意図的にメッセージを組み立てる自己呈示であり，それにより他者の自分に対する印象に影響を与えようとする自己防衛的な試みであると考えることができる。このように考えると弁明の種類を選択するとき，相手の立場をたてる弁明や相手から受け入れられやすい弁明を選ぶことになり，このため謝罪的弁明を選択する可能性が高くなると予測することができる。また，別の角度からも謝罪的弁明が相手から受け入れられやすいことが考えられる。人はマイナスの出来事に直面したとき，相手の弁明が戦略的なものではなく真実で

心からの弁明であると認知したときにそれを受け入れる傾向がある。弁解がましいとか責任逃れの言い訳と受け取られる弁明は相手に受容されない。一番良いイメージを与える弁明は心の底からの真の謝罪（Darby & Schlenker, 1989；Wagatsuma & Rossett, 1986）であろう。謝罪は自らが責任を受容することを弁明するため，相手は弁明者の謝罪を自己防衛的ではなく信念や感情から生じたと認知しやすい。このため，当事者の印象が良くなり，信頼が増し（Carlston & Shovar, 1983；Snyder & Higgins, 1988；Tetlock, 1980），そのような人とは関係を保とうとするためその人の責任に対して寛容になりやすいといえるのである。Darby & Schlenker（1989）や Ohbuchi & Sato（1994）の研究結果は，このことを実証している。ただし，謝罪も言葉上のより"巧妙な"自己呈示と考えることができる。つまり，弁明する側が謝罪を呈示すると他者が自分の弁明を戦略的ではなく，心からの弁明であると認知してくれ，謝罪的弁明が受け入れられやすいことを知っていて，逆に戦略的に謝罪を使用しているということもできる。弁明する側からすれば謝罪的弁明は受け手が心からの弁明であると考えやすいと分かると，謝罪的弁明こそ最も有効な対人的ストラテジーと考えられ，謝罪言葉により受け手の印象を操作しようと謝罪を積極的に採用して自己呈示を行っていくということもできる。

　ところで，弁明のもうひとつの重要な次元として，マイナスの出来事からの責任の解放があげられる。マイナスの出来事には負の責任が伴うものである。何人かがその出来事に関係し，誰に責任があるのか明確でないときは誰も積極的に責任をとろうとしないし，また，自分に責任が負わされることを危惧する。このようなとき，当事者の一人がその出来事に自らの責任を表明することは，他の当事者にとっては自分に責任がないことになり，責任追求から自動的に逃れられることになる。ある人が謝罪的弁明をするということは，当人が責任を認めたことを表明していることになる。このため，関係者にとって自分以外の関係者の謝罪表明ほど責任回避上，都合のよい弁明はない。責任を追求される心配や不安がなくなり，自己損失がなくなるからである。しかも，当人が自ら責任を認めたとなると，自分の方が対人関係上圧倒的に優位な立場になる。自己防衛する必要がなくなるばかりか，相対的に自己高揚することにもなる。責任を認めた相手を非難することもできるし，許すこともできる。自分を

このような優位な立場にすることになる相手の謝罪的自己呈示は当然歓迎され，その人に良いイメージをもつようになる可能性もある。このことは，視点を変えて印象操作をする立場から考えると，相手からこのように歓迎され良い評価を獲得できる自己呈示は対人戦略上多いに利用すべきストラテジーとなるといえよう。謝罪的自己呈示は一時的には自己評価を下げるが，人間関係維持という長期的視点からは，非常に有効な方法と考えられる。人間関係に関して日本のように長い付き合いを重視する社会においては，このような自己呈示こそが自己を高揚する呈示方法として最適のやり方となるということができよう。日本の対人関係において印象操作的な謝罪の言葉が多用されるのはこのような理由によると推測できる。

　実際，欧米の実証的研究においてもマイナスの出来事の弁明において，一見，不利な謝罪が他の弁明よりも選ばれ，また最も適切とみなされることが報告されている（Barnlund ＆ Yoshioka, 1990；Gonzales, Manning, ＆ Haugen, 1992；Ohbuchi, Kameda, ＆ Agarie, 1989；Takaku, 1998；Weiner, Graham, Peter, ＆ Zmuidinas, 1991）。それは上記のような理由によると考えられる。

　弁明についての比較文化的な研究をみていくと，前述したように日本では謝罪が多用されるとされている。Barnlund ＆ Yoshioka（1990）は実証研究において日本人の謝罪傾向の多さを確認している。質問紙を用いて，人はどのような状況のときに謝罪するかを日本人とアメリカ人を対象に調査した。その結果，日本人はアメリカ人なら謝罪しないような状況でも謝罪することが見出され，謝罪が適当と判断される状況が日本人の場合極めて広範囲であることが分かった。また，Itoi, Ohbuchi, ＆ Fukuno（1996）は日本人とアメリカ人に主人公が故意ではないが，人に損害を与えてしまう状況を描いた物語を読ませ，被験者が主人公なら謝罪，弁解，正当化，否認のうちどの弁明を行うかを回答させた。その結果は，日米とも謝罪が最も多く選択された。対人場面においては異なる両文化においても，相手のもつ自分へのイメージをよくするという印象操作の自己呈示が重視されており，これは前述の議論を支持するデータである。日米を比較すると，このデータでも日本人はアメリカ人よりも相対的に謝罪を多く選び，アメリカ人は日本人よりも正当化を多く選ぶ傾向がみられてい

る。これらのデータからも，日本人の自己呈示がより長期的な印象操作を画したストラテジーをとっていることを示唆していると推察できる。こうした日本人の謝罪傾向は，比較文化心理学的には集団主義文化の観点から説明されることが多い。Markus & Kitayama（1991）や Triandis（1995）は日本社会は集団主義文化で，そこでは集団成員性や人間関係が個人主義文化の欧米よりも，より重視されるとしている。このため，マイナスの出来事が生じた場合でも人間関係を壊さないように，謝罪することを選択するとされている。大渕（1999）はこのことを「日本人は人間関係を大切にするので，相手から反感や不満をもたれないよう，何か不都合があったらすぐに謝ると解釈される。自分の正当性を貫いても，人に疎まれたのでは元も子もないと，日本人は関係優先の判断をする。この点で，個人主義文化の強い欧米人とは謝罪に対する志向性が異なると考えられてきた」と説明している。また，大渕・齋藤（1999）は，親や教師に対して，子どもがマイナスの出来事に直面したとき，どのような対処をすすめるかを調査した結果，ここでも謝罪が多いことを見出している。彼らはその理由の一つとして，「日本においては，謝罪という行為自体，好意的に受け止められる傾向がある。謝罪する人は潔いとか誠実であるなど肯定的に評価される。弁明のもつ印象回復効果に関する我々の以前の研究において（Ohbuchi, Kameda, & Agarie, 1989），弁解や正当化と比較して，謝罪の効果は特に顕著であった。（中略）謝罪は常に無難である。被害者の怒りを和らげ，被害者が行為者について抱く印象を好意的なものに変化させる効果が期待できる。それ故，誰のせいなのかをいう責任判断は棚上げにして，とりあえず，親や教師は加害者である子どもに謝罪するように指示したのではないかと思われる。

　日本人が謝罪の印象回復効果を期待する背景には，他の人々から受け入れられること，他の人々の良好な人間関係を維持することなど，集団主義文化の価値観が存在すると仮定されている（Kotani, 1999；Sugimoto, 1999）。他の人々から嫌われたり排斥されることは集団主義文化の人々にとっては重大な脅威である。これを回避するため，時には正義や信条を犠牲にすることがあっても仕方がないと彼らは考えるのではないか。日本では，事実，正義や公正を口にする人は青臭いとか融通が利かないとして敬遠されたり，社会的に未熟であ

るとみなされたりする。日本の大人は子どもに対して，問題が起こるとまず，謝りなさいと，事実解明よりも関係者の感情宥和を重視した対処を求めることもある。争いを避け，対立の激化を防ぐことを最優先とするこうした日本人の志向性が，本研究に見られた謝罪優位の理由ではないかと思われる」としている。このような大渕・齋藤（1999）の分析からも本章のテーマである言葉による謝罪的弁明は印象操作のための自己呈示であるという観点が支持されるといえよう。日本人の謝罪は，決してすべてが本心からではなく，むしろ多くが相手に好印象を与え，人間関係を良好に保つための表面上の行動と考えられる。もちろん，すべての謝罪的弁明が本心からではなく，操作的な自己呈示であるというわけではないが，逆に多くの謝罪が本心からであるとも言えないであろう。特に，日本のような人間関係における和を重視する文化においては，確かに言葉上での謝罪は多用されるが，逆にいうと必要以上に多用されるのは，本心からではない印象操作のための謝罪的弁明が対人場面において他の文化に比較して，より有効だからとも推論できよう。本研究は，この点を明白にするために性格判断投影法のPFスタディを応用した調査方法で内心からの謝罪と自己呈示のための表向きの言語的謝罪とを区分できるようにして実証していく。

　本研究の調査方法の特徴は次のような点である。まず，謝罪は自己責任の程度と関連すると考えられることから本調査ではマイナス事象の自己責任の程度を次のように3区分し，3段階の場面を設定する。

（1）損失場面　そのマイナス事象に関して自分には責任がなく他者の責任が明確な場合，つまり自己責任がない状況。
（2）過失場面　そのマイナス事象に関して自己責任が明確ではない過失的な状況。
（3）失態場面　そのマイナス事象に関して自己責任が明確で，故意に行ったことが明白で批難あるいは叱責されている状況。

　次に，内心と発言を明確に区分するために各実験参加者に内心はどう思っているか，と実際にどう発言するかを明確に区分させ，記入させるように質問紙

を作成する。従来の謝罪研究では謝罪するかどうかが問われているだけのために，それが内心からか，言葉の上だけなのか，は判明できない。このため内心と発言の一致・不一致が明確ではなかった。本研究の質問紙ではこの点を明確に区分する。これにより，質問紙による回答という限定はあるが，内心からの謝罪か，表向きの自己呈示としての謝罪の言葉かを知ることができる。

ところで，日本人は，弁明として，謝罪を使用する傾向が強いという報告がなされていると前述したが，その理由について，大渕と齋藤（1999）は，大人による弁明指導にその原因があるとしている。つまり，日本では，発達過程において，親や教師からマイナスの出来事が生じたとき，弁明として，謝罪することが教育され，それが学習されて，他の文化よりも，弁明として，謝罪を使用するようになるとしている。このように考えると，発達途上の子どもは，まだ，その学習過程にあり，大人ほど謝罪傾向が強くないのではないか，と考えられる。そこで，本研究では，発達途上にある中学生を実験参加者として，大学生に課したPFスタディと同一課題を実施して，中学生の謝罪傾向と大学生の謝罪傾向を比較調査していく。

以上のことから本研究では次のような仮説を検討していく。

> 仮説1　謝罪発言は，マイナスの出来事が生じたとしても，どんな状況でも多用されるわけではなく，自分に責任があると思われる程度に応じてより多く使用される。このため①マイナスの出来事でも自己責任がない損失場面では，謝罪発言は少ない。②謝罪発言は自己過失場面の方が損失場面よりも多くなる。また，③謝罪発言は自己責任の失態場面の方が自己過失場面よりもさらに多くなる。
> 仮説2　謝罪発言が印象操作の自己呈示として用いられることがあり，過失場面や自己責任場面において，言葉として相手に謝罪していても内心は謝罪していない場合が多くある。
> 仮説3　謝罪発言は発達的に文化において学習されるとすると，日本においては，中学生よりも大学生のほうが，謝罪発言が多用される。

第2節　方　　法

　1．実験参加者——198名（首都圏の大学在籍の日本人大学生100名，東海地方の都市の中学に在籍する日本人中学生98名）

　2．質問紙——PFスタディ（絵画フラストレーションテスト）を修正した調査表を作成した。言葉による謝罪とそのときの内心の心理状態について知るため，投影法性格検査のひとつRosenzweigのPFスタディ日本語版（林ほか，1987）から題材を得て，質問紙を作成した。PFスタディは，元来は投影法で，絵画を用いた場面構成で，フラストレーション時における対人的発話を調べ，その反応を分析することから攻撃性の方向と型を知り，その人の性格を診断する形式のテストである。このテスト場面を言葉による自己呈示の調査課題として取り上げた理由は，PFスタディに使用されている場面が，いずれも対人関係を扱っていること，日本語版PFスタディは長年の研究データの蓄積があり，分析に信頼がおけること，PFスタディの反応の評点における内責反応等が，本調査での調査目的の謝罪に当たると考えられること，投影法であるため，実験参加者が構えた回答ではなく，本心からの回答が得られやすいと考えられること，回答が，発言を求めているので，言葉による自己呈示の研究に適合すること，フラストレーション場面のような状況が，自己呈示の仕方に大きな影響を与えると考えられ，内心と発言の差異を検討するのに適していること，その内心と発言の差異を調査しやすいこと，自我阻害場面と超自我阻害場面があり，それが，損失場面，過失場面，自己責任場面と読み替えることができ，三者を比較することができること，回答者が興味をもちやすく，回答しやすいと考えられる課題であることなどである。

　日本版PFスタディは成人版24場面，児童版24場面から構成されているが，本調査では児童版の質問紙24場面のなかから以下に示すような6場面を課題として選んだ。使用した場面は自我阻害場面の1，9，11，24の4場面と超自我阻害場面の7，13の2場面の6場面である。児童用を利用したのは，大学生にも中学生にも同一の課題を課すことができること，また，場面上の対人関係が親子関係などかなり明確になっているため，本研究目的により適してい

ると判断したからである。自我阻害場面の1と9は相手の行為により何らかの損失を被ったという場面と考えられるので他者責任が明確な損失場面とした。自我阻害場面の11と24は，自分の過失を責められている場面と考えられるので自己過失場面とした。超自我阻害場面の二つは悪いことが見つかり，それを相手から批難されている場面と考えられるので自己責任の失態場面とした。各場面上の先行する発話者の言葉は次の通りである。

1　(PF原本の場面1)　おかしは　にいさんに　あげたから　もう　ひとつもありませんよ。
2　(PF原本の場面9)　ぼくがかったよ。これは　みな　ぼくのものだ。
3　(PF原本の場面11)　しずかに　しないか。おかあさんは　ねむたいんだよ。
4　(PF原本の場面24)　てがきたないね。ほんを　だすときには　あらってください。
5　(PF原本の場面7)　あなたは　わるいこね。うちの　はなを　つんだりして。
6　(PF原本の場面13)　こんどこそ　とっている　ところを　つかまえたぞ。

質問紙には，この1から6の6場面の各々について，次のような内心と発言の二つのタイプの問いを設問とした。

(1)　内心　このように言われて，この子どもは，どう思うでしょうか。書いてください。
(2)　発言　このように言われて，この子どもはその人に対して，どう答えたでしょうか。書いてください。

答えはオープンアンサーで，質問紙のなかにある空欄の吹きだしに自由に記述するように記されており，また，教示でそのように説明がなされる。

3．調査日時と手続き——大学生は2001年7月，中学生は2001年6月に実

施。大学生は，大学の一般教育科目の授業内において質問紙を配布，説明後，回答させ，後に回収した。中学生は，中学の授業内において質問紙を配布，説明後，回答させ，後に回収した。

　分析：実験参加者の回答を，林ほか（1987）の日本版PFスタディ児童用使用手引きの評点因子の評点法に基づき，アグレッション（攻撃）の3型とアグレッションの3方向の3×3の分類を行った。アグレッションの3型とは障害優位型（O－D）（Obstacle-Dominance）と自我防衛型（E－D）（Ego-Defense）と要求固執型（N－P）（Need-Persistence）である。アグレッションの3方向とは他責的（E－A）（Extraggression）と自責的（I－A）（Intraggression）と無責的（M－A）（Imaggression）である。

　各場面別個人別に実験参加者の回答を内心と発言それぞれについて分析し，集計する。その結果を基に，内心と発言の内容を比較し，また，内心と発言間の内容の変化を分析する。次に，PFスタディのI反応（Intropunitive）とi反応（Intropersistive）を謝罪反応と解釈して，I+iの合計を謝罪反応数とし，それ以外の反応をその他の反応として分類して，各場面における謝罪反応数とその他の反応数を比較して，それぞれの内心，発言数および内心，発言間の変化を統計的に分析する（謝罪数の比較の検定は被験者をランダムに二分して，対応のないχ^2検定を行い，内心・発言間の変化は対応のあるχ^2検定を行った）。結果の分析においては，大学生のデータを中心に分析していき，発達的な比較データとして中学生のデータを分析していく。

第3節　結　果

　本研究の主たる目的は，言葉による謝罪の自己呈示についてであるがここではまずPFスタディのオリジナル採点法に基づいた結果から見ていくことにする。

1　PFスタディのオリジナル評点の傾向

　大学生のデータの6場面について各々の内心と発言の結果は表7-1に示され

表7-1　PFスタディの評点法により6場面の評点数（n=100）

場面1　内心

	O-D	E-D	N-P	小計
他責	52.0	37.0	9.0	98.0
自責	0.0	0.0	1.0	1.0
無責	0.0	1.0	0.0	1.0
小計	52.0	38.0	10.0	100.0

場面1　発言

	O-D	E-D	N-P	小計
他責	32.0	30.0	19.0	81.0
自責	0.0	0.0	2.0	2.0
無責	0.0	14.0	3.0	17.0
小計	32.0	44.0	24.0	100.0

場面2　内心

	O-D	E-D	N-P	小計
他責	22.5	35.0	29.0	86.5
自責	0.5	7.0	0.0	7.5
無責	0.5	3.0	2.5	6.0
小計	23.5	45.0	31.5	100.0

場面2　発言

	O-D	E-D	N-P	小計
他責	10.5	17.5	43.0	71.0
自責	0.5	11.5	0.0	12.0
無責	1.5	15.0	0.5	17.0
小計	12.5	44.0	43.5	100.0

場面3　内心

	O-D	E-D	N-P	小計
他責	5.5	17.5	5.5	28.5
自責	8.0	37.5	0.0	45.5
無責	0.0	0.5	25.5	26.0
小計	13.5	55.5	31.0	100.0

場面3　発言

	O-D	E-D	N-P	小計
他責	0.0	9.0	4.5	13.5
自責	0.0	49.0	3.0	52.0
無責	0.0	0.5	34.0	34.5
小計	0.0	58.5	41.5	100.0

場面4　内心

	O-D	E-D	N-P	小計
他責	10.5	26.0	0.0	36.5
自責	1.0	21.0	6.0	28.0
無責	0.0	0.0	35.5	35.5
小計	11.5	47.0	41.5	100.0

場面4　発言

	O-D	E-D	N-P	小計
他責	3.0	4.0	0.5	7.5
自責	0.0	30.5	7.0	37.5
無責	0.0	0.0	55.0	55.0
小計	3.0	34.5	62.5	100.0

場面5　内心

	O-D	E-D	N-P	小計
他責	5.0	35.0	1.0	41.0
自責	15.0	44.0	0.0	59.0
無責	0.0	0.0	0.0	0.0
小計	20.0	79.0	1.0	100.0

場面5　発言

	O-D	E-D	N-P	小計
他責	1.5	11.0	2.5	15.0
自責	1.0	83.0	1.0	85.0
無責	0.0	0.0	0.0	0.0
小計	2.5	94.0	3.5	100.0

場面6　内心

	O-D	E-D	N-P	小計
他責	51.0	25.5	5.0	81.5
自責	1.0	17.5	0.0	18.5
無責	0.0	0.0	0.0	0.0
小計	52.0	43.0	5.0	100.0

場面6　発言

	O-D	E-D	N-P	小計
他責	2.0	13.5	2.0	17.5
自責	0.0	59.5	23.0	82.5
無責	0.0	0.0	0.0	0.0
小計	2.0	73.0	25.0	100.0

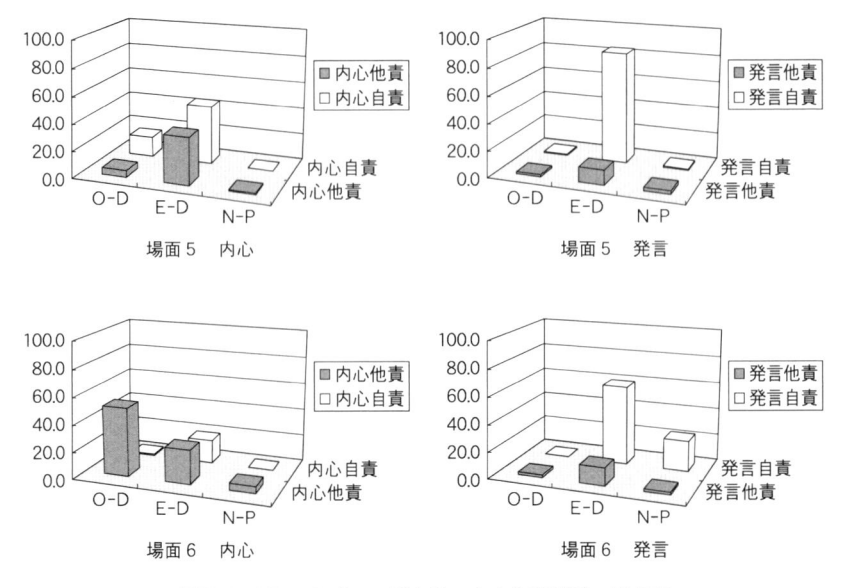

図7-1 PFスタディの評点法による失態場面の反応率

ている。この結果をまず Rosenzweig の PF スタディ日本版（林ほか，1987）のオリジナルの評点法に沿って回答内容の攻撃の方向と型の特徴をみていく。失態場面の場面5と場面6については図7-1に各評点が図示されている。

　場面1：場面1はPFスタディの自己阻害場面で，いわば他者責任が明確な損失場面である。このような対人場面においては内心，発言とも，他責反応が極めて多く，内心の98.0％，発言の81.0％が外責反応であることが示されている。ただし，無責反応は内心では1.0％とほとんどみられないが発言では17.0％と比較的多く見られ，発言においては，他責反応が多少抑えられているといえよう。これは発言時には印象操作上，攻撃的行動が抑制されることをうかがわせる結果である。

　場面2：場面2も自己阻害場面であり，損失場面である。この対人場面においても内心，発言ともに他責反応が極めて多く，内心の86.5％，発言の71.0％が他責反応である。

　場面3：場面3は，PFスタディの分類では自己阻害場面であるが，前述し

たように状況的には過失的場面である。この対人場面においては内心，発言とも，自責-自我防衛の自責反応が最も多く，内心の37.5%，発言の49.0%が自責反応である。この自責-自我防衛反応は本研究でテーマとしている謝罪反応の一つである。自責反応に次いで多い反応は，内心，発言ともに無責-要求固執の慣習服従反応で，内心の25.5%，発言の34.0%である。これはいわば相手の叱責を了解する反応であり，謝罪反応に近似する反応といえよう。

この対人場面における内心と発言の反応を比較すると他責反応に差があることが分かる。内心の他責反応は28.5%であるのに対して発言の他責反応は13.5%で，内心において他責反応の方が多いことが示されている。これは発言時に印象操作のため他責反応が抑制されることをうかがわせる結果である。

場面4：場面4は，場面3同様，PFスタディの分類では自己阻害場面であり，過失叱責場面である。この対人場面においては，内心，発言ともに無責-要求固執の慣習服従反応が最も多く，内心において35.5%，発言において55.5%であった。この反応は前述したように了解という反応であり，謝罪反応に近似する反応といえよう。二番目に多い反応は内心と発言で異なっている。内心では他責反応が36.5%であるのに対し，発言では他責反応は7.5%で自責反応が37.5%である。内心では二番目に多い反応は他責-自我防衛つまり攻撃反応が26.0%であるのに対し，発言では内心-自我防衛の自責反応，つまり謝罪が30.5%で多くなっている。内心と発言で他責と自責が逆転していることが示されており，発言時に印象操作が行われていることをうかがわせる結果といえよう。

場面5：場面5はPFスタディの分類での超自我阻害場面で他者から自己責任を叱責される失態場面である。図7-1に示されているように，この対人場面では内心，発言ともに自責が最も多く，内心の自責反応が59.0%，発言の自責反応は85.0%である。ただ，内心と発言の自責反応を比較すると発言の方がかなり多く，また自責-自己防衛つまり自責反応はともに一番多い反応ではあるが，内心は44.0%，発言は83.0%と発言の自責反応の方がかなり多いことが示されている。他方，内心では，外責-自己防衛の攻撃反応が35.0%と発言の攻撃反応11.0%に比較してかなり多い。発言時に攻撃反応が印象操作のため抑制されていることをうかがわせる結果といえよう。

場面6：場面6も超自我阻害場面で他者から自己責任を叱責されている失態場面である。図7-1に示されているように，この対人場面では，内心においては外責が81.5%と極めて多く，発言においては自責が82.5%と極めて多く，内心と発言では他責反応と自責反応が対照的に多くみられている。また，内心においては外責-障害優位の障害強調反応が51.0%と最も多く，発言では自責-自己防衛の自責反応が59.5%と最も多くなっている。この結果は，発言時に印象操作のために他責反応が抑制され，自責反応が呈示されていることを示唆しているといえよう。

2　謝罪反応と仮説の検証

　PFスタディのオリジナル評点法を本章のテーマである謝罪という点から検討すると，自責-自我防衛の自責反応が典型的な謝罪反応といえるが，同時に内責-要求固執の努力反応も謝罪に対する償い的反応という意味が加味されていると思われる。Barnlund & Yoshioka（1990）によれば特に日本人の場合，責任を感じたとき何かできることはないか申し出ることが多いとされていることから，この反応を謝罪に加えたことが適切と考えられる。そこで，ここでは前述したように内責-自我防衛と内責-要求固執を加えた反応数を謝罪の反応数として捉えることにした。表7-2は6場面各々の反応を謝罪反応とそれ以外の反応として分けて整理した表である。この表に沿って，各場面ごとの謝罪反応の結果から仮説の検証を検討していく。
　場面1：場面1の自我阻害の損失場面では，謝罪反応は極めて少なく内心で1.0%，発言2.0%であった。このような他者責任の損失場面においては，日本人被験者は，謝罪的弁明は少ないという結果が得られた。対人場面において日本人はすぐに謝罪するといわれているが，データは実際には状況により謝罪しないことが明らかにされている。
　場面2：場面2の自我阻害の損失場面でも謝罪反応はわずかで内心で7.0%，発言でも11.5%であった。このような損失場面においては，日本人被験者は，謝罪的弁明は少ないという結果が得られた。場面1と場面2の結果から，マイナスの出来事であっても，自己責任ではない損失場面においては，謝

表7-2　大学生の各場面ごとの内心と発言の謝罪反応数（n=100）

場面1				場面4			
損失場面	内心	発言		過失場面	内心	発言	
謝罪	1.0	2.0	1.5	謝罪	27.0	37.5	32.3
その他	99.0	98.0	98.5	その他	73.0	62.5	67.8
計	100.0	100.0	100.0	計	100.0	100.0	100.0
場面2				場面5			
損失場面	内心	発言		失態場面	内心	発言	
謝罪	7.0	11.5	9.3	謝罪	44.0	84.0	64.0
その他	93.0	88.5	90.8	その他	56.0	16.0	36.0
計	100.0	100.0	100.0	計	100.0	100.0	100.0
場面3				場面6			
過失場面	内心	発言		失態場面	内心	発言	
謝罪	37.5	52.0	44.8	謝罪	17.5	82.5	50.0
その他	62.5	48.0	55.3	その他	82.5	17.5	50.0
計	100.0	100.0	100.0	計	100.0	100.0	100.0

罪の言葉は少ないことが明らかにされたといえる。後にみるように他の自己責任場面では謝罪の言葉が多くみられることから仮説1は支持されたといえよう。

　場面3：場面3の自我阻害場面の自己過失場面では，謝罪反応が内心では37.5％で，発言では半数を超え，52.0％になっている。このような自己過失場面においては，内心，発言ともにかなりの謝罪的弁明がなされている。損失場面1，場面2の謝罪率と比較すると数倍の数になる。場面2と場面3との内心謝罪反応の比較の検定は $\chi^2=16.83, df=1$，$p<0.01$，同様に，発言の謝罪比較は $\chi^2=26.81$，$df=1$，$p<0.01$ で，共に統計的に有意な差が認められている。これは仮説1を支持する結果といえよう。さらに内心に比較して，発言での謝罪が多いこと（$\chi^2=9.03$，$df=1$，$p<0.01$）は言葉での謝罪が内心からではなく自己呈示による印象操作のための弁明であることを示唆し，仮説2を支持しているといえよう。

場面4：場面4も自我阻害の自己過失場面であり，内心の27.0％，発言の37.5％が謝罪反応を示している。ここでも損失場面よりも謝罪反応が多く仮説1を支持する結果といえよう。損失場面の2と過失場面の4との内心謝罪反応の比較は $\chi^2=5.74$, df＝1, p＜0.05，同様に，発言の謝罪比較は $\chi^2=12.69$, df＝1, p＜0.01で，統計上有意な差が認められている。

　場面5：場面5は，超自我阻害の自己責任の失態叱責場面である。この場面において謝罪反応が6場面中トータルで64.0％と一番多い。このような失態場面においては損失場面や過失場面に比較して謝罪反応が多い。このことは仮説1を支持している結果といえよう。また，内心の謝罪反応は44.0％と他の場面と比較して多く，さらに発言の謝罪反応は84.0％で6場面中，最も多い。損失場面の2と失態場面の5との内心謝罪反応の比較は $\chi^2=14.03$, df＝1, p＜0.01，同様に，発言の謝罪比較は $\chi^2=44.00$, df＝1, p＜0.01で，統計的にも有意な差が認められている。このような自己責任の失態場面においては，日本人被験者は，大半の人が，発言上，謝罪的弁明をするという結果が得られた。この結果は，"よく謝る日本人"（高木，1996）がデータとして実証されているといえよう。日本人は通俗的に言われているほど謝らないのではないかというSpencer-Oatey（2000）の指摘を反証しているといえよう。しかし，言葉で謝罪的弁明をしている人のうち，内心でも謝罪している人はおおよそ半数である。このため，過失場面との比較において内心の謝罪反応数では差がなく，発言の比較においては大きな差が生じるという結果を生んでいる。過失場面の3と失態場面の5との内心謝罪反応の比較は統計的に有意な差がなく，他方，発言の謝罪比較は $\chi^2=13.50$, df＝1, p＜0.01で，統計的に有意な差が認められている。これは，失態時において内心と発言の間に著しい不一致があることを示しており，印象操作のために謝罪的弁明が自己呈示されていることを示唆する結果といえよう。この結果は仮説2を支持しているといえる。

　場面6：場面6も超自我阻害の自己責任の失態叱責場面で謝罪反応はトータルで50.0％と多い。ただこの場面での謝罪反応は内心と発言の差異が大きく，内心では17.5％の謝罪反応であるが，発言では82.5％が謝罪反応を示している。このような自己責任の失態場面においては大半の人が発言では，謝罪的弁明をするが，しかし，内心では過失場面よりも謝罪している人が多いというわ

けではないという結果が得られた。過失場面の3と失態場面の6との内心謝罪反応数に統計的に有意な差はなく，失態場面でも内心では謝っていない人が多いことが明らかにされている。他方，発言の謝罪比較は $\chi^2=23.25$，df＝1，$p<0.01$ で，統計的に有意な差が認められている。失態場面の場合は過失よりもかなり多くの人が謝罪発言をしていることが明らかにされている。このため，仮説1は部分的にのみ支持されているといえよう。このことは失態時は特に，謝罪的弁明において，内心と異なる発言をしていることを示唆しており，印象操作による自己呈示であることを強く示唆する結果といえよう。この結果は仮説2を支持する結果であるといえる。

3　内心と発言の個人内差異と変化

ここまで1，2で示したデータは，被験者全員のデータをトータルで分析した結果である。実験参加者全体の内心反応の内容と発言反応の内容の数的比較である。このデータにより，内心と発言の謝罪の全体的傾向は把握できたといえる。しかし，本研究の主目的は，内心と発言の差異と変化を知ることにあるので，より直接的なデータとしては，同一個人内の内心と発言がどのように変化するのかを検討することである。そこで次に，最も内心と発言の差異の大きかった超自我阻害場面，つまり自己責任の失態場面における各個人の内心と発言の反応の変化を分析していく。分析には内心から発言への変化と，発言から内心への変化の両方がある。まず，内心から発言への変化から検討していく。表7-3にそのデータが示されている。表7-3は，場面5と6における内心の各反応が発言時にどのような反応に変化しているか，あるいは変化していないかをPFスタディのオリジナル評点に基づいて分析したものである。このデータから内心反応が10以上あるセルを検討すると，次のような結果が得られた。

（1）　内心で他責-自我防衛反応をしている人のうち，場面5で68.6％，場面6で60.8％の人が発言では自責-自我防衛反応に変化している。
（2）　場面5の内心で自責-障害優位反応をしている人のうち，97.4％が発言では自責-自我防衛反応に変化している。

（3） 場面6の内心で他責-障害優位反応の59.8%の人が発言は自責-自我防衛反応に変化している。また，23.8%の人が自責-要求固執反応に変化している。
（4） 内心で自責-自我防衛反応をしている人のうち，場面5で93.2%，場面6で60.0%の人が発言でも自責-自我防衛反応をしている。場面6で自責-自我防衛反応をしている人のうち，34.3%は発言で自責-要求固執に変化している。

これらの結果から，内心で他責反応をした人の多くが発言では自責反応に変化していることが示された。

次に，この個人内の変化データを謝罪的反応とそれ以外の反応に区分して，謝罪傾向の内心と発言の差を個人内の変化としてとらえていくことにする。ここでは前述したようにPFスタディの自責-自我防衛反応と自責-要求固執反応を謝罪的反応とし，それ以外をその他の反応として分析した。その結果から次のような内心と発言の差異と変化を知ることができた。

（1） 内心で謝罪反応をした人のうち，場面5で93.1%，場面6で94.6%の人が発言においても謝罪的反応をしていて，内心の謝罪は発言の時もそのまま維持されることが示されている。
（2） 内心で謝罪以外の反応をした人のうち，場面5で76.8%，場面6で80.4%の人が発言では謝罪的反応をしている。内心では謝罪をしていない多くの人が発言では謝罪的反応していることが明らかにされている。

これらの変化のχ^2検定の結果，場面5は$\chi^2=48.56$, df=1, $p<0.01$，場面6は$\chi^2=37.48$, df=1, $p<0.01$で統計的にも有意な差が認められている（ただし，検定の際，データ上の小数点以下の数値は検定結果が有意にならない方向に切り上げ，切り下げを行った）。このことは発言時に印象操作がなされ，謝罪的弁明が自己呈示としてとられていることを示唆しているといえよう。

第7章 自己呈示としての謝罪の実証的研究

表 7-3 PF スタディ評点法による内心から発言への反応の変化（n＝100）

場面 5

内心 →	発言	数	内心 →	発言	数	内心 →	発言	数
E′	E′	0	E	E′	1.5	e	E′	0
	E	1		E	9		E	0
	e	1		e	0.5		e	0
	I′	0		I′	0		I′	0
	I	3		I	24		I	1
	i	0		i	0		i	0
	M′	0		M′	0		M′	0
	M	0		M	0		M	0
	m	0		m	0		m	0
計 5		5	計 35		35	計 1		1

内心 →	発言	数	内心 →	発言	数	内心 →	発言	数
I′	E′	0	I	E′	0	i	E′	0
	E	0		E	1		E	0
	e	0		e	1		e	0
	I′	0		I′	1		I′	0
	I	14		I	41		I	0
	i	1		i	0		i	0
	M′	0		M′	0		M′	0
	M	0		M	0		M	0
	m	0		m	0		m	0
計 15		15	計 44		44	計 0		0

内心 →	発言	数	内心 →	発言	数	内心 →	発言	数
M′	E′	0	M	E′	0	m	E′	0
	E	0		E	0		E	0
	e	0		e	0		e	0
	I′	0		I′	0		I′	0
	I	0		I	0		I	0
	i	0		i	0		i	0
	M′	0		M′	0		M′	0
	M	0		M	0		M	0
	m	0		m	0		m	0
計 0		0	計 0		0	計 0		0

表 7-3 つづき

場面 6

内心 →	発言	数	内心 →	発言	数	内心 →	発言	数
E′	E′	2	E	E′	0	e	E′	0
	E	6.5		E	5		E	0
	e	0		e	2		e	0
	I′	0		I′	0		I′	0
	I	30.5		I	15.5		I	3
	i	12		i	3		i	2
	M′	0		M′	0		M′	0
	M	0		M	0		M	0
	m	0		m	0		m	0
計 51		51	計 25.5		25.5	計 5		5

内心 →	発言	数	内心 →	発言	数	内心 →	発言	数
I′	E′	0	I	E′	0	i	E′	0
	E	1		E	1		E	0
	e	0		e	0		e	0
	I′	0		I′	0		I′	0
	I	0		I	10.5		I	0
	i	0		i	6		i	0
	M′	0		M′	0		M′	0
	M	0		M	0		M	0
	m	0		m	0		m	0
計 1		1	計 17.5		17.5	計 0		0

内心 →	発言	数	内心 →	発言	数	内心 →	発言	数
M′	E′	0	M	E′	0	m	E′	0
	E	0		E	0		E	0
	e	0		e	0		e	0
	I′	0		I′	0		I′	0
	I	0		I	0		I	0
	i	0		i	0		i	0
	M′	0		M′	0		M′	0
	M	0		M	0		M	0
	m	0		m	0		m	0
計		0	計		0	計		0

表7-4 PFスタディ評点法による発言から内心への反応の変化
（大学生 n=100）

場面5

発言 →	内心	数	発言 →	内心	数	発言 →	内心	数
E′	E′	0	E	E′	1	e	E′	1
	E	1.5		E	9		E	0.5
	e	0		e	0		e	0
	I′	0		I′	0		I′	0
	I	0		I	1		I	1
	i	0		i	0		i	0
	M′	0		M′	0		M′	0
	M	0		M	0		M	0
	m	0		m	0		m	0
計1.5		1.5	計11		11	計2.5		2.5

発言 →	内心	数	発言 →	内心	数	発言 →	内心	数
I′	E′	0	I	E′	3	i	E′	0
	E	0		E	24		E	0
	e	0		e	1		e	0
	I′	0		I′	14		I′	1
	I	1		I	41		I	0
	i	1		i	0		i	0
	M′	0		M′	0		M′	0
	M	0		M	0		M	0
	m	0		m	0		m	0
計1		1	計83		83	計1		1

発言 →	内心	数	発言 →	内心	数	発言 →	内心	数
M′	E′	0	M	E′	0	m	E′	0
	E	0		E	0		E	0
	e	0		e	0		e	0
	I′	0		I′	0		I′	0
	I	0		I	0		I	0
	i	0		i	0		i	0
	M′	0		M′	0		M′	0
	M	0		M	0		M	0
	m	0		m	0		m	0
計0		0	計0		0	計0		0

表7-4 つづき

場面6

発言→	内心	数	発言→	内心	数	発言→	内心	数
E′	E′	2	E	E′	6.5	e	E′	0
	E	0		E	5		E	2
	e	0		e	0		e	0
	I′	0		I′	1		I′	0
	I	0		I	1		I	0
	i	0		i	0		i	0
	M′	0		M	0		M′	0
	M	0		M	0		M	0
	m	0		m	0		m	0
計2		2	計13.5		13.5	計2		2
発言→	内心	数	発言→	内心	数	発言→	内心	数
I′	E′	0	I	E′	30.5	i	E′	12
	E	0		E	15.5		E	3
	e	0		e	3		e	2
	I′	0		I′	0		I′	0
	I	0		I	10.5		I	6
	i	0		i	0		i	0
	M′	0		M	0		M′	0
	M	0		M	0		M	0
	m	0		m	0		m	0
計0		0	計59.5		59.5	計23		23
発言→	内心	数	発言→	内心	数	発言→	内心	数
M′	E′	0	M	E′	0	m	E′	0
	E	0		E	0		E	0
	e	0		e	0		e	0
	I′	0		I′	0		I′	0
	I	0		I	0		I	0
	i	0		i	0		i	0
	M′	0		M	0		M′	0
	M	0		M	0		M	0
	m	0		m	0		m	0
計		0	計		0	計		0

次にこの同じデータを逆に発言から内心への変化を分析したのが表 7-4 である。この表は各反応を PF スタディのオリジナル許点法にもとづき，発言から内心への変化を分析している。このデータの内，発言反応が 10 以上あるセルを検討すると，次のようなことが分かった。

（1） 場面 5 の発言で他責-自我防衛反応をしている人のうち，81.8%の人が内心でもそのまま他責-自我防衛反応を示している。
（2） 場面 5 の発言で自責-自我防衛反応をしている人のうち，49.4%の人は内心でも自責-自我防衛反応をしている。しかし，28.9%の人は他責-自我防衛反応に変化している。
（3） 場面 6 の発言で他責-自我防衛反応をしている人のうち，37.0%の人は内心でもそのまま他責-自我防衛反応をしている。しかし，48.1%の人は他責-障害優位に変化している。
（4） 場面 6 の発言で自責-自我防衛反応をしている人のうち，17.6%の人が，内心でも自責-自我防衛反応をしている。しかし，51.3%の人は内心では他責-障害優位反応に変化し，また，26.1%は他責-自我防衛反応に変化している。
（5） 場面 6 の発言で自責-要求固執反応をしている人のうち，内心でも自責-要求固執反応の人は 0%で，26.1%の人が自責-自我防衛反応に変化している。さらに 52.2%の人が他責-障害優位反応に変化している。

この結果から，発言で他責反応をしている人の多くは，内心でも他責反応をしているが，発言で自責反応をしている人の多くは内心では他責反応をしていることが示されている。

次にこのデータを謝罪反応とその他の反応に分類し，内心と発言の謝罪反応の変化をみた。その結果は表 7-5 と図 7-2，図 7-3 に示されている。このデータから次のようなことを知ることができた。

場面 5 において，内心での謝罪反応率は 44.0%，発言での謝罪反応は全体の 84.0%であった。内心での謝罪反応の内，発言でも謝罪反応をしている割

表7-5 失態場面における内心から発言への変化数（n＝100）

場面5

		発言 変化	不変	計
内心	謝罪	3.0	41.0	44.0
	その他	43.0	13.0	56.0
計		46.0	54.0	100.0

場面6

		発言 変化	不変	計
内心	謝罪	1.0	16.5	17.5
	その他	66.0	16.5	82.5
計		67.0	33.0	100.0

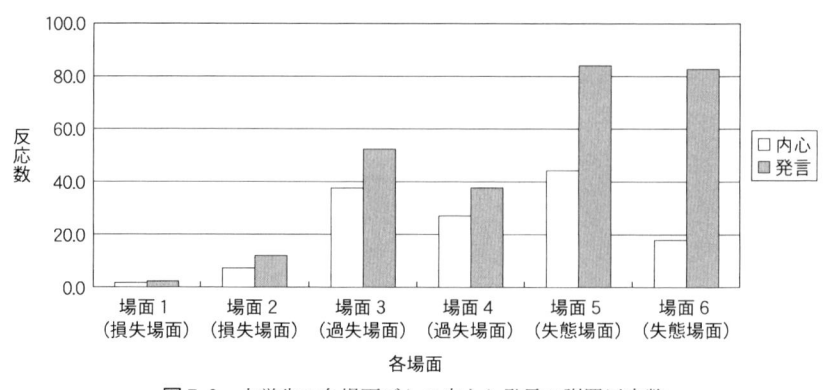

図7-2 大学生の各場面ごとの内心と発言の謝罪反応数

合は93.2%である。他方，内心のその他の反応率は56.0%であるが，その内，発言で謝罪反応に変化した割合は76.8%であった。このことは発言での謝罪のなかに印象操作によるものが含まれていることを示唆していることになる。これは仮説2を支持しているといえよう。

場面6において，内心での謝罪反応率は17.5%，それに対して，発言での

第7章 自己呈示としての謝罪の実証的研究　257

場面 5

場面 6

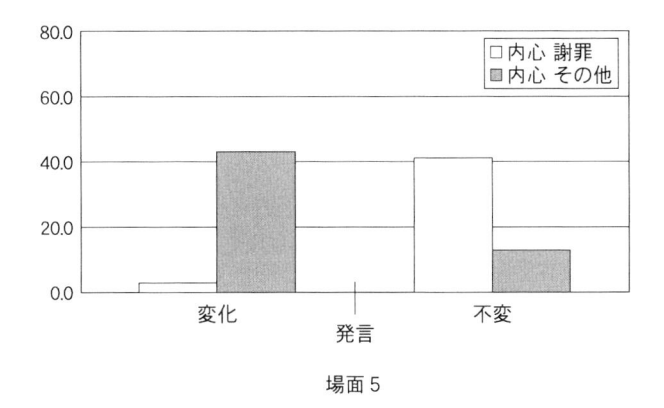

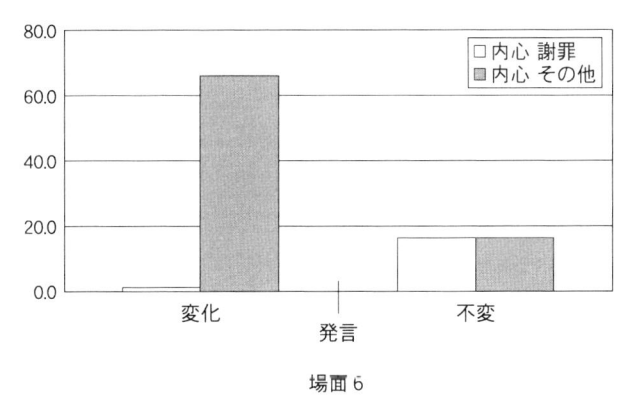

図 7-3　失態場面における内心から発言への変化率

謝罪反応は 82.5％であった。内心での謝罪反応の内，発言でも謝罪反応をしている割合は 94.3％である。他方，内心のその他の反応率は 82.5％であるが，その内，発言で謝罪反応に変化した割合は 80.0％であった。このことは場面 6 のような状況では発言での謝罪のなかに印象操作によるものがより多く含まれていることを示唆していることになる。これも仮説 2 を支持しているといえよう。

4　発達過程と謝罪傾向

　本章は，発達的過程を考慮して，大学生とともに，中学生を実験参加者として調査している。ここでは，中学生実験参加者の各場面に対する反応を大学生の反応と比較し，発達過程における謝罪の反応傾向の過程をみていく。

A　PFスタディオリジナル評点法による発達的比較
　中学生実験参加者の各場面の反応をPFスタディのオリジナル評点法に基づき集計した結果が表7-6に示されている。この結果から次のことを知ることができる。

- （1）　場面1と場面2の他者責任の損失場面においては，大学生のデータとほぼ同様の結果であり，内心，発言ともに他責反応が極めて多いことが示されている。内心全体の91.3％，発言全体の85.2％は他責反応である。
- （2）　場面3の損失場面においては中学生は大学生に比較して，内心，発言ともに他責反応が多く，なかでも他責-自己防衛反応が内心で37.0％（大学生は17.5％），発言で19.0％（大学生9.0％）と高くなっている。
- （3）　場面4の過失場面においては，中学生は大学生に比べ，発言において自責-自我防衛が少ない。つまり自責反応が少ないことが示されている。
- （4）　場面5と場面6の自己責任の失態場面においては中学生の反応は大学生の反応とほぼ同様の反応傾向を示している。発言では自責が多く，場面5が85.7％，場面6が72.4％，内心ではそれほど多くなく，場面5が52.0％，場面6が20.4％である。場面6は典型的な内心と発言が不一致を示している。

表7-6 中学生のPFスタディの評点法による6場面の評点数 (n=98)

場面1 内心

	O-D	E-D	N-P	小計
他責	47.5	37.0	5.0	89.5
自責	0.0	0.0	1.0	1.0
無責	0.0	5.0	2.5	7.5
小計	47.5	42.0	8.5	98.0

場面1 発言

	O-D	E-D	N-P	小計
他責	41.0	27.0	15.5	83.5
自責	0.0	0.0	0.0	0.0
無責	0.0	7.0	7.5	14.5
小計	41.0	34.0	23.0	98.0

場面2 内心

	O-D	E-D	N-P	小計
他責	23.0	30.5	26.5	80.0
自責	0.0	8.0	0.0	8.0
無責	0.5	7.0	2.5	10.0
小計	23.5	45.5	29.0	98.0

場面2 発言

	O-D	E-D	N-P	小計
他責	15.0	20.0	40.5	75.5
自責	0.0	11.0	0.0	11.0
無責	1.0	10.0	0.5	11.5
小計	16.0	41.0	41.0	98.0

場面3 内心

	O-D	E-D	N-P	小計
他責	7.0	37.0	4.0	48.0
自責	2.0	15.5	1.0	18.5
無責	0.0	2.0	29.5	31.5
小計	9.0	54.5	34.5	98.0

場面3 発言

	O-D	E-D	N-P	小計
他責	2.5	19.0	5.0	26.5
自責	0.0	27.5	0.0	27.5
無責	0.0	0.5	43.5	44.0
小計	2.5	47.0	48.5	98.0

場面4 内心

	O-D	E-D	N-P	小計
他責	11.0	25.5	4.0	40.5
自責	0.0	15.0	3.0	18.0
無責	0.0	0.0	39.5	39.5
小計	11.0	40.5	46.5	98.0

場面4 発言

	O-D	E-D	N-P	小計
他責	2.0	7.0	3.0	12.0
自責	0.0	16.0	5.0	21.0
無責	0.0	0.0	65.0	65.0
小計	2.0	23.0	73.0	98.0

場面5 内心

	O-D	E-D	N-P	小計
他責	10.0	34.0	3.0	47.0
自責	10.0	40.0	1.0	51.0
無責	0.0	0.0	0.0	0.0
小計	20.0	74.0	4.0	98.0

場面5 発言

	O-D	E-D	N-P	小計
他責	3.0	5.0	6.0	14.0
自責	1.0	78.0	5.0	84.0
無責	0.0	0.0	0.0	0.0
小計	4.0	83.0	11.0	98.0

場面6 内心

	O-D	E-D	N-P	小計
他責	52.0	21.0	5.0	78.0
自責	1.0	16.0	3.0	20.0
無責	0.0	0.0	0.0	0.0
小計	53.0	37.0	8.0	98.0

場面6 発言

	O-D	E-D	N-P	小計
他責	5.0	18.5	3.5	27.0
自責	0.0	60.5	10.5	71.0
無責	0.0	0.0	0.0	0.0
小計	5.0	79.0	14.0	98.0

表7-7 中学生の各場面ごとの内心と発言の謝罪反応数 (n=98)

場面1				場面4			
損失場面	内心	発言		過失場面	内心	発言	
謝罪	1.0	0.0	0.5	謝罪	18.0	21.0	19.5
その他	97.0	98.0	97.5	その他	80.0	77.0	78.5
計	98.0	98.0	98.0	計	98.0	98.0	98.0
場面2				場面5			
損失場面	内心	発言		失態場面	内心	発言	
謝罪	8.0	11.0	9.5	謝罪	41.0	83.0	62.0
その他	90.0	87.0	88.5	その他	57.0	15.0	36.0
計	98.0	98.0	98.0	計	98.0	98.0	98.0
場面3				場面6			
過失場面	内心	発言		失態場面	内心	発言	
謝罪	16.5	27.5	22.0	謝罪	19.0	71.0	45.0
その他	81.5	70.5	76.0	その他	79.0	27.0	53.0
計	98.0	98.0	98.0	計	98.0	98.0	98.0

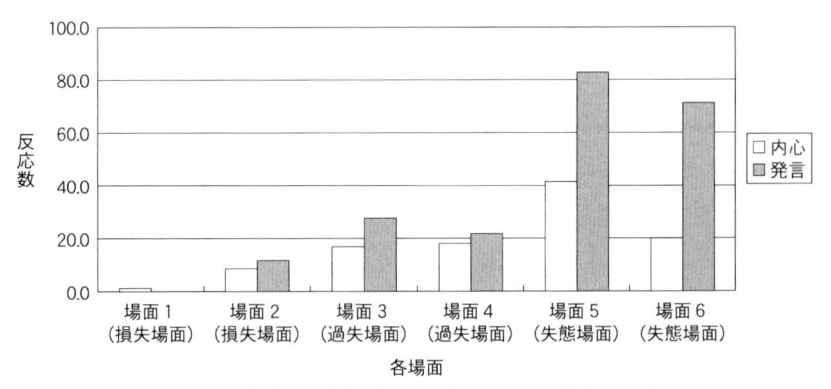

図7-4 中学生の各場面ごとの内心と発言の謝罪反応数

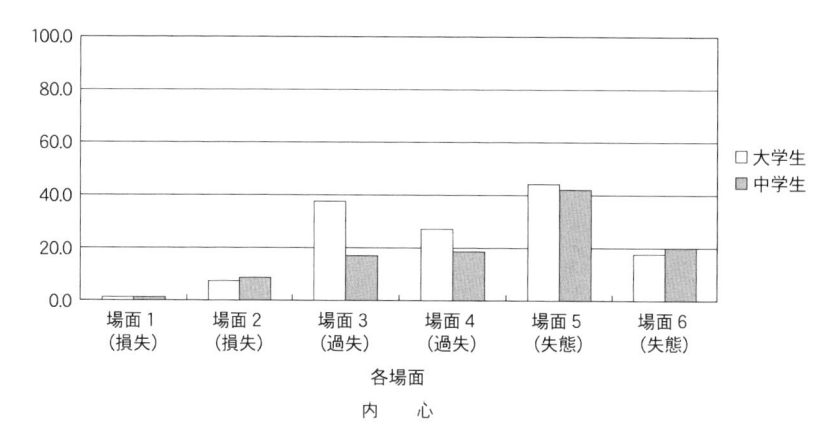

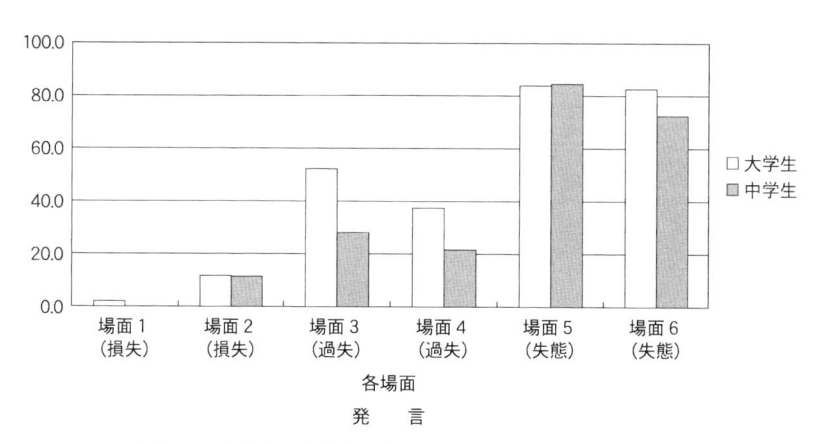

第7章　自己呈示としての謝罪の実証的研究　261

図7-5　大学生と中学生の謝罪反応率の比較（内心と発言）

B　謝罪反応の発達的比較

　前述したように，謝罪反応の傾向を知るために本章では，PFスタディの自責-自我防衛反応に自責-要求固執反応を加えた反応数を謝罪反応としてデータを再整理している。中学生のデータを再整理したのが表7-7と図7-4に示されている。また，大学生と中学生の場面ごとの謝罪反応率の比較が図7-5に示してある。これらのデータから大学生との比較において次のような中学生の謝罪傾向を知ることができる。

（1）　場面1と場面2の他者責任の損失場面においては，中学生の反応は大学生と同じく謝罪反応は少ない。
（2）　場面3と場面4の過失場面においては中学生は，大学生よりも，謝罪反応が少ない。発言における謝罪反応は，場面3で大学生の52.0％が謝罪しているのに対して中学生は28.1％，場面4で大学生の37.5％が謝罪しているのに対して中学生は21.4％である。日本文化のなかで発達により，対人場面での対応を学習し，謝罪反応が多くなるという仮説3を支持する結果である。
（3）　場面5と場面6の自己責任の失態場面においては，中学生の反応は大学生と同じく，発言において謝罪反応は場面5で84.7％，場面6で72.4％と非常に多い。しかし，内心は，場面5で41.8％，場面6では19.4％と低くなっており，内心と発言の不一致が大きい。発言の謝罪反応が多く，内心の謝罪反応が少ないということは仮説3を支持する結果であるといえよう。

第4節　考　　察

「日本人が社会的葛藤や紛争場面においてすぐに謝ること，つまり，日本人の謝罪傾向は国際的にもよく知られている」（大渕，1999）とされる。実際，最近ではアメリカの社会心理学のテキストなどに日本の経営者が倒産したときの会見で深々と頭を下げ，泣きながら謝っている写真などが掲載されている。ことあるごとに，すいません，ごめんなさいを連発し，ペコペコ頭を下げる姿は，外国人の目には奇妙に映るのであろう。データ面でも「日本人はアメリカ人よりも一般的に謝罪を好む」（大渕，1999）ことが実証されている。こうした日本人の謝罪傾向は，集団主義文化の観点から「日本人は人間関係を大切にするので，相手からの反発や批難をもたれないよう，何か不都合があったらすぐに謝ると解釈される」（大渕，1999）という。このように考えると，日本人の謝罪は，自分の非を認める心からの謝罪の気持ちの表現ではなく，人間関係を良好に保つための対人ストラテジーとしての謝罪であり，相手に対する自分の印象を操作するための自己呈示の部分が大きいことになる。また人々は，謝

罪が批難や叱責を避ける最も有効な方法と考えている（大渕，1999）とされているが，この点を自己呈示理論から推察すると日本人の謝罪傾向が高いのは，日本の人間関係では特にこの方法が効果的であり，また日本人がそのことをよく知っていて，これを多用していると考えられる。そのことはKotani（1999）の，日本人は謝罪したとき，相手も謝ってくれたり，自分の謝罪を打ち消してくれたりすることを期待しているという留学生のインタヴュー調査からも裏づけされよう。このことは，日本における謝罪を研究していくときには，特に印象操作としての謝罪について注目しなければならない。対人場面において，表面上に表される謝罪発言をそのときの内心の本当の気持ちと区分し，対照させて研究していくことが大事ではないかと思われる。そこで本研究では，どのような事態で，謝罪が生起しやすいかを調査することに加えて，どのような事態で謝罪発言がなされやすいかを調べ，同時に謝罪発言が呈示されたとき，それは本人が内心の気持ちから謝罪しているか，それとも単に印象操作のための表面上の自己呈示なのかを調べるために，謝罪の表明と内心との相違を調べ，そこに相違があるとしたら，どのような状況のときに違いが大きいのかを調べることにした。そのため，内心と発言を区分できる質問紙を作成して調査し，印象操作のための自己呈示としての言葉による謝罪について明らかにすることを目的とした。以下，結果に示したデータに基づいて仮説を考察していく。

　まず，仮説1の損失場面よりも自己過失場面のほうが謝罪発言が多く，自己過失場面よりも自己責任の失態場面のほうが，さらに謝罪発言が多くなる，については，結果に示したように，発言時の謝罪にはこの傾向が明確に見られ，仮説1は支持されたといえよう。日本人は，すぐに謝るといわれているが，データが示すように，どんなマイナス状況でもすぐに謝るわけではなく，他者責任の明確な過失場面の場面1においては，謝罪の言葉はほとんど発せられないことが明示され，仮説1も支持されている。またこのようなケースにおいては心のなかでも謝罪の気持ちはほとんどないことも明示されている。逆に他者責任が明確な場面ではその損失に責任をもつ他者を批難し，攻撃する気持ち（内心）が非常に多くみられ，また言葉でも表明されている。他者責任の損失を被った場面は，当然のことではあるが自己卑下傾向や謙譲的傾向が強いとされている日本人においても，相手を批難し，相手に責任をとらせるように攻撃

する気持ちが強く，それを言明する傾向も強いことが実証されたといえる。このことは，発達過程にある13,14歳の中学生においても同じ傾向が見られた。

一方，自分の過失で相手に迷惑をかけた場合，それが過失であっても批難あるいは叱責された場合，その過失の程度にもよるが，かなり多くの人が相手に謝罪の言葉を発し，また，心のなかでもその過失で相手に迷惑をかけたと思い，内心，謝罪の気持ちをもつことが調査データに示されている。場面3と場面4は自分の過失により相手に迷惑をかけた場面である。このような場合，結果に示されたように損失場面とは異なり，過失といえども自分が関係していることには間違いないので，相手に謝罪し，また心のなかでも謝罪している。ただし，日本人は謝罪が多いという視点で見直すと，この場面3，4の謝罪の反応数の結果は，予測ほど謝罪が多くないと受け止められるかもしれない。そこで，データをRozenzweigのPFスタディ日本版（林ほか，1987）のオリジナルの評点に戻って検討すると，場面3，4の場合，反応として無責-要求固執に分類される反応が多いことが分かる。この反応は，慣習服従といわれているが具体的な言葉の典型は，「分かりました」であり，了解，了承を表す言葉であり，前述したように謝罪反応と同じ方向にある謝罪に近似の対応である。そこで，自責の謝罪とこの無責-要求固執の了解を含めて受容的反応とするならば，その反応は場面3，4ともに内心で約70％を超え，発言では約90％を占めることになる。このことから自己過失を叱責された場合，大半が謝罪する方向にあり，少なくとも過失責任を認める方向の発言をし，また内心でもそう思っていることが実証されたといえる。このように謝罪反応を広くとらえると日本人は謝罪傾向が高いという従来の知見を支持する傾向があるといえるのである。このような自己責任があいまいなときに日本人は謝罪傾向が高いとされているが，それが親や教師による指導によって学習されたものとするのなら，発達過程にある中学生は大学生よりもまだ学習過程にあり，謝罪傾向が低いと考えられる。本研究はそのことを裏づけるように，大学生の方が中学生よりも過失場面においては謝罪傾向が高く，このことを実証しているといえる。

次に，自分が失態を犯したことを他者から批難あるいは叱責された場合の謝罪傾向について検討していく。自分が承知で悪いことをしたなどの失態が発覚し，批難されたり，叱責されたりした場合，反応としては謝罪するか，開き直

るかであるが，結果に示されるように大半の人が謝罪発言をすることが示されたといえる。場面5と6はそのような自己責任の失態叱責場面である。このような場面では発言上は80％以上は謝罪的弁明をすることが実証されている。自分に責任があるときは，率先して自分から謝罪することが多いことを示している。この傾向は，発展過程の中学生でも同じ傾向が見られた。

　さて，ここまでの考察で仮説1が一部を除き支持されたといえよう。本研究の分類での自己責任の程度の違いにより，損失場面よりも過失場面の方が謝罪発言が多く，またそれよりも失態場面の方が謝罪発言が多いという傾向が明白にみられたといえる。しかし，場面6に典型的に示されているように，発言上，謝罪している一方で，内心では謝罪していない人が多くみられた。このことは，仮説1を部分的にのみ支持する結果になっているが，そのことが日本人の謝罪発言の多くが印象操作のための自己呈示であるという仮説2の支持を強く示唆することになっているといえよう。次に仮説2について考察していく。

　印象操作としての謝罪的自己呈示の典型は，発言と内心が異なり，人前での発言は謝罪的であるが，内心は謝罪していない場合である。謝罪の言葉を口にしながら，内心の気持ちは自責的ではなく，むしろ他責的で攻撃的である場合である。このような発言と内心の典型的逆転は，自己責任が少ない過失場面に多くみられると考えられるが，調査の結果は，過失場面よりも失態場面において，より典型的にみられた。自らの失態を批難され，叱責されたとき，人は心の内から反省し，謝罪するはずであるし，道徳的，倫理的観点に立てば，そうすべきであるといえる。しかし，実際には，人はそれほど道徳的でも倫理的でもないことが示唆される。実際は，言葉の上では謝罪しながらも心の内では苦々しく思っている場合が多いということをこの調査データは示している。このデータはこれまで日本人の特徴であるとされてきた謝罪傾向は，日本人は心の内から謝罪傾向が強いのではなく，実は対人場面での印象操作として言葉による謝罪的発言をすることが多いことを明らかにしている。むしろ日本人の謝罪傾向の高さは，それがそのまま内心の発露ではなく対人関係上，相手に嫌われないように，表面上とにかく謝罪を言葉にすることになるといえよう。謝罪することにより，自分の方がその場の人間関係で低い立場にあることを示し，相手の許しを乞う，という印象操作がとられるといえる。その結果，自己呈示

として謝罪発言が多用されることになると推察される。過失場面と失態場面において内心の謝罪よりも謝罪発言が非常に多いというデータ，また，謝罪発言をしたかなりの人が内心では謝罪していないというデータから仮説2は支持されると考えることができる。このように印象操作の自己呈示としての謝罪は発言上は謝罪するが，内心は謝罪する気持ちはもっていないため，内心と言行の不一致を生むことになり，日本のタテマエとホンネを使い分ける文化を熟成させていると推察できる。日本の社会においてはこの不一致が人間関係を良好に保ち，印象操作の自己呈示に役立っており，内心と不一致の言行をすることで，それが人間関係のいわば潤滑油となっていると考えられている。そうであるならば，人と人の関係により気を使い，和を大切にする日本の人間関係においては内心と言行の不一致が多くなることはそれを文化として理解できることになる。ただし，そうして気を使い，それを必要悪として必要以上に，内心と不一致の言動を表に出すことにより，新たな矛盾が生じ，それが新たな摩擦を生むことになり，ますます人間関係を複雑にしているのも確かなように思える。謝罪を多用するためにかえってその言葉が疑われ，言葉で何回謝っても信用しない-信用されない関係が続いてしまうことになる。

　言行不一致や印象形成の自己呈示はどの文化の人間関係でもみられることであるが，日本の人間関係においては和の人間関係があまりに強調されすぎ，"場"を大事にすることから（中根，1967）その場その場の印象管理に気を使いすぎ，言行不一致行動を多用しすぎ，かえって人間関係を疑心暗鬼なものにしているきらいがあると思われる。さらに問題なのは日本人のこのような内心とは異なる自己呈示的な言葉の上だけの謝罪は償いを伴わない場合が多くなる。そこには"謝れば済む"という日本文化が背景にあると思われるが，他文化の人からはこのような文脈がそのまま受け取られ理解されるとは考えにくい。国際的な人間関係のなかではこのような言葉での謝罪は必ずしも人間関係を円滑にするように働かず，むしろ，摩擦を生む原因になりかねないことも懸念される。そのような異文化の間での誤解を少しでも解消するためにも，今後，このような調査を他の文化でも行い，言葉による自己呈示の問題を比較文化的に研究することが必要であると思われる。

第 8 章

展望に代えて
—— 形式主義的性格と対人不安からの視点

　本研究において，自己評価，自己意識，社会的欲求，原因帰属，謝罪などの社会的行動において，人は内心とは異なる発言をすることが明らかにされた。そして，内心と異なる発言をするのは自己呈示という動機づけによると説明し，そのような自己呈示を生じさせる心理的要因を探ってきた。

　さて，第2章から第7章までの五つの実証的データにより，日本人において内心と発言の不一致が多くみられることが実証された。しかし，このような差異が日本人独自のものか，ユニバーサルのものかは本研究からは実証されない。同一の調査を欧米やアジア等に実施し，比較検討すれば，日本の独自性が実証されるかもしれない。それは今後の課題であるが，筆者も現在，研究中である。ただし，各章において折にふれ，指摘したように，多くの文献，従前の研究をふまえれば，日本人の人間関係においては，内心と発言の不一致は，他の文化と比較して少なくないことは示唆されよう。もちろん，他の文化の人間関係においても内心と発言の不一致があることは容易に想像されるが，日本文化においてはそれが特に顕著であることが予測でき，そのため，この分野を研究するときの対象となる文化としては適当ということがいえよう。

　その心理学的理由については，既に各章などで触れてきたが，ここではもう一つ別の角度から内心と発言の不一致が生じる要因について検討していきたいと思う。ただし，この考察は実証されておらず，今後の研究の一つの視点として考えていただきたい。

　それは Buss（1986）の形式主義（formality）の視点である。形式主義とは，社会生活における自らの社会的役割を重視し，厳密に規定されたルールに沿った役割行動を好み，その形式に従って行動する傾向を指す。このため

Buss は形式主義傾向の強い人は，規則正しいこと，ルール，整然とした配置，そこからくる予測性を好むとしている。そして形式主義傾向の強い人は，自分が規則通りにすることを守り，またそれを好むが，同時に他者に対しても，それを押しつける傾向をもっている。他者にも規則に従うことを要求し，それを無視したり，軽視する人を嫌う。

　Buss（1986）はこのような人の形式主義傾向を測定する尺度を考察しているが，そこには，礼儀作法を重視すること，ルールが明確な社会的場面を保意とすること，威厳や品位を重視すること，よいマナーを身につけていることなどの項目が含まれている。この尺度は，マナーの要求，礼儀正しさ，表出行動の抑制，フォーマルな状況でのリラックスの4因子から構成されている。

　さて，ここで形式主義を問題として取り上げたのは，この形式主義傾向の強い人は，社会的役割やルール，礼儀を重視するために，対人場面において，内心と異なった発言を自己呈示する傾向が高くなるのではないかと予測できるからである。Buss（1986）は印象操作は自発的行動を抑制することから始まると言っているが，このことは自己呈示は，内心を抑制し，社会的に迎合した発言をすることを意味しよう。そして形式主義傾向の強い人は進んでそのような自己呈示をすると考えられるのである。Buss（1986）は，形式主義傾向を明確にするためにこの傾向の強い人，強い社会的場面を数多く取りあげているが，それらをこれまでの研究での日本人の特性，日本的人間関係の特徴，日本文化の特性などとされている特性と対照させて検討してみると，日本人あるいは日本文化が形式主義的傾向が強いことが示唆される。残念ながら本研究では形式主義傾向の調査が行われていないため，実証的データは示し得ないので，Buss（1986）の形式主義傾向の論述に基づいて日本人が形式主義傾向が強いという点に論拠を求め，本研究の内心と発言の差異の文化的要因等を推察して，今後の実証的研究への試論としたいと思う。

　Buss（1986）は，第一に形式主義傾向の強い人は社会的地位を強く意識するとしている。つまり，社会的ランキングに敏感で，自分より上の者に対しては敬意を示し，服従し，他方，自分より下の者に対しては自分の優位を示威する傾向が強いとされる。この点から考えると，中根（1967）のタテ社会の人間関係論に代表されるように，日本の人間関係は上下関係を他の文化よりも強く

意識して，上下のルールの下で行動しているとされている（中根，1967）。このような文化で育ち，生活している日本人は，形式主義傾向が強く，それが多くの内心と異なる自己呈示をさせる要因になっていると考えることができよう。

また Buss（1986）は，第二に形式主義傾向の強い人は真面目だとしている。真面目さの対極は陽気さである。楽しく自由にふるまうこと，おもしろければ抑えずその場で笑ってしまうこと，ルールに邪魔されない自然さを好む傾向だとされる。この点から検討すると日本人は礼儀正しい国民といわれ，他の国の人たちにひけをとらない真面目さを持ち合わせていると思われる。逆に不真面目な人やどこでも感情表現してしまうような天真爛漫さは少なく，そのような傾向をもっている人を軽視する傾向のほうが強い。ということから，日本人は形式主義的傾向が強いことが推測される。そしてその傾向が，内心と異なる自己呈示を生んでいる要因と考えることが示唆されるのである。

三番目に Buss（1986）は形式主義的傾向の強い人は，社会的ルールに対する信用が強く，このためたとえば規則や礼儀を破ることにはもちろん反対で，もしそのような行為をしたら，周りから非難され，集団から排除されるだろうと考えている。このため，形式主義傾向の強い人は，周りの人への自分の印象が気になるといえる。つまり，社会的対象としての自己により気を配るといえる。このことは公的自己意識が高いと考えられる。日本人は公的自己意識が高いということ（金，2005；齊藤，2003）をベースに考えると，日本人は形式主義傾向が強いことが示唆される。そのことから日本人が内心と異なる言葉での自己呈示をすることの一つの証左を得ることができるといえる。

四番目に，形式主義傾向の強い人はシャイだとしている。それは，シャイな人は知らない場所や知らない人の前では落ち着かずどうしていいか分からないので，それをなくす方法として社会的場面ではあらかじめスクリプトを決め，役割を決め，その通りに行動しようとする。型通りに決められた行動をしていれば心配がない。日本人はシャイであるといわれており，初対面の人や知らない場所ではきわめて型通りの行動をし，型通りに進行する。そのことを考えると，日本人は形式主義傾向が強いことが示唆される。そのことが内心と発言の差異を生じさせているといえよう。

五番目に Buss（1986）は形式主義傾向の強い人は，ルールに支配された予測可能な状況を好むという特徴を挙げている。日本における公的な儀式などの式次第とその進行状況をみると他の文化と異なり，きわめて厳格に型通りに行われており，また自由な表現が好まれるはずの娯楽においても，茶道や武道などでは型が重視される。笑いの落語においてさえ，予定通りの落ちを好む傾向をもつ。このことから日本人は，予測可能な状況を好むことがうかがわれ，そのことは日本人が，形式主義傾向が強いことを示唆しているといえよう。
　さらに Buss（1986）は形式主義を好む動機の一つとして，人づきあいにおける衝突を回避し，人間関係を円滑に進めたいという欲求が強いとしている。対人場面では相手の人に不愉快な思いをさせたり，困惑させたりしないように気を配り，たとえば服装が変だと思っても，よく似合うと言ったりする。特に自分より上の人に対しては敬意を払い，不快な思いをさせないように気をつける。このときの言動が，内心と異なっていたとしても，それについては罪の意識はもたない。人づきあい上の配慮としてむしろ肯定的に受け取り，積極的に行動していく。日本人は人間関係を重視し，微妙な人間関係に過敏すぎるほどに敏感であるとされている。とくに上下，優劣の人間関係に敏感である。このことは日本人が形式主義傾向が強いことを示唆している。同時に本研究に示されている内心と発言の差が大きいことが，日本人の人間関係の特徴であるかもしれないことをうかがわせている。
　日本人が形式主義傾向が強いことを推察し，それ故，本書に示された対人場面において内心と異なった内容を言葉として自己呈示する傾向は，欧米の自己呈示の諸研究にも示されているようにユニバーサルな傾向といえるが，内心と発言の差異の大きさについては，場面や状況によって異なるとともに文化によっても異なると考えられる。本研究によって示された内心と発言の差異は，一部はユニバーサルな人間関係場面における自己呈示によるものである一方，一部は日本人の人間関係の特徴といえるかもしれない。そのことを支持する十分な実証データはここにはないが，将来の課題の一つとして示唆できるように思える。そして，この傾向が日本人の人間関係の特徴である内心と異なる自己呈示を多く行う傾向にあるのではないかと推論している。
　では，なぜ日本人は形式主義傾向が強いのであろうか。形式主義傾向の強い

人は，ルールを好むことが指摘されているが，その原因は，ルールのないところでの行動に不安が強いからであるとも指摘されている。このことからルールを好むのは不安が強いからであり，特に対人場面でのルールを好むのは，対人不安が強いことが一つの大きな要因となると推論できることになる。

　もちろん，このことの確認を得るためには比較文化的な実証データが必要となるが，ここでは予測のもとに推論を進めていく。もし日本人が対人不安が強いとしたら，では，なぜ日本人は対人不安が強いのか検討し，その原因を探る必要がある。ここではその原因の一つとして，日本人が社会的性格として権威主義的傾向が強いことによるのではないかという仮説を元に推論を進めていくことにする。権威主義的性格とは，ナチスドイツからの亡命者でカリフォルニア大学の社会心理学者 Adorno, Frenkel-Brunswik, Levinson, & Stanford (1950) により提唱された社会的性格特性である。彼らは，ナチスを支え，ユダヤ人の大量殺戮を許した心理的な根源を発見しようと試みた。そして，ユダヤ人に対して敵意をもっている人はユダヤ人のみでなく，少数民族全般に対して自分たちと違っているということで敵意をもっていることを見出した。この権威主義的傾向の強い人は厳格な性格をもつが，権威に対しては服従的に敬意を示し，弱い者や逸脱している者に対しては文字通り厳格で，懲罰的で暴力的であるとされる。また，伝統的な行動規範を厳格に守り，ルールを遵守することに極めて従属的である。このように社会的に自分より上の人に対しては敬意を示し，服従的で，自分より下の人に対しては攻撃的，蔑視的である点が特徴だとされている。権威主義的な性格におけるこの伝統的ルールに従い，上下関係を明確に区分する態度は形式主義傾向の行動と合致することが分かる。このような点から日本人の形式主義傾向は，日本人の権威主義的性格に原因があるのではないかと推察したのである。では，なぜ日本人は権威主義的性格を有しているのであろうか。その点について Adorno, Frenkel-Brunswik, Levinson, & Stanford (1950) の提示するドイツ人の権威主義的性格の発達的形成過程についての論議をみていく。彼らは，ナチスドイツを生んだのは，ドイツ人の権威主義的性格によるとしている。そして，その権威主義的性格は，ドイツの家庭における親のしつけの厳しさによるとしている。彼らは，その形成過程について精神分析学的に次のように説明している。ドイツ人の親は子どもに時に

は暴力もともなうような厳しいしつけを行う。このため子どもは親に敵意を抱くようになるが，その敵意は親のみならず，社会の権威に対して敵意を抱くようになるとしている。しかし，この敵意はそれを表出するとより厳しい罰を受けることと親への愛情と憎悪の葛藤から，無意識へと抑圧され，本人自身も，親や権威への敵意を表したいという欲求の意識はなく，敵意の存在も認めようとしない。親や権威への敵意は抑圧され，その攻撃的衝動はより攻撃しやすい社会の弱い者に置き換えられ，敵意が向けられることになる。不安定感が権力や地位への強い関心を向けさせ，柔軟性を失わせ，あいまいさに対する耐性を弱めることになる。そのような人は，自分より力の強い人には従属的で，自分より弱い人には攻撃的となるのである。この理論化は社会精神分析的であることが分かろう。この理論により，ドイツ人がヒットラーの台頭を許し，ユダヤ人を虐待したことが説明される。ナチスドイツの解明したこの権威主義的性格理論は発表当時，大いに評価された。しかし，その後，いくつかの批判がなされている。その一つは，親の懲罰的行動が子の権威主義的性格を形成するというこの理論のベースとして裏付けられている多くの実証データが，ケース・スタディである点が指摘されている。科学的心理学ではケース・スタディは理論を普遍化する客観的データとしては不十分であるとされている。また，後にAltemeyer（1998）は，幼児期の体験の置き換えではなく，青年期に親の権威主義的行動を目にすることによる観察学習により権威主義的性格を獲得するという社会的学習仮説を提唱している。彼は，権威主義的性格は恐怖心や敵意が強く，道徳的であることを強調するが，同時にそのことが弱い者への凶暴性をつくり出しているとしている。また，他の研究者も権威主義的性格の人は脅されている感情が強いことを指摘し（Lambert, Burroughs, & Nguyen 1999），そのことにより新しいことに躊躇し，知らない人に防御的で攻撃的であるとしている（Butler, 2000, Lippa Arad, 1999, Saucier, 2000）。権威主義的性格の人は特に自分より下の者には攻撃的であるが，同じように攻撃行動をとりやすい性格の支配性性格の人とは心理的に異なる点がある。それは，権威主義的性格の人の攻撃性は，恐怖心や不安からの攻撃行動であり，また道徳あるいはルールと結びつけた弱い者や逸脱者への攻撃であるからである。

　さて，ここまで，本研究の内心と異なる自己呈示行動の心理的根拠として日

本人の権威主義的性格を考えてきた。その視点からみると，権威主義的性格の人は上の者と下の者への対人的対応の仕方の違いやルールや伝統を遵守する傾向が強いが，日本人の特徴としても同様の傾向が強いと考えられ，その一致性を指摘することができると考えられよう。また，その心理的根拠として，権威主義的性格の人の不安定感や脅迫感の強さがあげられているが，この点でも日本人のもつ不安定感の強さとの一致性を指摘することができよう。日本人は権威主義的性格が強く，それが形式主義の行動を生み，結果として本研究のデータにみられるような内心とは異なる言葉の自己呈示が多くみられるのではないかと推察できるのである。

しかし，Adorno, Frenkel-Brunswik, Levinson, & Stanford（1950）を提唱している権威主義的性格の形成過程については後の研究者同様，疑問が生じる。ドイツ人は家庭における子どものしつけがきわめて厳格であることが知られており，彼らの精神分析的解釈も家庭教育の厳しさに根拠をおいた点で欧米人には広く受け入れられたと考えられる。しかし，翻って日本の家庭のしつけについて考えてみると，ドイツのような外国人も同意するように厳しいしつけとは思えない。むしろ，かつて Benedict（1946）に子どもにとっては天国のようなところであると指摘されている点から考えると，乳幼児期の日本のしつけは甘く，親に敵意を抱くような心理状況にはないといえよう。むしろ，土居（1986）が指摘するように乳幼児期の大事に育てるために大人になっても甘えが抜けないのである。では，なぜ日本人は権威主義的になるのであろうか。そこには Adorno, Frenkel-Brunswik, Levinson, & Stanford（1950）の発達理論とは異なる理論づけが必要となろう。乳幼児期の家庭の居心地のよさは，そこから巣立つことに不安や恐怖心をもつ。外の社会は，それほど甘くないことを知らされている子どもにとって未知は恐怖となる。親は自分の庇護の下での家庭の居心地のよさを強調すると同時に外の社会は厳しいことを伝える。子どもは暖かな家庭にずっと居続けることを願うと同時に，外の社会への恐怖心や未知のものへの好奇心やチャレンジ精神をもとうとしない。ことに内集団に対する甘えや依存と外集団に対する恐怖心が育つことになる。未知のものに対する恐怖は，知っているものへの恭順さをもたらし，伝統やルールを重視するようになる。このように考えるとドイツでは厳しい親のしつけが外集団に対する

敵愾心を育て，日本では甘い親が恐怖心を育てているとも考えられる。では，日本では権威主義的性格の特徴である上の者には従順で下の者は虐待する態度はどのようにして形成されるのであろうか。Adorno, Frenkel-Brunswik, Levinson, & Stanford（1950）はドイツの親の厳格さが抑圧と投射という精神分析的メカニズムを通して，従順と虐待を生むとしている。仮説であるが日本では親への甘えによる従順と外の社会への恐怖から権威主義的性格が形成されるとも考えられる。ただし，形成過程の異なる性格を同じ権威主義的性格としてくくっていいのか疑問がなくはない。日本人の権威への従順さは，ドイツ人のそれとは異なる可能性は高い。今後の研究を待たなければならないが，日本人特有の性格として，別称にする方がいいかもしれないとも思われる。さて，権威主義の大きな特徴である上下関係を区別して，上の者を畏敬し，下の者を蔑視するタテの人間関係を重視する対人態度はどのようにして形成されるのであろうか。この点では Adorno, Frenkel-Brunswik, Levinson, & Stanford（1950）の理論よりも，後にそれを批判した Altemeyer（1998）の社会的学習説の方が妥当と思われる。中根（1967）に指摘されるように日本における人間関係はタテの関係を極端にしている。上には従順，下には支配的な態度は，日本的家父長制の家庭内における親子の上下関係のみならず，兄弟の上下関係，夫婦などジェンダーによる上下関係が明確であった。現在はこのような関係は薄らいではいるが，伝統的長幼関係がまだまだ随所にみられる上下関係については，日本においては幼児期において既に学習されるといってよいであろう。さらに，学校生活，特に課外活動の部活等においては現在でも学年による先輩後輩の上下関係が明確で，そのことは明確に，厳しく教育が行われ，逸脱は許されない状態といえる。日本においては発達過程におけるこのような環境のなかで，直接体験的，間接体験的に上下関係を学習し，上に従順で下に支配的な権威主知的性格を獲得していくものと推察される。この点は Altemeyer（1998）のいう青年期における社会的学習という仮説と同様であると考えられる。さらに日本の社会で大人になるとこの上下関係はより厳しくなる。企業体等日本の組織社会では就任でも上下関係はきわめて厳しい。元来は企業体等の組織はピラミッド型で上に権限が集中し，上意下達の性質をもっているが，日本では，組織のもつ上下関係に加え，文化のもつ上下関係が加わるため，より

第8章 展望に代えて——形式主義的性格と対人不安からの視点　275

厳しいものとなると考えられる。この組織における日常的上下関係の厳格さは，直接，間接の体験となり，権威主義的性格を学習し強化していると考えられる。現在，日本の社会では家庭における家父長制は薄らぎ，少子化のため，兄弟間の上下関係も少なく，会社勤めのため父親の存在感が薄くなり，上記のような家庭の上下関係圧力は弱っている。その分，日本人の権威主義的性格は薄らいでいるとも思われるが，学校教育や会社等での社会生活においてはそれが文化規範となっており，学習し，体得し，そのような権威主義的環境に適応しているといえる。

　ただし，日本人のこのようなタテの人間関係の重視は，日本のグローバル化とともに諸外国の文化との軋轢を生じ，現在，大きな曲り角にあるようにも思える。世界経済や文化のグローバル化はアメリカのリードで行われており，そこでは上下関係に日本ほど重きをおいていない人間関係が営まれている。このため，日本企業が，グローバル化されればされるほど，軋轢のなかで上下関係は薄れていくと考えられる。現在，そのような過程が進行中と考えられる。ただし，他方，権威主義的性格の研究者から別の指摘もある（Sales, 1973；Doty, Peterson, & Winter, 1991）。彼らの研究によれば，社会が経済的に不況であったり，大きな変動期にあり，人がフラストレートしていたり，不安に陥ったりしているときに，権威主義的態度が強くなるとしている。第一次世界大戦で敗戦したドイツでは，国民が不況にあえぎ不安におののいていたときにナチスが台頭したのである。この視点から考えると日本は今，景気がもち直したといってもかつてのような高度成長は望めず，リストラ進行とともに残った社員も仕事が過重になり，一人一人のサラリーマンにとっては厳しい労働状況になっている。しかし，少子高齢化社会も急激に進みつつあり，自分の老後が安心できない状態である。日本の現状は一人一人のサラリーマンからみると不況と不安で一杯であるといえる。そのような心理状態は権威主義的傾向を強めることになる。それは形式主義をより強め，内心とは異なる自己呈示をより多く生むようになるといえる。グローバル化とは反対の方向であり，日本人は国際的に孤立する可能性をも示唆しているといえよう。ただし，ここでは日本人の内心と発言の大きな相違を生みだしているのは日本人の形式主義的傾向で，その原因は権威主義的性格によるとしてきたが，Adorno, Frenkel-Brunswik,

Levinson, & Stanford（1950）の提唱する権威主義的性格の形成過程と日本の現在の家族状況の違いや形式主義にみられる日本の独自な行動などから考えると，あえて形式主義の元を権威主義に求めるべきか疑問も生じる。彼らのいう権威主義的性格とは異なった独自の性格が日本人の形式主義を作り上げているのではないかとも思える。その点については，先入観的に形式主義の元を権威主義的性格とせずに，今後，柔軟な推論と実証的研究を通して，日本の内外の生分，内心と自己呈示の相違の社会心理的原因を探り，理論化を進めていきたいと思っている。

　本研究でみられたような内心と発言の大きな違いが"日本的"であるとしたら，国際的な人間関係場面では，うまく機能せず，人間関係を円滑にしようとするこの手の試みが逆に国際場面では人間関係の深化を阻害することになってしまう。これは皮肉な話であるが，人間関係に気をつかう日本人が海外ではうまく適応できず，むしろ直裁にものを言う文化をもつ人たちの方が一旦は対立しても，自己開示し，話し合い，理解しあうことで人間関係を深めていくことになるのである。日本人は，相手のことを思う余り，あるいは自分が傷つきたくないという思いが強すぎるため，自己開示を避け，対立を避けるが，それが本来日本人が求めているより深い人間関係の成立を阻害してしまっているのである。もちろんどこの国や文化でも，人間関係において思ったことをそのまま言葉にするのが良いという文化規範はないし，それではうまくいかない。ここは程度の問題である。本研究は比較文化的研究は行っていないが，多分，日本人は内心と発言の差異の大きい文化を有し，初対面では言葉少ない人達といえよう。今後，比較文化的研究を加え，グローバルな視点から内心と発言の自己呈示の仕方と良好な人間関係の形成，発展のさせ方について研究を進めていきたいと思っている。

第1節　結　　論

　日本はタテマエとホンネを使い分ける文化といわれている。そのことから日本においては内心と言行の不一致が他の文化に比較してより多くみられ，それが日本人の対人コミュニケーションの特徴となしていると推察される。本書で

は，内心と言行の不一致は，対人場面における自己呈示により生じると考える。自己呈示は普遍的な心理メカニズムであるが，日本文化の特徴からみて，印象操作としての自己呈示を研究するのには適当なフィールドといえよう。それは他の文化に比べて印象管理の自己呈示が多くなされ，また，特徴的な仕方で自己呈示がなされると予測できるからである。そこで，本研究において，欧米で研究されている自己呈示の研究と比較対照しながら，日本における自己呈示の特徴を検討し，内心と言行の不一致とそれを生じさせている自己呈示について理論的，実証的に研究していくことを目的とした。

人は言語を用いて他者とコミュニケーションを行う。しかし，話し手は自分の内心の考えを常にそのまま話しているわけではない。話す言葉の内容が内心の気持ちと異なることは少なくない。本研究ではこのような内心と発言の不一致は主に対人場面における印象操作の自己呈示によって生じるものであると考え，それを実証することを目的とした。この仮説を検証するために，先行研究の検討と実証研究とを行った。まず，先行研究の検討としては，対人コミュニケーション場面でこのような不一致が生じるときの心理的メカニズムを，欧米と日本の社会心理学の諸理論や実証的研究を自己呈示という観点から再整理し，検討した。次に実証研究としては五つの調査を実施し，このような不一致が現象として見られること，また，その不一致が自己呈示により生じることをデータで示して実証した。

第1章においては主に社会心理学の先行研究をもとに内心と発言の不一致が自己呈示によって生じることを考察した。まず，内心と発言の不一致は日常的に起こることに言及して，そのことが理論的にも社会心理学の計画的理論，選択的比較水準理論などから支持されることを論議した。これらの議論から不一致を生起させる心理メカニズムとして，印象操作の自己呈示が働いていることを検討し，自己呈示が内心と発言の不一致を生み出している要因であることを推察した。次に，自己呈示の研究から自己呈示には主張的自己呈示と防衛的自己呈示に分類されることを指摘し，それぞれがどのように内心と発言の不一致と関わるかを考察した。主張的自己呈示に関しては認知的不協和理論やセルフ・モニタリング理論などの理論とその実証研究のデータを印象操作の自己呈示という観点から見直し，自己呈示により内心と発言の不一致が生じることを

検証した。また，防衛的自己呈示に関しては社会的インパクト理論や服従の心理理論などとその実証研究のデータを印象操作の自己呈示という観点から見直し，自己呈示により内心と発言の不一致が生じることを検証した。

　実証的研究としては，① ポジティブな自己評価とネガティブな自己呈示の実証的研究，② 自己意識の自己呈示についての実証的研究，③ 社会的欲求の内心と言行の不一致についての実証的研究，④ 自己卑下的帰属と自己呈示の実証的研究，⑤ 恋愛における外見への帰属と自己呈示の実証的研究，⑥ 自己呈示としての謝罪の実証的研究の五つの研究を実施した。第一番目の自己評価の内心と発言の不一致の研究は，低いと言われている日本人の自己評価は内心ではそれほど低くないが，発言の際には自分のことを低く言うという，ポジティブな自己評価とネガティブな自己呈示という現象を調査により実証した。第二番目の自己意識の内心と発言の不一致の研究は，日本人は自己意識は高いが，自己意識についての発言は抑制されるだろうとの予測を調査により実証し，さらに公的自己意識の高い人はセルフ・モニタリング傾向が高いことも実証している。第三番目の社会的欲求の内心と発言の不一致についての実証的研究においては，内心と言行の不一致現象の直接的データを得ることを目的とし，調査を行った。具体的題材としては社会的欲求について内心と発言，それに実際の行動についてそれぞれの欲求強度を比較して，内心と発言と行動の間に差異があることを実証した。また，そのデータを考察して，それらの差異が自己呈示の働きにより生じていることを考察した。第四番目と第五番目の日本人の言葉による自己卑下的帰属と自己呈示の実証的研究においては原因帰属における日本人の特徴とされる自己卑下的帰属傾向は印象操作のための自己呈示により生じることを実証した。具体的題材としては大学入試の成功と失敗と恋愛の成功と失敗を取り上げ，その原因の帰属を内心と発言に区分して調査した。その結果，内心より発言においてより自己卑下的であることが示され，自己卑下が自己呈示によりなされることを実証した。第五番目の研究は題材として恋愛における原因帰属要因の外見に焦点を当てて研究した。第六番目の日本人の自己呈示としての謝罪発言の実証的研究においては，対人場面での日本人の謝罪発言は印象操作のための自己呈示によるものであることを実証した。具体的には対人フラストレーション場面への謝罪反応を内心と発言の二つの面か

第8章 展望に代えて——形式主義的性格と対人不安からの視点

ら調査した。その結果，日本人は言葉では謝罪しているが，内心では比較的に謝罪していないことが実証された。また，発達的研究を行い，発達過程により，謝罪傾向がより強まることが実証された。本書はこのようにタテマエとホンネを分ける日本文化においては，対人場面における印象操作のための自己呈示により内心と発言の不一致が多く生じることを社会心理学の理論と先行研究から検討し，さらにそのことを六つの実証的研究において検証した。

引用・参考文献

Adorno, T. W., Frenkel-Brunswik, E., Levinson, D. J., & Sanford, R. N. (1950) : *The authoritarian personality*. Harper and Row.

Ajzen, I. (1991) : The theory of planned behavior. *Organizational Behavior and Human Processes*, 50, 179-211.

Alloy, L. B., Abramson, L. Y., & Francis, E. L. (1999) : Do negative cognitive styles confer vulnerability to depression? *Current Directions in Psychological Science*, 8, 128-132.

Altemeyer, B. (1998) : The other "authoritarian personality." In M. P. Zanna (Ed.), *Advances in Experimental Social Psychology*, 30, 48-92.

Altman, I., Vinsel, A. & Brown, B. B. (1981) Dialectic conceptions in social psychology : An application to social penetration and privacy regulation. In L. berkowitz (ed.) *Advances in experimental social psychology*, Vol. 14. Academic Press.

安藤清志 (1994) : 見せる自分／見せない自分――自己呈示の社会心理学. サイエンス社.

荒木博之 (1990) : 敬語のジャパノロジー. 創拓社.

Arkin, R. M., Cooper, H., & Kolditz, T. (1980) : A statistical review of the literature concerning the self-serving attribution bias in interpersonal influence situation. *Journal of Personality*, 48, 435-448.

Aronson, E. & Mills, J. (1959) : The effect of severity of initiation on liking for a group. *Journal of Abnormal and Social Psychology*, 59, 177-181.

Asch, S. E. (1955) : Opinions and social pressure. *Scientific American*, 19, 31-35.

Aspinwall, L. G. & Taylor, S. E. (1993) : The effects of social comparison direction, threat, and self-esteem on affect, self-evaluation, and expected success. *Journal of Personality and Social Psychology*, 64, 708-722.

Averill, J. R. (1983) : Studies on anger and aggression : Implication for theories of emotion. *American Psychologist*, 38, 1145-1160.

Baldwin, M. W. & Main, K. J. (2001) : Social anxiety and the cued activation of relational knowledge. *Personality and Social Psychology Bulletin*, 27, 1637-1647.

Baldwin, M. W. & Sinclair, L. (1996) : Self-esteem and "if…then" contingencies of interpersonal acceptance. *Journal of Personality and Social Psychology*, 71, 1130-1141.

Barnlund, D. C. (1973) : *Public and private self in Japan and the United States*. The Simul Press. (西山千訳〈1973〉: 日本人の表現構造. サイマル出版会)

Barnlund, D. & Yoshioka, M. (1990) : Apologies : Japanese and American styles. *International Journal of Intercultural Relations*, 14, 193-206.

Baumeister, R. F. & Ilko, S. A. (1995) : Shallow gratitude : Public and private acknowledgement of external help in Accounts of success. *Basic and Applied Social Psychology*,

16, 192-209.

Baumeister, R. F. & Vohs, K. D. (2003) : Self-regulation and the executive function of the self. In M. R. Leary & J. P. Tangney (Eds.), *Handbook of self and identity*. Guilford Press.

Baumeister, R. F., Catanese, K. R., & Vohs, K. D. (2001) : Is there a gender difference in strength of sex drive? Theoretical views, conceptual distinctions, and a review of relevant evidence. *Personality & Social Psychology Review*, 5, 242-273.

Baumgardner, A. H., Kauffman, C. M., & Levy, P. E. (1989) : Regulating affect interpersonally : When low esteem leads to greater enhancement. *Journal of Personality and Social Psychology*, 56, 907-921.

Beach, L. & Wertheimer, M. (1962) : A free response approach to the study of personal cognition. *Journal of Abnormal and Social Psychology*, 62, 367-374.

Beaman, A. L., Klentz, B., Diener, E., & Svanum, S. (1979) : Objective self-awareness and transgression in children : A field study. *Journal of Personality and Social Psychology*, 37, 1835-1846.

Bem, D. J. (1967) : Self-perception : An Alternative interpretation of cognitive dissonance phenomena. *Psychological Review*, 74, 183-200.

Benedict, R. (1946) : *The chrysanthemum and the sword*. Routledge & Kegan Paul.

Berscheid, E., Dion, K., Walster (Hatfield), E., & Walster, G. W. (1971) : Physical attractiveness and dating choice : A test of the matching hypothesis. *Journal of Experimental Social Psychology*, 7, 173-189.

Bogart, L. M. & Helgeson, V. S. (2000) : Social comparisons among women with breast cancer : A longitudinal investigation. *Journal of Applied Social Psychology*, 30, 547-575.

Brewer, M. D. (1979) : In-group bias in the minimal intergroup situation : A cognitive -motivational analysis. *Psychological Bulletinm*, 86, 307-324.

Brockner, J. (1983) : Low self-esteem and behavioral plasticity : Some implications. In L. Wheeler & P. Shaver (Eds.) : *Review of Personality and Social Psychology*, 4. Sage.

Brown, J. D. (2003) : The self-enhancement motive in collectivistic cultures : The rumors of my death have been greatly exaggerated. *Journal of Cross-cultural Psychology*, 34, 603-605.

Brown, J. D. & Dutton, K. A. (1995) : The thrill of victory, the complexity of defeat : Self-esteem and people's emotional reactions to success and failure. *Journal of Personality and Social Psychology*, 68, 712-722.

Brown, J. D. & Rogers, R. J. (1991) : Self-serving attributions : The role of physiological arousal. *Personality and Social Psychology Bulletin*, 17. 501-506.

Brown, J. D., Collins, R. L., & Schmidt, G. W. (1998) : Self-esteem and direct versus indirect forms of self-enhancement. *Journal of Personality and Social Psychology*, 55, 445-453.

Brown, P. & Levinson, S. (1987) : *Politeness ; Some universalism language usage.* Cambridge University Press.

Bushman, B. J. & Baumeister, R. F. (1998) : Threatened egotism, narcissism, self-esteem, and displaced aggression : Does self-love or self-hate lead to violence? *Journal of Personality and Social Psychology,* 75, 219-229.

Buss, A. H. (1980) : *Self-consciousness and social anxiety.* Freeman.

Buss, A. H. (1986) : *Social behavior and personality.* Lawrence Eelbaum Associates. (大渕憲一監訳〈1991〉: 対人行動とパーソナリティ. 北大路書房)

Butler, J. C. (2000) : Personality and emotional correlates of right-wing authoritarianism. *Social Behavior & Personality,* 28, 1-14.

Byrne, D. (1971) : *The attraction paradigm.* Academic Press.

Campbell, W. K. & Sedikides, C. (1999) : Self-threat magnifies the self-serving bias : A meta-analytic integration. *Review of General Psychology,* 3, 23-43.

Carlston, D. E. & Shovar, N. (1983) : The effects of performance attributions on others' perception of the attributor. *Journal of Personality and Social Psychology,* 44, 515-525.

Carver, C. S. & Scheier, M. F. (1981) : *Attention and self-regulation : A control approach to human behavior.* Springer-Verlag.

Cialdini, R. B., Borden, R. I., Thorne, A., Walker, M. R., Freeman, S., & Sloan, L. R. (1976) : Basking in reflected glory : Three (football) field studies. *Journal of Personality and Social Psychology,* 34, 366-375.

Cicerello, A. & Sheehan, E. P. (1995) : Personal advertisements : A content analysis. *Journal of Social Behavior and Personality,* 10, 751-756

Choi, I. & Nisbett, R. E. (1998) : Situational salience and cultural differences in the correspondence bias and actor-observer bias. *Personality and Social Psychology Bulletin,* 24, 949-960.

Cocroft, B. K. & Ting-Toomey, S. (1994) : Facework in Japan and the United States. *International Journal of Intercultural Relations,* 18, 469-506.

Collins, B. E. & Hoyt, M. F. (1972) : Personal responsibility-for- consequences : An integration and extension of the "forced compliance" literature. *Journal of Experimental Social Psychology,* 8, 558-593.

Colvin, C. R., Block, J., & Funder, D. C. (1995) : Overly positive self-evaluations and personality : Nagative implications for mental health. *Journal of Personality and Social Psychology,* 68, 1152-1162.

Cooley, C. H. (1902) : *Human Nature and Social Order.* Charles Scribner's Sons.

Csikszentmihalyi, M.& Figurski, T. J. (1982). Self-awarcness and aversi vc experience in everyday life. *Journal of Personality,* 50, 15-28.

Culos-Reed, S. N., Brawley, L. R., Martin, K. A., & Leary, M. R. (2002) : Self-presentation concerns and health behaviors among cosmetic surgery patients. *Journal of*

Applied Social Psychology, 32, 560-569.

Danheiser, P. R. & Graziano, W. G. (1982) : Self-monitoring and cooperation as a self-presentational strategy. *Journal of Personality and social Psychology*, 42, 497-505.

Darby, B. W. & Schlenker, B. R. (1989) : Children's reaction to transgressions : Effects of the actor's apology, reputation, and remorse. *British Journal of Social Psychology*, 44, 353-364.

D・ロング・中井精一・宮治弘明 (2001) : 応用社会言語学を学ぶ人のために. 世界思想社.

Dawes, R.M.(1994). House of cards : *Psychology and psychotherapy built on myth*. Free Press.

Dawes, R. (1998, The social usefuiness of self-esteem : A skeptical view. *Harvard Mental Health Letter*, pp. 4-5.

Doherty, K. & Schlenker, B. R. (1991) : Self-consciousness and strategic self-presentation. *Journal of Personality*, 59, 1-18.

土居健郎 (1986) : 表と裏. 弘文堂.

Dollard, J. & Miller, N. E. (1950) : *Personality and psychotherapy ; an analysis in terms of learning, thinking and culture*. McGraw.

Doty, R. M., Peterson, B. E., & Winter, D. G. (1991). Threat and authoritarianism in the United States, 1978-1987. *Journal of Personality and Social Psycholigy*, 61, 629-649. (p. 345)

遠藤みゆき・齊藤勇 (1999) : 大学生の大学入試・恋愛・就職の原因帰属. 日本カウンセリング学会第 32 回大会発表論文集.

遠藤由美 (1997) : 親密な関係性における高揚と相対的自己卑下. 心理学研究, 68, 387-395.

遠藤由美 (2000)「自尊感情」を関係性からとらえ直す. 実験社会心理学研究, 39, 150-167.

Feingold, A. (1988) : Matching for attractiveness in romantic partners and same-sex friends : A meta-analysis and theoretical critique. *Psychological Bulletin*, 104, 226-235.

Feingold, A. (1990) : Gender differences in effects of physical attractiveness on romantic attraction : A comparison across five research paradigms. *Journal of Personality and Social Psychology*, 59, 981-993.

Feingold, A. (1991) : Sex differences in the effects of similarity and physical attractiveness on opposite-sex attraction. *Basic and Applied Social Psychology*, 12, 357-367.

Feingold, A. (1992a) : Good-looking people are not what we think. *Psychological Bulletin*, 111, 304-341.

Feingold, A. (1992b) : Gender differences in mate selection preferences ; A test of the parental investment model. *Psychological Bulletin*, 112, 125-139.

Feingold, A. & Mazzella, R. (1998) : Gender differences in body image are increasing. *Psychological Science*, 9, 190-195.

Fenigstein, A. (1984) : Self-consciousness and the over perception of self as a target. *Journal of Personality and Social Psychology*, 47, 860-870.

Fenigstein, A., Scheier, M. F., & Buss, A. H. (1975) : Public and private self-consciousness : Assessment and theory. *Journal of Consulting and Clinical Psychology*, 434, 522-527.
Festinger, L. (1957) : *A theory of cognitive dissonance*. Stanford University Press (末永俊郎監訳〈1965〉『認知的不協和の理論──社会心理学序説』. 誠信書房)
Festinger, L. & Carlsmith, J. M. (1959) : Cognitive consequences of forced compliance. *Journal of Abnormal and Social Psychology*, 58, 203-210.
Fishbein, M. (1980) : A theory of reasoned action : Some applications and implications. In H. E. Howe & M. M. Page (Eds.) : *Nebraska Symposium on Motivation*, 27, 65-116.
Fishbein, M. & Ajzen, I. (1975) : *Attitudes and opinions Annual Review of Psychology*, 23, 487-544.
Fiske, S. T. & Taylor, S. E. (1991) : *Social cognition* (2nd ed.). McGraw Hill.
Fletcher, G. J. O. & Ward, C. (1988) : Attribution. theory and processes. A cross-cultural perspective. In M. H. Bond (Ed.) : *The cross-cultural challenge to social psychology*. Sage Publications.
Fletcher, G. J. O., Tither, J. M., O'Loughlin, C., Friesen, M., & Overall, N. (2003) : Warm and homely or cold and beautiful? Sex differences in trading off traits in mate selection. Paper presented to Social Psychology meeting, Los Angeles.
Franzoi, S. L. (2003) : *Social psychology*. McGraw Hill.
Fraser, C. & Buchell, B. (2001) : *Introducing social psychology*. Polity.
Fraser, C. & Schere, K. R. (1982) : *Advances in the social psychology of language*. Cambridge University Press.
Froming, W. J., Walker, G. R., & Lopyan, K. J. (1982) : Public and private self-awareness : when personal attitude conflict with social expectations. *Journal of Experimental Social Psychology*, 18, 476-487.
Fry, P. S. & Ghosh, R. (1980) : Attributions of success and failure : Comparison of attributional differences between Asian and Caucasian children. *Journal of Cross-Cultural Psychology*, 11, 343-363.
Fu, G., Lee, K., Cameron, C. A., & Xu, F. (2001) : Chinese and Canadian adults' categorization and evaluation of lie-and truth-telling about prosocial and antisocial behaviors. *Journal of Cross-Cultural Psychology*, 32, 720-727.
深田博巳 (1998) : インターパーソナル・コミュニケーション──対人コミュニケーションの心理学. 北大路書房.
深田博巳 (1999) : コミュニケーション心理学──心理学的コミュニケーション論への招待. 北大路書房.
Fukuno, M. & Ohbuchi, K. (1998) : Effectiveness of accounts as victim's reactions to them : Severity of harms, closeness of relationships, and culture. *Asian Journal of Social Psychology*, 1, 167-178.

福島治 (1996)：身近な対人関係における自己呈示――望ましい自己イメージの提示と自尊心及び対人不安の関係. 社会心理学研究, 12, 1, 20-32.

古城和敬 (1980)：成功・失敗の原因帰属に及ぼす public esteem の効果. 実験社会心理学研究, 20, 23-34.

Gibbons, F. X. & McCoy, S. B. (1991) : Self-esteem, similarity, and reactions to active versus passive downward comparison. *Journal of Personality and Social Psychology*, 60, 414-424.

Gibbons, F. X. & Wicklund, R. A. (1976) : Selective exposure to self. *Journal of Research in Personality*, 10, 98-106.

Gilbert, D. T. & Malone, P. S. (1995) : The correspondence biases. *Psychological Bulletin*, 117, 21-38.

Godfrey, D. K., Jones, E. E., & Lord, C. G. (1986) : Self-promotion is not ingratiating. *Journal of Personality and Social Psychology*, 50, 106-115.

Goffman, E. (1959) : *The Presentation of Self in Everyday Life*. Doubleday. (石黒毅訳〈1974〉行為と演技――日常生活における自己呈示. 誠信書房)

Gonzales, M. H. (1992) : A thousand pardons : The effectiveness of social recovery tactics during account episodes. *Journal of Language and Social Psychology*, 11, 133-151.

Gonzales, M. H., Manning, D. J., & Haugen, J. A. (1992) : Explaining our sins : Factors influencing offender accounts and anticipated victim responses. *Journal of Personality and Social Psychology*, 8, 1-16.

Green, G. M. (1989) : *Pragmatics and natural language understanding*. LEA. (深田淳訳〈1990〉：プラグマティックスとは何か. 産業図書)

Greenberg, J., Pyszczynski, T. A., & Solomon, S. (1982) : The self-serving attributional bias : Beyond self-presensation. *Journal of Experimental Social Psychology*, 18, 56-67.

Greenberg, J., Pyszczynski, T., & Paisley, C. (1984) : The role of extrinsic incentives in the use of test anxiety as an anticipatory attributional defense : Playing it cool when the stakes are high. *Journal of Personality and Social Psychology*, 47, 1136-1145.

Greenberg, J., Solomon, S., & Pyszczynski, T. (1997) : Terror management theory of self-esteem and cultural worldviews. : Emporical assessments and conceptual refinements. *Advances in Experimental Social Psychology*, 29, 61-142.

Greenwald, A. G. & Farnham, S. D. (2001) : Using the Implicit Association Test to measure self-esteem and self-concept. *Journal of Personality and Social Psychology*.

Hakmiller, K. L. (1966) : Threat as a determinant of downward comparison. *Journal of Experimental and Social Psychology* (Suppl. 1), 32-39.

Hass, R. G. (1984) : Perpective taking and self-awareness : Drawing an E on your forehead. *Journal of Personality and Social Psychology*, 46, 788-798.

林勝造ほか編 (1987)：P-F スタディ解説――基本手引. 三京房.

Headey, B. & Wearing, A. (1987) : The sense of relative superiority-central to well-being. *Social Indicators Research,* 20, 497-516.

Heatherton, T. F. & Polivy, J. (1991) : Development and validation of a for measuring state self-esteem. *Journal of Personality and Social Psychology,* 60, 895-910.

Heatherton, T. F. & Vohs, K. D. (2000) : Personality processes and individual differences—interpersonal evaluations following threats to self : role of self-esteem. *Journal of Personality and Social Psychology,* 78, 725-736.

Heider, F. (1958) : *The psychology of interpersonal relations.* Wiley.

Heider, F. & Simmel, M. (1944) : An experimental study of apparent behavior. *American Journal of Psychology,* 57, 243-259.

Heine, S. H., Lehman, D. R., Markus, H. R., & Kitayama, S. (1999) : Is there a universal need for positive self-regard? *Psychological review,* 106, 766-794.

Heine, S. H., Takata, T., & Lehman, D. R. (2000) : Beyond self-presentation : Evidence for self-criticism among Japanese. *Personality and Social Psychology Bulletin,* 26, 71-78.

Heine, S. J. & Lehman, D. R. (1995) : Cultural variation in unrealistic optimism : Does the West feel more invulnerable than the East? *Journal of personality and Social Psychology Bulletin,* 23, 389-400.

Heine, S. J. & Lehman, D. R. (1997a) : Culture, dissonance, and self-affirmation. *Personality and Social Psychology Bulletin,* 23, 389-400.

Heine, S. J. & Lehman, D. R. (1997b) : The cultural construction of self-enhancement : An examination of group-serving biases. *Journal of Personality and Social Psychology,* 72, 1268-1283.

Heine, S. J., Lehman, D. R., Markus, H. R., & Kitayama, S. (1999) : Is there a universal need for positive self-regard? *Psychological Review,* 106, 766-794.

東照二 (1994) 丁寧な英語・失礼な英語. 研究者出版.

Hiles, H. & Coupland, N. (1992) : *Language : Contexts and consequences (Mapping Social Psychology Series).* Wadsworth Publishing.

Holtgraves, T. (1997). Styles of languageuse : Individual and cultural variability in conversational indirectness. *Journal of Personality and Social Psychology,* 73 624-637.

Holtgraves, T. (2001) : *Language as social action : Social psychology and language use.* Lawrence Erlbaum.

Holtgraves, T. & Yang, J-N. (1990) : Politeness as universal : Cross-cultural perceptions of request strategies and inferences based on their use. *Journal of Personality and Social Psychology,* 59, 719-729.

Hull, J. G. & Yung, R. D. (1983) : Self-consciousness, self-esteem, and success-failure as determinants of alcohol consumption in male social drinkers. *Journal of Personality and Social Psychology,* 44, 1097-1109.

飯野公一・恩村由香子・杉田洋・森吉直子 (2003)：新世代の言語学——社会・文化・人をつなぐもの. くろしお出版.
Itoi, R., Ohbuchi, K., & Fukuno, M. (1996)：A Cross-Cultural Study of Preference of Account：Relationship Closeness, Harm Severity, and Motives of Account Making. *Journal of Applied Social Psychology*, 26, 913-934.
伊藤忠弘 (1998)：特性自尊心と自己防衛・自己高揚. 心理学評論, 41, 1, 57-72.
James, W. (1890)：*The Principle of Psychology*. Henry Holt and Company.
Johnson, F. A. (1993)：*Dependency and Japanese socialization*. New York University Press.
Jones, E. E. (1964)：*Ingratiation：Social psychology analysis*. Appleton-Century-Crofts.
Jones, E. E. (1990)：*Interpersonal perception*. W. H. Freeman.
Jones, E. E. & Davis, K. E. (1965)：From acts to dispositions：The attribution process in person perception. In L. Berkowitz (ed.)：*Advances in experimental social psychology*, vol. 2, Academic Press.
Jones, E. E. & Nisbett, R. E. (1971)：*The actor and observer：Divergent perceptions of the causes of behavior*. General Learning Press.
Jones, E. E. & Pittman, T. S. (1982)：Toward a general theory of strategic self-presentation. In J. Suls (Ed.)：*Psychological perspectives on the self*, Vol. 1, Lawrence Erlbaum Associates.
Jones, E. E., Gergen, K. J., Gumpert, P., & Thibaut, J. W. (1965)：Some conditions affecting the use of ingratiation to influence performance evaluation. *Journal of Personality and Social Psychology*, 1, 613-625.
Jourard, S. M. (1971). The transparent self (2nd ed.). Van Nostrand Reinhold. (岡堂哲雄訳〈1974〉透明なる自己. 誠信書房.)
唐沢穣・池上知子・唐沢かおり・大平英樹 (2001)：社会的認知の心理学. ナカニシヤ出版.
唐津真弓 (2001)：日本人における自他の認識——自己批判バイアスと他者高揚バイアス. 心理学研究, 72, 3, 195-203.
Kashima, Y. & Triandis, H. C. (1986)：The self-serving bias in attributions as a coping strategy：A cross-cultural study. *Journal of Cross-Cultural Psychology*, 17, 83-97.
Kelley, H. H. (1967)：Attribution theory in social psychology. In D. Levine (ed.) (1971)：*Nebraska Symposium on Motivation*, 15. University of Nebraska Press.
Kernis, M. H. (2003)：High self-esteem：A differentiated perspective. In E. C. Change & L. J. Sanna (Eds.)：*Virtue, vice, and personality：The complexity of behavior*. APA Books.
Kernis, M. H. & Waschull, S. B. (1995)：The interactive roles of stability and level of self-esteem：Research and theory. *Advances in Experimental Social Psychology*, 27, 93-141.
木村敏 (1972)：人と人との間——精神病理学的日本論. 弘文堂.

金　美伶 (2005) 韓国と日本の大学生における対人不安と同一性，公的自己意識，相互依存的自己との関係. パーソナリティー研究, 14, 42-53.
北山忍・唐澤真弓 (1995)：自己——文化心理学的視座. 実験社会心理学研究, 35, 133-163.
北山忍・高木浩人・松本寿弥 (1995)：成功と失敗の帰因——日本的自己の文化心理学. 心理学評論, 38, 247-280.
Koestner, R. & Wheeler, L. (1988)：Self-presentation in personal advertisements：The influence of implicit notions of attraction and role expectations. *Journal of Social and Personal Relationships*, 5, 149-160.
小池生夫 (2003)：応用言語学辞典. 研究社.
小泉保 (1990)：言外の言語学. 日本語語用論. 三省堂.
小菅幸一 (2002)；韓国大統領五話. 朝日新聞 (11/6).
Kotani, M. (1999)：A discourse analytic approach to the study of Japanese apology：The "feel-good" apology as a culture category. In N. Sugimoto (Ed.)：*Japanese apology across disciplines*. Nova Science Publishers.
Kressel, D. & Adionolfi, A. A. (1975)：Physical attractiveness, social relations, and personality style. *Journal of Personality and Social Psychology*, 31, 245-253.
Kudo, E. & Numazaki, M. (2003)：Explicit and direct self-serving bias in Japan：Reexamination of self-serving bias for success and failure. *Journal of Cross-Cultural Psychology*, 34, 511-521.
Kurman, J. (2003)：Why is self-enhancement low in certain collectivist cultures? An investigation of two competing explanations. *Journal of Cross-Cultural Psychology*, 34, 496-510.
La Piere, R. T. (1934)：Attitudes vs. actions. *Social Forces*, 13, 230-237.
Lambert, A. J., Burroughs, T., & Nguyen, T. (1999)：Perceptions of risk and the buffering hypothesis：The role of just world beliefs and right-wing authoritarianism. *Personality & Social Psychology Bulletin*, 25, 643-656.
Latane, B. (1981)：The psychology of social impact. *American Psychologist*, 36, 346-356.
Leary, M. R. & Baumeister, R. F. (2000)：The nature and function of self-esteem：Sociometer theory *Advances in Experimental Social Psychology*.
Leary, M. R. & Kowalski, R. M. (1990)：Impression management：A literature review and two component model. *Psychological Bulletin*, 107, 34-47.
Leary, M. R., Tchividjian, L. R., & Kraxberger, B. E. (1994)：Self-presentation can be hazardous to your health：Impression management and health risk. *Health Psychology*, 13, 461-470.
Lee, Y. T., & a Seligman, M. E. P. (1997)：Are Americans more optimistic than the Chinese? *Personality and Social Psychology Bulletin*, 23, 32-40.
Leech, G. H. (1983)：*Principles or Pragmatics Longman*. (池上嘉彦・河上誓作訳 〈1987〉：語用論. 紀伊国屋書店)

Li, N. P., Bailey, J. M., Kenrick, D. T., & Linsenmeier, J. A. W. (2002) : The necessities and luxuries of mate preferences : Testing the tradeoffs. *Journal of Personality and Social Psychology*, 82, 947-955.

Lippa, R. & Arad, S. (1999) : Gender, personality, and prejudice : The display of authoritarianism and social dominance in interviews with college men and women. *Journal of Research in Personality*, 33, 463-493.

Lord, C. G. (1997) : *Social psychology*. Harcourt brace.

Lovett, F. (1997) : Thinking about values (report of December 13, 1996 Wall Street Journal national survey) : The Responsive Community, 7(2), 87.

Macrae, C. N. & Bodenhausen, G. V. (2000) : Social cognition : Thinking categorically about others. *Annual Review of Psychology*, 51, 93-120.

Macrae, C. N., Bodenhausen, G. V., & Milne, A. B. (1998) : Saying no to unwanted thoughts : Self-focus snd the regulation of mental life. *Journal of Personality and Social Psychology*, 74, 578-589.

Major, B., Sciacchitano, A. M., & Crocker, J. (1993) : In group versus out-group comparisons and self-esteem. *Personality and Social Psychology Bulletin*, 19, 711-721.

Manstead, A. S. R., Proffitt, C., & Smart, J. L. (1983) : Predicting and understanding mothers' infant-feeding intentions and behavior : Testing the theory of reasoned action. *Journal of Personality and Social Psychology*, 44, 657-671.

Markus, H. & Kitayama, S. (1991) : Culture and the self : Implications for cognition, emotion, and motivation. *Psychological Bulletin*, 98, 224-253.

松井豊・山本真理子 (1985) : 異性交際の対象選択に及ぼす外見的印象と自己評価の影響. 社会心理学研究, 1, 1-14.

松尾太加志 (1999) : コミュニケーションの心理学. ナカニシヤ出版.

増原良彦 (1984) : タテマエとホンネ. 講談社.

McLaughlin, M. L., Cody, M. J., & O'Hair, H. D. (1983) : The management of failure events : Some contextual determinants of accounting behavior. *Human Communication Research*, 9, 208-224.

Milgram, S. (1974) : *Obedience to authority : An experimental view*. Haper & Row.

Miller, A. G., Jones, E. E., & Hinkle, S. (1981) : A robust attribution error in the personality domain. *Journal of Experimental Social Psychology*, 17, 587-600.

Miller, C. T. (1984) : Self-schema, gender, and social comparison : 4 clarification of the related attributes hypothesis. *Journal of Personality and Social Psychology*, 46, 1222-1229.

Miller, D. T. & Ross, M. (1975) : Self-serving biases in attribution of causality : Fact or fiction? *Psychological Bulletin*, 82, 213-255.

Miller, N. E. (1948) : Theory and experiment relating psychoanalytic displacement to stimulus response generalization. *Journal of Abnormal and Social Psychology*, 43, 155-

178.

Miller, R. S. & Schlenker, B. R. (1985) : Egotism in group members : Public and private attributions of responsibility for group performance. *Social Psychology Quarterly,* 48, 85-89.

Miller, S. A. (1995) : Parents' attributions for their children 's behavior. *Child Development,* 66, 1557-1 584.

Mullen, B. & Riordan, C. A. (1988) : Self-serving attributions for performance in naturistic settings : A meta-analytic review. *Journal of Applied Social Psychology,* 18, 3-22.

村本由紀子・山口勧 (1997) : もう一つの self-serving bias——日本人の帰属における自己卑下集団奉仕傾向の共存とその意味について. 実験社会心理学研究, 37, 65-75.

Murray, H. A. (1938) : *Explorations in personality.* Oxford University Press.

Murray, S. L. & Holmes, J. G. (1997) : A leap of faith? Positive illusions in romantic relationships. *Personality and Social Psychology Bulletin,* 23, 586

Murray, S. L., Holmes, J. G., Gellavia, G., Griffin, D. W., & Dolderman, D. (2002) : Kindred spirits? The benefits of egocentrism in close relationships. *Journal of Personality and Social Psychology,* 82, 563-581.

Murstein, B. I. (1972) : Physical attractiveness and marital choice. *Journal of Personality and Social Psychology,* 22, 8-12.

Myers, D. G. (1999) : *Social psychology.* 2nd ed. McGraw Hill.

Myers, D. G. (2005) : *Social Psychology* (8th edition). McGraw-Hill.

中根千枝 (1967) : タテ社会の人間関係. 講談社.

中尾俊夫・日比谷潤子・服部範子 (1997) : 社会言語学概論　日本語と英語の例で学ぶ社会言語学. くろしお出版.

Nisbett, R. E., Caputo, C., Legant, P., & Maracek, J. (1973) : Behavior as seen by the actor and as seen by the observer. *Journal of Personality and Social Psychology,* 27, 154-164.

Nisbett, R. E. & Ross, L. (1980) : *Human inference : Strategies and shortcoming in social judgment.* Prentice-Hall.

Oakes, P. J. & Turner, J. C. (1980) : Social categorization and intergroup behavior : Does minimal intergroup discrimination make social identity more positive? *European Journal of Social Psychology,* 10, 295-301.

荻野七重・齊藤勇 (1995) : 多変量解析からみた心理発生的欲求の分類と構造. 白梅学園短期大学紀要, 31, 125-141.

荻野七重・齊藤勇 (1997) : 運と運命への帰属. 日本応用心理学会第 54 回大会発表論文集.

荻野七重・齊藤勇 (2002a). 欲求に関する言行不一致について. 日本応用心理学会第 59 回大会発表論文集.

荻野七重・齊藤勇 (2002b) : 社会的欲求の言行不一致についての心理学的アプローチ. 白梅学

園短期大学紀要, 38.
荻野七重・齊藤勇 (2003a)：社会的欲求の言行不一致についての心理学的アプローチ. 白梅学園短期大学紀要, 39, 23-41.
荻野七重・齊藤勇 (2003b)：欲求に関する言行不一致について(2)──日本と韓国の比較. 日本応用心理学会第 60 回大会発表論文集.
Ohbuchi, K., Kameda, M., & Agarie, N. (1989) : Apology as Aggression Control : Its Role in Mediating Appraisal of and Response to Harm. *Journal of Personality and Social Psychology*, 56, 219-227.
Ohbuchi, K. & Sato, K. (1994) : Children's reactions to mitigating accounts: Apologies, ecxuses, and intentionality of harm. *Journal of Social Psychology*, 134, 5-17.
岡本真一郎 (2001)：ことばの社会心理学 (第 2 版). ナカニシヤ出版.
大渕憲一 (1999)：日本人の謝罪傾向の起源──比較文化的発達研究. 平成 8 年度稲盛財団助成金研究報告書, 1-46.
大渕憲一・齋藤麻貴子 (1999)：親と教師による子どもの弁明指導の研究：日本人の弁明使用の特徴と状況要因. 平成 8 年度稲盛財団助成金研究報告書, 65-92.
大渕憲一・鈴木麻里子 (1999)：弁明選択過程に関する日米比較研究：状況要因と媒介変数の検討. 平成 8 年度稲盛財団助成金研究報告書.
大野晋 (1999)：日本語練習帳. 岩波書店.
Paulus, P. B. (1998) : Developing consensus about groupthink after all these years. Organizational *Behavior and Human Decision Processes*, 73, 362-375.
Prentice, D. A. & Miller, D. T. (1993) : Pluralistic ignorance and alcohol use on campus : Some consequences of misperceiving the social norm. *Journal of Personality and Social Psychology*, Vol. 64(2), 243-256.
Rajecki, D. W., Bledsoe, S. B., & Rasmussen, J. L. (1991) : Successful personal ads : Gender differences and similarities in offers, stipulations, and outcomes. *Basic and Applied Social Psychology*, 12, 457-469.
Reis, H. T., Nezlek, J., & Wheeler, L. (1980) : Physical attractiveness in social interaction. *Journal of Personality and Social Psychology*, 38, 604-617.
Reis, H. T., Wheeler, L., Speigel, N., Kernis, M. H., Nezlek, J., & Perri, M. (1982) : Physical attractiveness in social interaction : 2. Why does appearance affect social experience? *Journal of Personality and Social Psychology*, 43, 979-996.
Riess, M., Rosenfelt, P., Melburg, V., & Tedeschi, J, T. (1992) : Self-serving attributions : Biased Private perceptions and distorted public descriptions. *Journal of Personality and Social Psychology*, 41, 224-231.
Robinson, M. D., Johnson, J. T., & Shields, S. A. (1995) : On the advantages of modesty : The benefits of a balanced self-presentation. *Communication Research*, 22, 575-591.
Robinson, M. D. & Ryff, C. D (1999) : The role of self-deception in perceptions of past, present, and future happiness. *Personality and Social Psychology Bulletin*, 25, 595-606.

Robinson, W. P. & Giles, H. (eds) (2001) : *The new handbook of language and social psychology*. John Wiley & Sons.
Rosen, S., Cochran, W., & Musser, L. M. (1990) : Reactions to a match versus mismatch between and applicant's self-presentational style and work reputation. *Basic and applied Social Psychology*, 11, 117-129.
Rosenberg, M. (1965) : *Society and the adolescent self-image.* : Princeton University Press.
Ross, L. (1977) : The intuitive psychologist and his shortcomings : Distortions in the attribution process. In L. Berkowitz (Ed.), *Advances in experimental social psychology*, vol. 10. Academic Press.
齊藤勇 (1983)：人間関係の心理学. 誠信書房.
齊藤勇 (1987)：対人社会心理学重要研究集——対人コミュニケーションの心理. 誠信書房.
齊藤勇 (1987)：対人社会心理学重要研究集① 社会的勢力と集団組織の心理. 誠信書房.
齊藤勇 (1987)：対人社会心理学重要研究集② 対人魅力と対人欲求の心理. 誠信書房.
齊藤勇 (1987)：対人社会心理学重要研究集③ 対人コミュニケーションの心理. 誠信書房.
齊藤勇 (1988)：対人社会心理学重要研究集④ 環境文化と社会化の心理. 誠信書房.
齊藤勇 (1988)：対人社会心理学重要研究集⑤ 対人知覚と社会的認知の心理. 誠信書房.
齊藤勇 (1990)：対人感情の心理学. 誠信書房.
齊藤勇 (2003)：言葉による自己呈示の対人社会心理学的アプローチ——内心と言行の不一致の心理メカニズムについて. 立正大学心理学研究所紀要, 印刷中.
齊藤勇 (2004)：言葉による自己呈示の対人心理学的アプローチ. 立正大学心理学研究所紀要, 2.
齊藤勇 (2005)：言葉による自己防衛的自己呈示の言語社会心理学的考察. 立正大学心理学研究所紀要, 3.
齊藤勇 (2006) 日本人学生を対象にした Hass の方法による自己意識実験 (本書).
齊藤勇 (未公表 a)：大学入試, 恋愛, 就職試験における原因帰属傾向の相違.
齊藤勇 (未公表 b)：日本人の公的自己意識の調査.
齊藤勇・遠藤みゆき (1999)：日韓の帰属過程の比較文化心理学的研究-大学生の入試・恋愛・就職の成功・失敗について. 日本性格心理学会第 8 回大会.
齊藤勇・遠藤みゆき・荻野七重 (2000)：大学生の現実的課題の成功・失敗の帰属傾向-大学入試・恋愛・就職の原因帰属. 立正大学文学部研究紀要, 16, 1-22.
齊藤勇・遠藤みゆき・荻野七重 (2003) 自己卑下的帰属錯誤の日韓文化比較心理学的研究. 立正大学心理学部研究紀要, 1, 19-38.
齊藤勇・川名好裕 (1999) 対人社会心理学重要研究集⑦ 社会心理学の応用と展開. 誠信書房.
齊藤勇・荻野七重 (1993)：多変量解析を用いた心理的欲求の構造分析のための基礎的研究立正大学教養部紀要, 27, 331 342.
齊藤勇・荻野七重 (1997)：運と運命への帰属. 日本応用心理学会第 64 回大会発表論文集.
齊藤勇・荻野七重 (2002)：印象操作・自己呈示としての謝罪言葉－日本人は本心から謝って

いるか. 日本社会心理学会第 43 回大会論文集.
齊藤勇・荻野七重 (2003a)：自己卑下的帰属錯誤の日韓文化比較心理学的研究. 立正大学心理学部紀要, 1.
齊藤勇・荻野七重 (2003b)：原因帰属における自己呈示としての自己卑下的発言―日本人は本心から自己卑下的なのか. 日本社会心理学会第 44 回大会発表論文集.
齊藤勇・荻野七重 (2004a)：自己呈示としての謝罪言葉の実証的研究. 立正大学心理学部紀要, 2.
齊藤勇・荻野七重 (2004b)：言葉による自己卑下的帰属と自己呈示の実証的研究. 白梅学園短期大学紀要, 40.
齊藤勇・荻野七重 (2005)：恋愛における日本人の自己卑下的自己呈示の実証的研究. 立正大学心理学部紀要, 3.
齊藤勇・菅原健介編 (1998)：人間関係の中の自己. 誠信書房 6.
齋藤孝 (2001)：声に出して読みたい日本語. 草思社.
Sales, S. M. (1973). Therat as a factor in authoritarianism : An analysis of archival data. *Journal of Personality & Social Psychology,* 28, 44-57. (p. 345)
Saucier, G. (2000)：Isms and the structure of social attitudes. *Journal of Personality & Social Psychology,* 78, 366-385.
Scheier, M. F. (1980)：Effects of public and private self-consciousness on public expression of personal beliefs. *Journal of Personality and Social Psychology*, 39, 514-521.
Scheier, M. F., Fenigstein, A., & Buss, A. H. (1974)：Self-awareness and physical aggression. *Journal of Experimental Social Psychology,* 10, 264-273.
Schimel, J., Arndt, J., Pyszczynski, T., & Greenberg, J. (2001)：Being accepted for who we are : Evidence that social validation of the intrinsic self reduces general defensiveness. *Journal of Personality and Social Psychology,* 80, 35-52.
Schlenker, B. R. (1980)：*Impression management : The self-concept, Social identity, and interpersonal relations.* Brooks/Cole.
Schlenker, B. R. & Weigold, M. F. (1990)：Self consciousness and self-presentation : Being autonomous versus appearing autonomous. *Journal of Personality and Social Psychology,* 59, 820-828.
Schlenker, B. R. & Weigold, M. F. (1992)：Interpersonal processes involving impression regulation and management. *Annual Review of Psychology,* 43, 133-168.
Schoenbach, P. (1990)：*Account episodes : The management and escalation of conflict.* Cambridge University Press.
Scott, M. B. & Lyman, S. M. (1968)：Accounts. *American Sociological Review,* 33, 46-62.
Shedler, J., Mayman, M., & Menis, M. (1993)：The illusion of mental health. *American Psychologist,* 48, 117
鹿内啓子 (1978)：成功・失敗の帰因作用に及ぼす self-esteem の影響. 実験社会心理学研究, 18, 35-46.

鹿内啓子 (1983)：他者の成功・失敗の因果帰属に及ぼす self-esteem の影響. 実験社会心理学研究, 23, 27-37.
Silvia, P. J. & Duval, T. S. (2001)：Predicting the interpersonal targets of self-serving attributions. *Journal of Experimental Social Psychology*, 37, 333-340.
Snyder, M. (1987)：*Public appearances/private realities : The psychology of self-monitoring*. Freeman. (齊藤勇監訳〈1998〉カメレオン人間の性格──セルフ・モニタリングの心理学. 川島書店.)
Snyder, C. R. & Higgins, R. L. (1988)：Excuse attributions：Do they work? In S. L. Zelen(Ed.)：*Self-presentation : The second attribution-personality theory conference*. Springer-Verlag.
Spencer-Oatey, H. (Ed) (2000)：*Culturally speaking : Managing rapport through Talk across cultures*. Continue Publishing Company. (浅羽亮一監訳〈2004〉：異文化理解の語用論. 研究社.)
Sprecher, S., Aron, A., Hatfield, E., Coetese, A., Potapova, E., & Levitskaya, A. (1994)：Love：American style, Russian style, and Japanese style. *Personal Relationships*, 1, 349-369.
Sprecher, S. & Schwartz, P. (1994)：Equity and balance in the exchange of contributions in close relationships. In M. J. Lerner & G. Mikula (Eds.)：*Entitlement and the affectional bond : Justice in close relationships*, 11-42. New York：Plenum.
Sprecher, S., Sullivan, Q., & Hatfield, E. (1994)：Mate selection preference：Gender differences examined in a national sample. *Journal of Personality and Social Psychology*, 66, 1074-1080.
Stauman, T. J., Lemieux, A. M., & Coe, C. L. (1993)：Self-discrepancy and natural killer cell activity：Immunological consequences of negative self-evaluation. *Journal of Personality and Social Psychology*, 64, 1042-1052.
Storms, M. D. (1973)：Videotape and the attribution process：Reversing actors', and observers' points of view. *Journal of Applied Social Psychology*, 27, 165-17.
菅原健介 (1984)：(self-consciousness scale) 日本語版作成の試み. 心理学研究 55, 184-188.
Sugimoto, N. (1999)：Norms of apology depicted in U. S. American and Japanese literature on manners and etiquette. In N. Sugimoto (Ed.)：*Japanese apology across disciplines*, 47-78. Nova Science Publishers.
住田勝美・林勝造・一谷彊 (1961)：改訂 PF 版スタディ使用手引. 三京房.
住田勝美・林勝造・一谷彊 (1964)：ローゼンツアイク人格理論. 三京房.
Swann, W. B., Jr., Bosson, J. K., & Pelham, B. W. (2000)：Different partners, different selves：Strategic verification of circumscribed identities. *Personality & Social Psychology Bulletin*, 28, 1215-1228.
高木哲也 (1996)：謝らないアメリカ人すぐ謝る日本人. 草思社.
Tajfel, H., Billig, M. G., Bundy, R. P., & Flament, C. (1971)：Social categorization and

intergroup behavior. *European Journal of Social Psychology*, 1, 149-178.
Takaku, S. (1998) : *Culture and states as influence on account-giving : A comparison between the U. S. A. and Japan*. Unpublished manuscript.
高田利武 (2004)「日本人らしさ」の発達社会心理学——自己・社会的比較・文化. ナカニシヤ出版.
田中春美・田中幸子 (1996) : 社会言語学への招待——社会・文化・コミュニケーション. ミネルヴァ書房.
Taylor, J. & Riess, M. (1989) : "Self-serving" attributions to Valenced causal factors : A field experiment. *Personality and Social Psychology Bulletin*, A, 15, 337-348.
Taylor, S. E. (1982) Social cognition and health. *Personality and Social Psychology Bulletin*, 8, 549-562.
Taylor, S. E. & Brown, J. D. (1988) : Illusion and well-being : A social psychological perspective on mental health. *Psychological Bulletin*, 103, 193-210.
Tedeschi, J. T. & Norman, N. (1985) : Social power, self-presentation, and the self. In B. R. Sclenker (Ed.) : *The self and social life*. Academic press.
Tedeschi, J. T. & Riess, M. (1981) : Verbal tactics of impression management. In C. Antaki (Ed.) : *Ordinary Language Explanations of social behavior*. Academic Press.
Tesser, A. & Paulhas, D. (1983) : The definition of self : Private and public self-evaluation maintenance strategies. *Journal of Personality and Social Psychology*, 44, 672-682.
Tesser, A. & Rosen, P. (1975) : The reluctance to transmit bad news. *Advanced Experimental Social Psychology*, 8, 193-232.
Tetlock, P. E. (1980) : Explaining teacher explanations of pupil performance : A self-presentation interpretation. *Social Psychology Quarterly*, 3, 283-290.
Thibaut, J. W. & Kelley, H. H. (1959) : *The social psychology of groups*. Wiley.
Tice, D. M., Butler, J. L., Muraven, M. B., & Stillwell, A. M. (1995) : When modesty prevails : Differential favorability of self-presentation to friends and strangers. *Journal of Personality and Social Psychology*, 69, 1120-1138.
外山美樹 (2000) : 大学生の親密な関係性におけるポジティブ・イリュージョン. 社会心理学研究, 18, 51-60.
外山美樹・桜井茂男 (2001) : 日本人のおけるポジティブ・イリュージョン現象. 心理学研究, 72, 329.
Triandis, H. C. (1995) : *Individualism and collectivism*. Westview.
VanderZee, K. I., Buunk, B. P., DeRuiter, J. H., Tempelaar, R., VanSonderen, E., & Sanderman, R. (1996) : Social comparison and the subjective well-being of cancer patients. *Basic and Applied Social Psychology*, 18, 453-468.
Wagatsuma, H. & Rossett, A. (1986) : The implications of apology : Law and culture in Japan and the United States. *Law and Society Review*, 20, 461-498.
Walster (Hatfield), E. (1965) : The effect of self-esteem on romantic liking. *Journal of*

Experimental Social Psychology, 1, 184-197.
Walster (Hatfield), E., Aronson, V., Abrahams, D., & Rottman, L. (1966) : Importance of physical attractiveness in dating behavior. *Journal of Personality and Social Psychology,* 4, 508-516.
Waston, D. (1982) : The observer : how are their perceptions of causality different? *Psychological Bulletin,* 92, 682-700.
Weary, G., Hervey, J. H., Schwieger, P., Olson, C. T., Perloff, R., & Pritcherd, S. (1982) : Self-presentation and the moderation of self- serving biases. *Social Cognition,* 1, 140-159.
Weiner, B. (1980) : A cognitive (attribution)-emotion-action model of motivated behavior : An analysis of judgments of help-giving. *Journal of Personality and Social Psychology,* 39, 186-200.
Weiner, B. (1995) : *Judgment of responsibility.* Guilford.
Weiner, B., Graham, S., Peter, O., & Zmuidinas, M. (1991) : Public confession and forgiveness. *Journal of Personality,* 59, 281-312.
White, P. H., Sanbonmatsu, D. M., Croyle, R. T., & Smittpatana, S. (2002) : Test of socially motivated underachievement : "Letting up" for others. *Journal of Experimental Social Psychology,* 38, 163-169.
Wicklund, R. A. & Duval, S. (1971) : Opinion-change and performance facilitation as a result of objective self-awareness. *Journal of Experimental Social Psychology,* 7, 319-342.
Wills, T. A. (1981) : Downward comparison principles in social psychology. *Psychological Bulletin,* 90, 245-271.
Wood, J. V. (1989) : Theory and research concerning social comparisons of personal attributes. *Psychological Bulletin,* 106, 231-248.
Wosinska, W., Dabul, A. J., Whetstone-Dion, R., & Cialdini, R. B. (1996) : Self-presentational responses to success in the organization : The costs and benefits of modesty. *Basic and Applied Social Psychology,* 18, 229-242.
Zanna, M. P. & Pack, S. J. (1975) : On the self-fulfilling nature of apparent sex differences in behavior. *Journal of Experimental Social Psychology,* 11, 583-591.
Zuckerman, M. (1979) : Attribution of success and failure revisited : The motivational bias is alive and well in attribution theory. *Journal of Personality,* 47, 245-278.

おわりに

　本書は，2005年トンドクヨジャ大学大学院（イ・トッポン指導教授）より「博士号」を拝受したときの学位論文『言葉による自己呈示の社会心理学的研究』を元に，新たに三つの章を加え増補，改訂したものである。
　2001年の夏，韓国ソウル市郊外の大学で，韓国日本学会が開催された。私は，その学会で，『感情表出の日韓比較』というタイトルで発表した。日本人と韓国人は多くの面で似ているが，感情表出の仕方は全く対照的である。日本人は人前での感情表出を抑制しようとするのに対し，韓国人は，ストレートにむしろ激しく感情を表出すると私にはみえた。この点を実証的データに基づき発表したのである。発表し終えて，外に出て一人ベンチでホッとしていると，当時当学会の会長にあったイ・トッポン先生が会場から出てこられて私に話しかけて下さり，興味のある発表だったと関心を示して下さった。先生は筑波大学において認知論的言語心理学研究で博士号を取得されていた。そのこともあり，私の言語社会心理学的アプローチに関心をもっていただいた様子である。話が進むなかで，私が博士号を取っていないことを知り，言語社会心理学に関する研究をまとめて博士号を取ったらどうだろうかと勧めていただいた。私は，早稲田大学の大学院の博士課程を終ってはいるが，博士号は取得に至っておらず，いわゆる単位取得満期退学という一般にはなじみのない中途半端な学歴のままであった。ただ当時はこの状態での"修了"がごく当たり前で，博士課程3年間ですぐに博士号を取るという状況にはなかった。また，課程2年のときに指導教授の伊藤安二先生，3年のときの指導教授戸川行男先生が定年退職となり，私にとっては博士号は30年もの間縁遠いものになっていた。そんな折の縁あっての隣国の先生からの勧めである。少々戸惑いながらも，心を新たに，当時研究していた日韓の比較文化心理学的研究を一つの論文としてまとめてみようかと思い，お勧めを受けることにした。感情表出の研究の時点で既に言語心理には関心をもっていたが，先生が言語心理学の教授ということと，お会いして何度かお話させていただくなかで，私自身が「言語」を意識するよ

うになり，関心が，より言語心理に傾き言葉による自己呈示の社会心理学的アプローチに関心が向くようになってきた。さて，当初は韓国の大学への論文提出ということから自己呈示の比較文化心理学的研究をテーマに研究の焦点を合わせたいと思い研究をはじめた。ところが，先生は私の憶測に反し，文化比較ではなく，より理論的に深い自己呈示の研究の方を勧められた。私も確かに，と思い直しまずは基本的な自己呈示について研究し，いずれ，それをベースに日韓比較文化研究をしようと改め，博士論文のスキームとした。こうして出来上がったのが本書の元となっている博士論文である。本書は，博士論文に若干の改訂と第2章の自己評価と自己呈示，第3章の自己意識と自己呈示，それに第5章の恋愛における外見への帰属と自己呈示の三つの章を書き加え，全8章にしたものである。

　博士論文は書けば書くほどいたらない点がみつかり，自分の浅学さを思い知らされはしたが，それでも約500枚の完成原稿を前にしたときは，心地よいすがすがしさを感じた。最初は，今さら，と思っていましたが，今になって思えば，本当に良い機会を与えていただいたと先生には心から感謝している次第である。最近では大学院を修了と同時に博士号を取得する人が多いが，それはそれで研究者の出発点として良いと思うが，私のように，還暦をはさんで博士論文を書くのも，またなかなかなものでもある。心理学者があらためてこんなことを言うのもおかしな話かもしれないが，人は目標があると強く動機づけられ，やる気が起こるものだと自らに痛感させられた。目標があると気持ちが充実し，それが，道を真っすぐに歩かせてくれるものだと感嘆したのである。せっかく韓国からいただいたので，今後は日韓の比較文化心理学的研究をさらにすすめ，日韓の友好的交流にわずかでもお役に立てれば幸いだと思っている。

　本書および本書の元となる博士論文の作成にあたり，多くの方々の御尽力，ご協力を得ました。ここに記して心から感謝の意を表したいと思います。
　なかでも，先にもふれたように博士論文の指導教授，トンドクヨジャ大学イ・トッポン教授にあらためて感謝したいと思います。また論文審査に当たり，審査委員長をお引き受け下さったチュンアン大学のイム・ヨンチョル教授

また審査委員のホン・ミョンピョン教授，ジョン・ヘギョン教授，奥村洋子教授に感謝します。

　また，長年の共同研究者である白梅学園短期大学の荻野七重教授に心から深く感謝します。先生は早稲田大学心理学教室の先輩で，もう十数年に渡り，多くのテーマで共同研究をさせていただき，応用心理学会，社会心理学会，日本心理学会などで連名で研究発表させていただいています。本書に含まれる研究もその成果のいくつかです。今に至るまで，長く研究が続けられているのは先輩のおかげだと思っています。不肖な後輩の思いつきを温かい目で受け止めていただき，集めた雑多なデータを見事に統計的に分析し，まともな心理学の論文として仕立て上げていただき，また，ときとして鋭い指摘をしていただき，ただただ感謝しています。

　さらに，貴重な研究を引用，参照させていただいた内・外の多くの研究者に感謝いたします。

　さて，資料や原稿の収集，整理には，キム・ソンウン氏，齊藤芳郎氏，豊田ゆかり氏，野島文氏，齊藤千織氏，山田竜平氏の多大な御尽力を得ました。これらの方々の協力がなければ論文も本書も完成していなかったと思います。記して感謝します。また，調査に回答してくれた多くの学生諸氏に感謝いたします。

　最後に，本書は立正大学学園の石橋基金の助成を受けて出版されています。このような書籍は助成がなければ出版は難しく，学園に深く感謝しています。また，その出版をこころよく引き受けてくださった誠信書房の社長，専務，部長，社員の皆さんに深く感謝いたします。

　　2006年初夏

　　　　　　　　　　　　　　　　　　　　　　　　　　　　齊藤　勇

著者紹介

齊藤　勇（さいとう　いさむ）
1943年　山梨県に生まれる
1972年　早稲田大学大学院文学研究科博士課程単位取得退学
現　在　立正大学心理学部教授，博士（文学）
主　著　「対人感情の心理学」誠信書房，「対人心理の分解図」誠信書房，「人間関係の心理学」（編）誠信書房，「人間関係の分解図」誠信書房，「対人心理学トピックス100 新装版」（編）誠信書房，「感情と人間関係の心理」（編）川島書店，「欲求心理学トピックス100」（編）誠信書房，「経営心理学トピックス100」（編）誠信書房，「対人社会心理学重要研究集」全7巻（編）誠信書房，「経営産業心理学パースペクティブ」（編）誠信書房，「イラストレート心理学入門」誠信書房，「図解 心理学入門 第2版」（編）誠信書房，「イラストレート人間関係の心理学」誠信書房，「イラストレート恋愛心理学」（編）誠信書房

日本人の自己呈示の社会心理学的研究
——ホンネとタテマエの実証的研究

2006年10月16日　第1刷発行

著　者　齊藤　勇
発行者　柴田　淑子
印刷者　西澤　利雄
発行所　株式会社　誠信書房
〒112-0012　東京都文京区大塚 3-20-6
電話　03 (3946) 5666
http://www.seishinshobo.co.jp/

あづま堂印刷　清水製本　　落丁・乱丁本はお取り替えいたします
検印省略　　無断で本書の一部または全部の複写・複製を禁じます
ⓒIsamu Saito, 2006　　　　　　　　　　　　Printed in Japan
ISBN4-414-30167-X C3011

齊藤 勇 編
対人社会心理学重要研究集 5
対人知覚と社会的認知の心理

第五巻は、対人知覚と社会的認知に関する研究集で、古くから実験社会心理学の中心的テーマで多くの研究が蓄積されている。現在は情報科学的ユニークな視点からのアプローチで、最も注目されている領域である。

齊藤 勇・菅原健介 編
対人社会心理学重要研究集 6
人間関係の中の自己

社会心理学における自己研究を60オリジナル論文に忠実な形でとりあげ、研究の目的と、具体的に行った実験や調査の内容をできるだけ詳しく、しかもストレートに記述するように心がけて研究内容を紹介する。

齊藤 勇・川名好裕 編
対人社会心理学重要研究集 7
社会心理学の応用と展開

現実社会の諸問題に密接した応用社会心理学に焦点をあてた68論文を原典に忠実な形で紹介。本書では比較文化、メディア、災害、交通、政治、法、カルト、健康、予防などの諸領域の研究を多くの図表とともに紹介する。

齊藤 勇 編
対人社会心理学重要研究集
人間関係の心理学

現代心理学の中から人間関係の心理に関連する分野を選び出し、対人関係についての科学的アプローチをわかりやすく図解。さらに一般の人の心理学への関心に応えるために、90項目をトピックスとして解説した。

誠信書房

齊藤　勇 編
対人社会心理学重要研究集 1
社会的勢力と集団組織の心理

齊藤　勇 編
対人社会心理学重要研究集 2
対人魅力と対人欲求の心理

齊藤　勇 編
対人社会心理学重要研究集 3
対人コミュニケーションの心理

齊藤　勇 編
対人社会心理学重要研究集 4
環境文化と社会化の心理

社会心理学の全領域にわたって、コンパクトに解説する。第一巻は、社会集団や組織における人の心理や行動に関する研究、また集団成員間の対人関係や相互作用に大きな影響をおよぼす社会的勢力の研究を扱う。

対人魅力と対人欲求の分野についての重要な理論と実験を取り上げている。社会心理学の焦点が集団のダイナミズムから対人心理に移行してきたことと呼応してこの両分野の研究が盛んになった注目の分野である。

第三巻では、対人コミュニケーションとコミュニケーションによって生じる態度変容に関する研究が集められている。本書の具体的内容にふれることにより社会心理学のアプローチの仕方とその成果がよくわかる。

第四巻は、社会化即ち社会的発達と学習、文化と人間の心理、女性と男性の心理、性的行動の心理、環境と人間の心理の五章から成る。古典的な研究から最新の研究まで、原典へのガイドの役割を果す画期的な書。

誠信書房

齊藤 勇 著
イラストレート 人間関係の心理学

人間関係の心理がどのように研究されているのか、日常の人間関係において生じる心理と行動のプロセスについて体験的に分かる入門テキスト。豊富なイラストや図表で社会心理学の知見を分かりやすく解説。

齊藤 勇 編著
イラストレート 恋愛心理学

●出会いから親密な関係へ　実証的研究から分かってきた恋愛関係の心理や異性の行動について解説。イラストと豊富なトピックスで分かりやすく楽しく学べる。身近な人の心理について知りたい人、初学者に最適。

山村武彦 著
ポリグラフ鑑定

●虚偽の精神生理学　科学捜査研究所での長い経験と研究成果をもとにポリグラフ鑑定技術の概要を記述。犯罪捜査にかかわる人びとは勿論、心理学・生理学・精神医学など広く好学の人たちにも興味がもてる書。

池田謙一 編著
インターネット・コミュニティと日常世界

●「豊かな情報社会」へのみち　ブログやSNSなど最新のコミュニケーション技術が人の世界に果たしている役割はなにか。確かなデータを基にネット社会における人々の交流・広がり・その可能性をみつめる。

誠信書房

下山晴彦 編著
臨床心理学の新しいかたち
心理学の新しいかたち 9

独自の歴史と伝統に基づいて発展してきた、日本の臨床心理学の更なる発展に向けて刺激を与える斬新な内容を盛り込むとともに、世界の臨床心理学の発展を踏まえて、斯学のあるべき姿を示すことも試みた書。

南　博文 編著
環境心理学の新しいかたち
心理学の新しいかたち 10

フィールドの丹念な追究により環境と読み解く過程は、自己をも表現することでもある。環境を、質的・生態学的・臨床的視点より活写した論考を収録。相互交流・相互浸透の視点より、環境が及ぼす心の働きを描く。

子安増生 編著
芸術心理学の新しいかたち
心理学の新しいかたち 11

価値創造行為としての「芸術」の背後にある認知過程について、技・芸・能・術をキーワードに読み解く意欲作。狭義の芸術には入らない「将棋」と「スポーツ」も含めた、芸術心理学分野の新機軸を示した好書。

R・R・コーネリアス著／齊藤　勇 監訳
感情の科学

●心理学は感情をどこまで理解できたか　多岐にわたる感情研究を大きく、生理・行動・認知・社会の四つのアプローチに分類し、各アプローチの古典的研究から最近の研究までをバランス良く解説した入門書。

誠信書房

仲 真紀子 編著
認知心理学の新しいかたち
心理学の新しいかたち 5

法廷での証言、自動車運転、家電のパネル操作、乳幼児の視覚、統合失調症や学習障害児などの様々な問題解決に、多領域の専門家とプロジェクトを組み、実学的な貢献をしつつ認知プロセスの新たな可能性を提示。

遠藤利彦 編著
発達心理学の新しいかたち
心理学の新しいかたち 6

誤解も多い発達心理学の真の知見を開示することを目指し、テーマ・領域別に最先端の論考を収録。理論にもとづいて実践を志向するプラクシスの学として、発達心理学の再定位に挑む姿を活写した意欲作。

鹿毛雅治 編著
教育心理学の新しいかたち
心理学の新しいかたち 7

本書は教育心理学が「不毛性VS・実践性論議」を超え、「実践法」という新たな方法を獲得し、その実現化への挑戦を続ける執筆陣の実践を紹介する。これからの教育心理学の研究フィールドは何かを提示する。

竹村和久 編著
社会心理学の新しいかたち
心理学の新しいかたち 8

社会心理学の新たな理論的・方法論的可能性を、第一線の研究者が各自の専門フィールドより論じる。その研究への取り組みの思想や、社会的問題の解決への示唆を中心に、科学性と実践性に対応する様を活写。

誠信書房

下山晴彦 編著
心理学論の新しいかたち
心理学の新しいかたち 1

心理学は現在、一つの定義に収まらないほど多様な方向に発展しつつある。本書では、心理学界だけではなく、他分野も含めた第一線の研究者が、学問のアイデンティティ、将来像についての持論を展開する。

佐藤達哉 編著
心理学史の新しいかたち
心理学の新しいかたち 2

本書は通史的観点からの知識提供型の心理学史ではない。心理学という学問を反省的に捉え、研究として位置づけている論考を収録。「史資料」を駆使し、同時代的な評価の再考を迫る異色ともいえる心理学史書。

吉田寿夫 編著
心理学研究法の新しいかたち
心理学の新しいかたち 3

尺度構成・共分散構造分析等の量的研究法、フィールドワーク等の質的研究法という二項対立を越えて、各研究法について問題点と展望を示し、その真髄を開示する論考を収録。妥当性の高い研究とは何かを提示。

廣中直行 編著
実験心理学の新しいかたち
心理学の新しいかたち 4

実験心理学を生物科学のなかに位置づける時代が来たという、日本を代表する気鋭の研究者が持論を開示。研究とアカウンタビリティの双方を生かす実験心理学が、現在どういう状況にあるかを活写した好書。

誠信書房

図説 心理学入門〔第2版〕

齊藤 勇編

はじめて心理学を学ぶ人のために，心理学全般についての基本的な知識が得られるようにわかりやすく説明された入門書。また心理学上の重要な考え方や主要な実験についてはトピックスとして右側の頁にまとめられている。

目 次
序 章 心理学入門
　1外の世界を知る——認知心理学　2喜怒哀楽の情緒——感情心理学　3行動したい気持ち——欲求心理学　4考えること，学ぶこと——思考心理学と学習心理学　5子どもの成長——発達心理学　6性格の違い——性格心理学　7人と人の関係——社会心理学　8心とからだの関係——生理心理学　9心のケア——臨床心理学
第1章 知覚と認知：ものの見え方，見方の心理
　1知覚・認知とは何か　2形の知覚　3空間知覚　4運動知覚　5知覚のずれ　6知覚の選択性　7知覚情報処理　8社会的認知
第2章 欲求と感情：欲望と喜怒哀楽の心理
　1欲求と動機づけ　2欲求の種類　3動機づけと認知の関連　4フラストレーションとコンフリクト　5感情とは何か　6感情の表出と伝達　7生理的反応(身体的変化)としての情動　8情動の認知学説　9社会的構築主義説
第3章 学習・思考・記憶：学ぶこと，考えること，記憶と忘却の心理
　1条件づけ　2概念と問題解決　3社会的学習　4記憶
第4章 発達と教育：育つ心と育てる心
　1発達とは何か　2発達の様相　3発達と教育に関わる問題
第5章 性格と異常心理：心のやまいとパーソナリティ
　1統合失調症　2躁うつ病　3神経症　4精神分析理論　5行動理論　6自己理論
第6章 対人心理と社会心理：人間関係の心理
　1対人認知　2対人関係　3社会的態度　4状況の力
第7章 脳と生理心理学：心とからだの関係
　1大脳のはたらき——機能の局在と統合　2前頭連合野と自己意識　3左脳と右脳——大脳半球機能差　4脳と情動——大脳辺縁系と脳幹　5意識——眠りと夢
第8章 臨床心理と心理療法：心のケア
　1臨床心理学とは　2臨床心理アセスメント　3心理療法
　　　A5判並製272p　定価1890円(税5％込)

イラストレート 心理学入門

齊藤 勇著

むずかしくてわかりにくい心理学の理論を領域ごとに整理し，基本的な事項をわかりやすく解説した入門書。現代社会で生活していく上で必要な心理学的知識をやさしくかみ砕いて紹介しているので，楽しみながら心理学の知識が身に付くようになっている。半期および一年の授業に最適の書である。

目 次
第1章 知覚と認知の心理
　1外の世界を知る　2感覚器官　3知覚特性
　　トピックス　色は心で見ている／いわれてみれば，ナルホド見える他
第2章 感情と情緒の心理
　1感情の重要性　2情緒という感情　3情緒生起のメカニズム
　　トピックス　生き残るための感情／右脳は芸術家，左脳は知識人他
第3章 欲求と動機の心理
　1生理的欲求　2心理的欲求　3フラストレーション
　　トピックス　可愛い顔はかわいい／人間は自己実現をめざす他
第4章 学習と記憶の心理
　1学習　2記憶
　　トピックス　子ガモが親の後を追うのは／レストランに行ったらどうするか他
第5章 性格と気質の心理
　1性格の類型論的アプローチ　2性格特性論　3性格検査法
　　トピックス　胚葉発達から性格を見る／木を描くと自分が分かる他
第6章 無意識と深層の心理
　1フロイトの精神分析　2アドラーとユング
　　トピックス　父を憎み，母を愛する深層心理／酒の席で性格が分かる他
第7章 発達と成長の心理
　1誕生から青年期まで　2成人以降
　　トピックス　赤ん坊は目が見える？見えない？／自分に見えないものはこの世にはないもの他
　　A5判フランス表紙142p　定価1575円(税5％込)

誠信書房